基金会绿皮书
GREEN BOOK OF
FOUNDATION

中国基金会发展独立研究报告
（2017）

THE DEVELOPMENT OF CHINESE FOUNDATIONS:
AN INDEPENDENT RESEARCH REPORT (2017)

基金会中心网／编
邓国胜 陶 泽／主 编

社会科学文献出版社
SOCIAL SCIENCES ACADEMIC PRESS（CHINA）

图书在版编目(CIP)数据

中国基金会发展独立研究报告.2017/邓国胜，陶泽主编.--北京：社会科学文献出版社，2018.1
(基金会绿皮书)
ISBN 978-7-5201-2056-2

Ⅰ.①中… Ⅱ.①邓… ②陶… Ⅲ.①基金会-发展-研究报告-中国-2017 Ⅳ.①D632.1

中国版本图书馆CIP数据核字(2017)第317949号

基金会绿皮书
中国基金会发展独立研究报告(2017)

编　者/基金会中心网
主　编/邓国胜　陶　泽

出 版 人/谢寿光
项目统筹/王　绯　黄金平
责任编辑/黄金平

出　版/社会科学文献出版社·社会政法分社(010)59367156
地址：北京市北三环中路甲29号院华龙大厦　邮编：100029
网址：www.ssap.com.cn
发　行/市场营销中心(010)59367081　59367018
印　装/北京季蜂印刷有限公司

规　格/开　本：787mm×1092mm　1/16
印　张：17　字　数：253千字
版　次/2018年1月第1版　2018年1月第1次印刷
书　号/ISBN 978-7-5201-2056-2
定　价/78.00元

皮书序列号/PSN G-2011-213-1/1

本书如有印装质量问题，请与读者服务中心(010-59367028)联系

Narada
Foundation
南都公益基金会

感谢南都公益基金会资助

《中国基金会发展独立研究报告（2017）》
编辑委员会

基金会中心网介绍

基金会中心网由国内 35 家知名基金会联合发起，于 2010 年 7 月 8 日正式成立。基金会中心网的使命是建立基金会行业信息披露平台，提供行业发展所需的能力建设服务，促进行业自律机制形成和公信力提升，培育良性、透明的公益文化。

成立以来，基金会中心网与国内外诸多知名基金会和社会组织建立了良好的合作关系，包括美国盖茨基金会、福特基金会、赠与亚洲、亚洲基金会、洛克菲勒基金会、德国 BMW 宝马基金会、粮惠世界、墨卡托基金会、日本基金会、丰田基金会、美国基金会中心、欧洲基金会中心等；同时也与国内外的一些知名大学建立了良好关系，包括哈佛大学、斯坦福大学、印第安纳大学、清华大学、北京大学、北京师范大学、浙江大学等。2012 年参与在北师大珠海分校设立国内第一个慈善教学的本科层次的建立，已为国内的慈善组织培养了 3 期慈善专业的本科学生，广受业界好评和欢迎。几年来，基金会中心网的国际影响力也不断提升，目前基金会中心网已经成为"全球资助者协会"的理事，这个协会是国际著名的慈善团体组织，在全球享有较高的美誉度和知名度；基金会中心网还参与了《国际慈善数据宪章》的起草和制定，发出了中国慈善组织应有的声音。

几年来，基金会中心网秉承使命，已经基本成为国内最具影响力的信息披露平台，在倡导慈善数据的应用方面发挥了一定作用，推出了基金会透明标准中基透明指数 FTI，有效地推动了基金会行业整体的透明度发展；建立良好的公共关系体系，推动社会文明进步；建立国内国际慈善交流合作机制，提升国际化视野；充分发挥倡导性平台作用，推进基金会组织专业化发展。

摘　要

本书利用基金会中心网采集的最新年报数据，对中国基金会 2015 年的发展状况进行了系统、全面的分析。本书主要包括三个部分：第一部分是主报告，分析了我国基金会的数量、治理结构、人力资源、资产、收入、支出和组织建设等方面的情况。值得一提的是，这是基金会绿皮书出版以来，首次披露我国基金会的治理结构和组织建设状况，也是本书的亮点之一。本年度报告的另一个亮点是，首次尝试就每一个专题分类型进行比较分析，以期通过细致的分类分析为读者提供更加翔实且直观的数据信息，呈现以往研究中不易察觉的新发现。第二部分是专题报告，重点分析了当下我国基金会发展的热点问题，详细展示了我国家族基金会与社区基金会发展的最新动态。第三部分是案例分析。本书选择了 5 家具有代表性的资助型基金会进行了案例剖析，深入分析我国不同类型的资助基金会管理的流程和资助管理的方式方法。在最后的附录中，我们将 2015 年基金会资产、收入、公益事业支出等方面排名前列的基金会及其情况进行了明细列表。

总的来看，2015 年中国基金会进一步快速发展。在数量方面，新成立的基金会多达 685 家。到 2015 年底，中国非公募基金会数量已经达到公募基金会的两倍之多。在治理结构方面，中国基金会的平均理事会规模为 11 人。随着注册层级升高，基金会的理事会规模逐渐增大，且公募基金会的理事会规模显著大于非公募基金会。在人力资源方面，我国基金会的人力资源总体比较匮乏，超过一半的基金会的全职员工数量不足 5 人。在资产方面，2015 年超过 60% 的基金会净资产低于 1000 万元，83.28% 的基金会 2015 年总收入在 1000 万元以下，87.93% 的基金会 2015 年公益事业支出在 1000 万元以下。在组织建设方面，截至 2015 年底，仍然有八成基金会还未建立党组织。

迄今为止，我国家族基金会数量还非常少，不到 100 家，且大多数规模比较小，与发达国家还有很大的差距，是未来我国基金会需要大力发展的方向。目前，我国家族基金会的理事会成员规模平均为 9.29 人，女性理事会成员的比例大约为 25%，理事的平均年龄为 54.6 岁。2015 年，有详细信息的家族基金会的平均净资产规模为 1.08 亿元，每家基金会的总收入平均为 4331 万元，其中捐赠收入占 85.51%。从社区基金会的情况看，我国社区基金会的数量也不多，规模非常小。根据基金会中心网的统计，全国仅有 136 家，但近年来的增长速度非常快。目前，我国社区基金会的理事会成员规模平均为 9 人，女性理事会成员所占比例大约为 22%，理事的平均年龄为 48 岁。

近年来，我国基金会行业出现的一个新趋势是资助型基金会正在逐步成长。不过，从个案调研情况看，我国资助型基金会无论在资助理念、资助方式，还是资助管理的流程与标准方面都存在很大差异，各有各的特色。

总之，2015 年，我国基金会出现了一些新特点和新趋势。自下而上、基层的基金会正在快速发展，不同类型基金会之间的差距正在逐步缩小，基金会整体发展势头良好。但是，需要指出的是，基金会在治理结构和人力资源等方面仍有许多需要进一步完善的地方。奋进正当其时，我们坚信，伴随着《慈善法》出台的东风，中国基金会行业一定会日益走向繁荣。

Abstract

This book introduces the development of the China's foundations in 2015 comprehensively and systematically, based on the latest data collected by the China Foundation Center. This book mainly includes three parts. The first part is the main report, presenting the number of China's foundations, governance structure, human resources, assets, income, expenditure, organizational construction, etc. Notably, it is the first time green book of foundation has disclosed governance structure and organization development of China's foundations since its publication. Another highlight of this annual report is that the first attempt is made to analyze each of the thematic categories in order to provide readers with more informative and intuitive information, as well as new discoveries. The second part is special reports, focusing on the hot issues about the current development of China's foundations and the updates of China's family Foundations and Community Foundations. The third part is case analysis. This book chooses five representative grant – making foundations to conduct a case study, investigating the different management process and methods in different types of grant – making foundations. The final appendix shows some information of the top China's foundations in 2015, including assets, revenues, and public welfare expenditure, etc.

The development of China's foundations goes rapidly. In terms of quantity, the number of newly established foundations is about 685 and the number of China's non – public raising foundations is double of public – raising foundations in 2015. In terms of governance structure, the average scale of council members in China's foundations is 11. With the raising of registration level, the scale of council members expands gradually, and the size of the Council in public – raising foundations was significantly larger than that in non – public offering foundations. In terms of human resources, the talent shortage is also a hindrance to the development of China's foundations. For instance, the number of full – time employees in more than half of the foundations was less than five. In terms of assets, the net assets of more than 60% foundations was less than 10 million yuan, the total income of 83. 28% foundations was less than 10 million yuan, and public welfare expenditure of 87. 93% foundations was less than 10 million yuan in 2015. In terms of organization construction, 80% of the Foundations did not yet established party organizations in 2015.

Until now, the number of Chinese family foundations is small, even less than 100 and most of them are on a small scale, which shows a great gap compared with developed countries, and is what our country is currently working towards. Nowadays, the average scale of council members in China's family foundations is 9. 29, female accounts for 25% , and the average age of council members is 54. 6. In 2015, the average net asset size of the family foundation with detailed information was 108 million yuan, average income of every family foundation was 43. 31 million yuan, among which donation income accounted for 85. 51% . As for community foundation, there is the same problem of small quantity and little scale with the family foundations. According to data from the China Foundation Center, although there were only 136 community foundations in 2015, they developed very fast. At present, the average scale of council members of China's community foundations is 9, female accounts for 22% , and the average age of council members is 48.

In recent years, it is a new trend that is the grant – making foundations get developed gradually. However, from the case study, China's grant – making foundations vary a lot not only in aid ideas, but also in aiding ways, aiding process and standards.

In general, the China's foundation is developing well and some new features and trends emerge in 2015. Grass – root foundations are growing rapidly, and the gap between the different types of foundations is gradually shrinking. But notably, the improvement of governance structure and human resources of China's foundations are still needed. We firmly believe that, with the introduction of Charity Law, the industry of China's foundations is processing towards prosperity.

目 录

Ⅰ 主报告

Ⅱ 专题报告

Ⅲ　案例分析

Ⅳ　附录

皮书数据库阅读**使用指南**

CONTENTS

I General Report

II Subjective Reports

III Case Analysis

Ⅳ   Appendix

主 报 告

General Report

G.1

2015年度中国基金会发展概况

摘　要：主报告从中国基金会的数量、治理结构、人力资源、资产、收入、公益事业支出和组织建设等方面，详细分析了2015年中国基金会发展的新情况、新特点和新趋势。2015年，中国新成立基金会685家，基金会的总量继续快速增长，其中，基层中小型基金会和非公募基金会增长较快。到2015年底，中国非公募基金会数量已经达到公募基金会的两倍之多。比较而言，中国基金会的理事会规模不大，平均理事会规模为11人。不过，随着注册层级升高，基金会的理事会规模逐渐增大。在人力资源方面，中国基金会的人力资源仍然非常匮乏，超过一半的基金会全职员工数量不足5人。2015年，虽然中国基金会的净资产、总收入和总支出比2014年有所增长，但平均净资产、平均总收入和平均总支出均有所下降，其原因在于新成立的基金会规模小，拉低了平均值。

关键词： 基金会　治理结构　收入　支出　组织建设

一　基金会数量继续快速增长，市县级基金会增长加速

（一）不同类型基金会的数量概况

1. 基金会总量与增量均创新高

截至 2015 年 12 月 31 日，我国境内可收集到信息的基金会的数量为 4943 家。比 2014 年同期增长 16%。图 1 显示了自 1981 年起基金会的数量变化情况。可以看出，2004 年前，基金会数量呈现平稳上升的态势，但是增长幅度有限。2004 年《基金会管理条例》出台后，基金会数量出现了飞速增长的趋势，数量由 2004 年的不足 1000 家快速增长到至 2015 年的近5000 家。这说明，2004 年《基金会管理条例》的修订出台对基金会的发展起到了"催化剂"的作用。

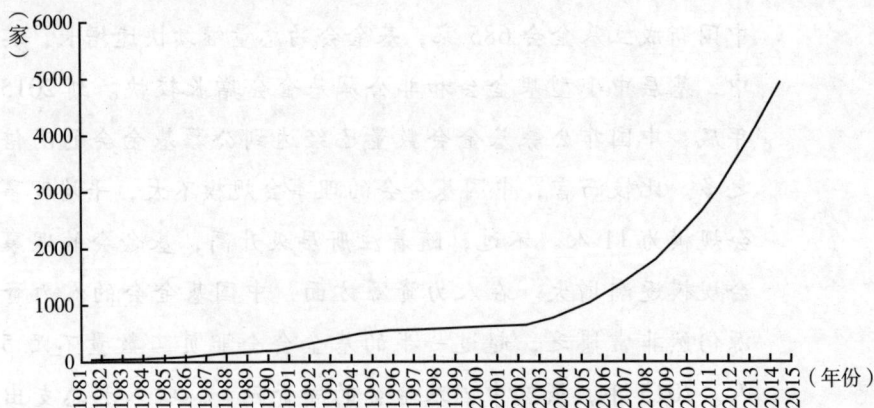

图 1　中国基金会的发展（1981～2015 年）

资料来源：基金会中心网，截止日期为 2015 年 12 月 31 日。

从成立时间来看，2004 年前，中国每年新成立的基金会的数量均低于100 家，呈现底部波动态势。2004 年后，中国新成立的基金会数量逐年增加，2015 年全国新成立的基金会共685 家。

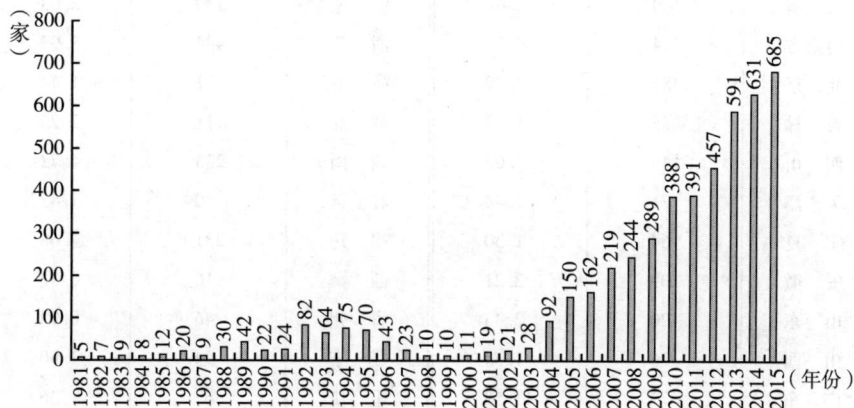

图 2　中国基金会成立时间及数量分析

资料来源：基金会中心网，截止日期为 2015 年 12 月 31 日。

2. 地域分布分析

数据显示，截至 2015 年 12 月 31 日，我国境内基金会分布数量最多的前三个省份分别是广东（672 家基金会，占基金会总数的 13.59%）、江苏（555 家基金会，占 11.23%）和浙江（444 家基金会，占 8.99%）。基金会数量最少的三个省份为新疆（44 家基金会，占 0.89%）、青海（31 家基金会，占 0.63%）和西藏（16 家基金会，占 0.32%）。总的来看，东部经济发达地区的基金会数量较多，西部欠发达地区的基金会数量较少。

3. 注册层级分析

数据显示，截至 2015 年 12 月 31 日，我国境内基金会中共 4943 家基金会披露了注册层级信息，其中，民政部注册的基金会共 208 家，占总数的 4.21%。省级民政部门注册的基金会共 3969 家，占总数的 80.30%。市级民政部门注册的基金会共 600 家，占总数的 12.14%。县级注册的基金会共 166 家，占总数的 3.36%。可以看出，中国大部分基金会是在省市级民政部门进行注册的。

表1　基金会的地域分布比较

注册地	数量(家)	比例(%)	注册地	数量(家)	比例(%)
上　海	268	5.42	河　北	78	1.58
云　南	100	2.02	河　南	130	2.63
内蒙古	114	9.76	浙　江	444	8.99
北　京	385	7.79	海　南	71	1.44
吉　林	85	1.72	湖　北	111	2.25
四　川	149	3.02	湖　南	233	4.72
天　津	71	1.44	甘　肃	70	1.42
宁　夏	64	1.30	福　建	231	4.68
安　徽	109	2.21	西　藏	16	0.32
山　东	120	2.43	贵　州	46	0.93
山　西	76	1.54	辽　宁	94	1.90
广　东	672	13.59	重　庆	67	1.36
广　西	58	1.17	陕　西	99	2.00
新　疆	44	0.89	青　海	31	0.63
江　苏	555	11.23	黑龙江	87	1.76
江　西	55	1.11	民政部	208	4.21

注：截至2015年12月31日，我国境内基金会中，共4943家披露了注册层级信息。其中208家基金会在民政部注册，因注册层级不同，未划入任何省级行政区中。资料来源为基金会中心网。

表2　基金会注册层级分析

注册层次	数量(家)	占比(%)
县级基金会	166	3.36
市级基金会	600	12.14
省级基金会	3969	80.30
全国性基金会	208	4.21
总　计	4943	100.00

资料来源：基金会中心网，截止日期为2015年12月31日。

4. 公募基金会与非公募基金会比较分析

数据显示，截至2015年12月31日，我国境内基金会中，共4937家基金会披露了募款资格类型信息，其中，非公募基金会共有3396家，占总体比例的68.79%。公募基金会为1541家，占31.21%。非公募基金会的数量约为公募基金会的两倍多。

表3　基金会募款资格类型分析

募款资格类型	数量（家）	占比（%）
公募基金会	1541	31.21
非公募基金会	3396	68.79
总　量	4937	100.00

注：截至2015年12月31日，我国境内基金会中，共4937家披露了募款资格信息。资料来源为基金会中心网。

5. 不同类型的基金会比较分析

截至2015年12月31日，我国境内基金会中，共4873家基金会披露了类型信息，其中，各类型基金会中数量最多的是独立基金会，共2041家，占41.88%。这里的独立基金会主要是指个人或群体发起成立的基金会。例如，深圳壹基金公益基金会、北京春苗儿童救助基金会等。排在第二位的是系统基金会，例如，各地共青团系统的青少年发展基金会、妇联系统的妇女发展基金会等，共1311家，占26.90%。排在第三位的是学校基金会，共659家，占13.52%。这主要包括各个大学基金会或中小学基金会。排在第四位的是企业基金会，共650家，占13.34%。包括国企、民企和外企设立的基金会。排在第五位的是社区基金会，共75家，占1.54%。排在第六位的是家族基金会，共72家，占1.48%。排在最后一位的是慈善会性质的基金会，共65家，占1.33%。这类基金会大多从慈善会转型而来，或者与慈善会系统有密切的关系。例如，上海市慈善基金会。从这一数据可以看出，独立基金会是当前我国基金会的主力军。比较而言，我国的家族基金会数量严重偏少。这与发达国家以家族基金会为主体的情况非常不同。例如，美国全国共有10多万家基金会，其中大多数为家族基金会。

表4 基金会类型分析

类 型	数量(家)	比例(%)	类 别	数量(家)	比例(%)
独立基金会	2041	41.88	企业基金会	650	13.34
家族基金会	72	1.48	系统基金会	1311	26.90
学校基金会	659	13.52	慈善会性质的基金会	65	1.33
社区基金会	75	1.54	总 计	4873	100.00

注：截至2015年12月31日，我国境内基金会中，共4873家披露了属性类型信息。资料来源为基金会中心网。

（二）不同类型与特征的基金会数量比较分析

1. 公募基金会与非公募基金会的注册层级比较分析

从公募基金会和非公募基金会的注册层级比较来看，相似的是，无论是公募基金会还是非公募基金会均在省级注册较多，分别是1385家和2583家，占总数的89.88%和76.06%。不同的是，对于非公募基金会而言，注册层级为市级基金会的排第二，有560家，占16.49%；而对于公募基金会而言，注册层级为全国性基金会的排第二，有91家，占5.91%。县级基金会在公募基金会和非公募基金会中占比均非常小。

表5 不同募款资格的基金会的注册层级分析

注册层级	公募基金会		非公募基金会	
	数量(家)	比例(%)	数量(家)	比例(%)
县级基金会	27	1.75	138	4.06
市级基金会	38	2.47	560	16.49
省级基金会	1385	89.88	2583	76.06
全国性基金会	91	5.91	115	3.39
总 计	1541	100.00	3396	100.00

注：截至2015年12月31日，我国境内基金会中，共4937家披露了募款资格和注册层级信息。资料来源为基金会中心网。

2. 不同类型基金会的注册层级比较分析

总体来看，各个类型的基金会在省级层面注册的数量都是最多的。从不同层级来看，每个层级注册数量最多的都是独立基金会，这很大程度上源于独立基金会总数相比其他类型的基金会更多。在县级基金会中，数量排名前三的分别是独立基金会（60 家）、系统基金会（35 家）和学校基金会（20 家）。县级基金会中只有 1 家家族基金会，并没有慈善会性质的基金会。市级基金会中，数量排名前三的分别是独立基金会（324 家）、企业基金会（101 家）和系统基金会（69 家），数量最少的是慈善会性质的基金会，只有 2 家。省级基金会中，数量排名前三的分别是独立基金会（1560 家）、系统基金会（1168 家）和学校基金会（573 家），数量最少的是社区基金会，有 51 家。全国性基金会中，数量排名前三的分别是独立基金会（97 家）、企业基金会（43 家）和系统基金会（39 家）。

表6　不同类型的基金会的注册层级分析

单位：家

类型	县级基金会	市级基金会	省级基金会	全国性基金会
独立基金会	60	324	1560	97
家族基金会	1	10	52	9
学校基金会	20	48	573	18
社区基金会	6	18	51	0
企业基金会	13	101	493	43
系统基金会	35	69	1168	39
慈善会性质的基金会	0	2	63	0

注：截至 2015 年 12 月 31 日，我国境内基金会中，共 4873 家披露了注册层级和属性类型信息。资料来源为基金会中心网。

3. 地方和全国性基金会的公募与非公募比较分析

截至 2015 年 12 月，我国境内共 4922 家基金会披露了运作地域和募款资格类型信息。其中，非公募基金会为主要类型，且相比全国性基金会，在地方性基金会中，非公募基金会的占比更大。具体而言，地方性基金会中，非公募基金会共有 3272 家，占地方性基金会的比例为 69.40%；公募基金会共有 1443 家，占地方性基金会的比例为 30.60%。在全国性基金会中，非公募基金会共有113家，占总数的54.59%；公募基金会有94家，所占比例比非公募基金会略低，为总数的45.41%。

表7　地方性基金会的募款资格类型分析

募款资格类型	数量（家）	占比（%）
非公募基金会	3272	69.40
公募基金会	1443	30.60

注：截至2015年12月31日，我国境内基金会中，共4715家地方性基金会披露了募款资格信息。资料来源为基金会中心网。

表8　全国性基金会的募款资格类型分析

募款资格类型	数量（家）	占比（%）
非公募基金会	113	54.59
公募基金会	94	45.41

注：截至2015年12月31日，我国境内基金会中，共207家全国性基金会披露了募款资格信息。资料来源为基金会中心网。

4. 公募基金会和非公募基金会的属性类型比较分析

在我国的非公募基金会中，超过一半为独立基金会，共有1680家，占总数的50.25%。其次是学校基金会和企业基金会，分别为653家和649家，占比分别为19.53%和19.41%。数量最少的是慈善会性质的基金会和家族基金会。

在公募基金会中，系统基金会占绝对多数。在已披露其属性类型信息的1530家公募基金会中，共有1102家系统基金会，占总数的72.03%。独立基金会共361家，占总数的23.59%。家族基金会、学校基金会、社区基金会、企业基金会的数量都不超过10家。

通过比较分析可以看出，不同属性的基金会在公募基金会和非公募基金会中的分布存在很大差异。公募基金会更多的是由政府背景的系统基金会组成，而非公募基金会更多的是民间发起的独立基金会。

表 9 不同募款资格的基金会的类型分析

类型	公募基金会		非公募基金会	
	数量（家）	比例（%）	数量（家）	比例（%）
独立基金会	361	23.59	1680	50.25
家族基金会	0	0	72	2.15
学校基金会	6	0.39	653	19.53
社区基金会	1	0.07	74	2.21
企业基金会	1	0.07	649	19.41
系统基金会	1102	72.03	209	6.25
慈善会性质的基金会	59	3.86	6	0.18

注：截至 2015 年 12 月 31 日，我国境内基金会中，共 4873 家披露了募款资格和属性类型信息。资料来源为基金会中心网。

5. 地方和全国性基金会的属性类型比较分析

在可收集到类型信息的地方性基金会中，比例最大的是独立基金会，占总数的 41.61%，数量为 1937 家。其次是系统基金会，占比 27.26%，数量为 1269 家。占比最少的是慈善会性质的基金会和家族基金会，分别为 1.40% 和 1.35%，数量分别为 65 家和 63 家。

同地方性基金会相似，全国性基金会中，占比最大的仍然是独立基金会，为 96 家，占比 47.06%。其次是企业基金会，共 43 家，占比 21.08%。占比第三的是系统基金会，为 38 家，占比 18.63%。

表 10 地方性基金会的类型分析

类型	数量（家）	占比（%）	类型	数量（家）	占比（%）
独立基金会	1937	41.61	企业基金会	607	13.04
家族基金会	63	1.35	系统基金会	1269	27.26
学校基金会	639	13.73	慈善会性质的基金会	65	1.40
社区基金会	75	1.61	总计	4655	100.00

注：截至 2015 年 12 月 31 日，我国境内基金会中，共 4655 家地方性基金会披露了属性类型信息。资料来源为基金会中心网。

表 11 全国性基金会类型分析

类型	数量（家）	占比（%）	类型	数量（家）	占比（%）
独立基金会	96	47.06	企业基金会	43	21.08
家族基金会	9	4.41	系统基金会	38	18.63
学校基金会	18	8.82	慈善会性质的基金会	0	0
社区基金会	0	0	总计	204	100.00

注：截至 2015 年 12 月 31 日，我国境内基金会中，共 204 家全国性基金会披露了属性类型信息。资料来源为基金会中心网。

（三）2015年新成立的基金会的特点

1. 地域分布

2015 年，我国新成立的基金会中，东部基金会绝对数量和相对比例均进一步增加，其中东部地区新成立的基金会共计 468 家，占新成立的基金会的 68.32%。中部地区和西部地区新成立的基金会无论是绝对数量还是相对比例，相比 2014 年均有明显下降。中国基金会数量地域间差距进一步扩大。

表 12 2015 年与 2014 年新成立的基金会地域分布比较

注册地	2015 年		2014 年	
	数量（家）	比例（%）	数量（家）	比例（%）
上 海	69	10.07	47	7.45
云 南	24	3.5	15	2.38
内蒙古	10	1.46	3	0.48
北 京	65	9.49	45	7.13
吉 林	3	0.44	15	2.38
四 川	17	2.48	16	2.54
天 津	7	1.02	10	1.58
宁 夏	5	0.73	6	0.95
安 徽	15	2.19	15	2.38
山 东	15	2.19	17	2.69
山 西	9	1.31	9	1.43

注册地	2015 年		2014 年	
	数量（家）	比例（%）	数量（家）	比例（%）
广　东	116	16.93	133	21.08
广　西	5	0.73	12	1.9
新　疆	4	0.58	5	0.79
江　苏	66	9.64	42	6.66
江　西	2	0.29	6	0.95
河　北	16	2.34	11	1.74
河　南	14	2.04	17	2.69
浙　江	58	8.47	60	9.51
海　南	13	1.9	6	0.95
湖　北	14	2.04	20	3.17
湖　南	34	4.96	25	3.96
甘　肃	10	1.46	18	2.85
福　建	30	4.38	27	4.28
西　藏	1	0.15	3	0.48
贵　州	7	1.02	8	1.27
辽　宁	13	1.9	5	0.79
重　庆	14	2.04	5	0.79
陕　西	5	0.73	8	1.27
青　海	2	0.29	5	0.79
黑龙江	11	1.61	10	1.58
民政部	11	1.61	7	1.11

资料来源：基金会中心网，截止日期为2015年12月31日。

2. 新成立的基金会注册层级的变化

相比2014年，2015年新成立的省级基金会比例进一步降低，县级和市级基金会比例略微提升，民政部注册的全国性基金会比例基本保持稳定。总的来说，各注册层级正逐渐趋于平衡。

表 13　2015 年与 2014 年新成立的基金会注册层级比较

注册层次	2015 年		2014 年	
	数量（家）	比例（%）	数量（家）	比例（%）
县级基金会	73	10.66	58	9.19
市级基金会	229	33.43	199	31.54
省级基金会	372	54.31	367	58.16
全国性基金会	11	1.61	7	1.11

资料来源：基金会中心网，截止日期为 2015 年 12 月 31 日。

3.公募基金会与非公募基金会的变化

相比 2014 年，2015 年新成立的非公募基金会无论是绝对数量还是相对比例都进一步增加，而新成立的公募基金会在绝对数量和相对比例上都进一步降低。这使得公募基金会与非公募基金会之间的数量差距进一步拉大。

表 14　2015 年与 2014 年新成立的基金会募款资格类型比较

募款资格类型	2015 年		2014 年	
	数量（家）	比例（%）	数量（家）	比例（%）
公募基金会	59	8.63	67	10.63
非公募基金会	625	91.37	563	89.37

注：2015 年共 684 家新成立的基金会披露了募款资格类型信息。2014 年共 630 家新成立的基金会披露了募款资格类型信息。资料来源为基金会中心网。

4.基金会属性类型的变化

相比 2014 年，2015 年新成立的独立基金会、学校基金会、社区基金会和慈善会性质的基金会无论是绝对数量还是相对比例都进一步增加，而家族基金会和企业基金会的数量和比例进一步降低，系统基金会的数量基本稳定，但是比例进一步降低。总的来看，基金会正在逐渐民间化、基层化和去行政化。

表15　2015年与2014年新成立的基金会类型比较

类型	2015年		2014年	
	数量（家）	比例（%）	数量（家）	比例（%）
独立基金会	395	59.4	356	57.33
家族基金会	6	0.9	9	1.45
学校基金会	79	11.88	68	10.95
社区基金会	25	3.76	16	2.58
企业基金会	79	11.88	93	14.98
系统基金会	79	11.88	78	12.56
慈善会性质的基金会	2	0.3	1	0.16

注：2015年共665家新成立的基金会披露了属性类型信息。2014年共621家新成立的基金会披露了属性类型信息。资料来源为基金会中心网。

二　基金会理事会规模不大，女性理事比例偏低

治理结构是指组织的一种管制架构，这种结构可以反映组织内部关系、因素和其他制度性影响，反映了组织内部的权力关系和管理角色。虽然治理结构在企业管理领域已经得到了相当的重视，然而非营利组织治理结构方面的研究和报告却十分匮乏，其原因之一就是缺乏基金会治理结构方面的基础数据。本节试图一定程度上弥补现阶段我国基金会治理结构研究的不足，对基金会的治理结构的现状和影响因素进行分析。本节主要分析我国基金会的理事会规模、理事会性别结构、年龄结构、理事的背景与来源、薪资分布等状况。

（一）理事会的规模分析

总体来说，截至2015年12月31日，我国境内基金会中，共3597家披露了其理事会成员数量信息。其中，基金会平均理事会成员数量为11.39人，中位数是9人。

表16　理事会规模分析

单位：人

概　况	平均数	标准差	最小值	最大值	中位数
理事会成员数量	11.39	6	5	25	9

注：截至2015年12月31日，我国境内基金会中，共3597家基金会披露了理事会规模信息。资料来源为基金会中心网。

从注册层级上来看，在55家县级基金会中，平均理事会成员数量为9.05人，其中理事会成员数量最多的基金会有23人；理事会成员数量分布呈现右偏分布，中位数是7人。在304家市级基金会中，平均理事会成员数量为9.06人；理事会成员数量分布呈现右偏分布，中位数也是7人。在3043家省级基金会中，平均理事会成员数量为11.5人；理事会成员数量分布呈现右偏分布，中位数是9人。在195家全国性基金会中，平均理事会成员数量为13.9人；理事会成员数量分布呈现右偏分布，中位数是13人。由此可以看出，随着注册层级升高，基金会的理事会规模逐渐增大。

表17　不同注册层级的基金会理事会规模分析

单位：家，人

注册层级	基金会数量	平均数	标准差	最小值	最大值	中位数
县级基金会	55	9.05	4.87	5	23	7
市级基金会	304	9.06	5.03	5	25	7
省级基金会	3043	11.5	6	5	25	9
全国性基金会	195	13.9	6.37	5	25	13
总计	3597	11.39	6	5	25	9

注：截至2015年12月31日，我国境内基金会中，共3597家基金会披露了注册层级和理事会规模信息。资料来源为基金会中心网。

从募款资格类型看，在2386家非公募基金会中，平均理事会成员数量为9.82人。理事会成员数量分布呈现右偏分布，中位数是8人。在1211家公募基金会中，平均理事会成员数量为14.48人。理事会成员数量分布基本呈现对称分布，中位数是14人。相比之下，公募基金会的理事会规模比非公募基金会更大，且个体基金会之间的理事会规模差异更大。

表 18　不同募款资格的基金会理事会规模分析

单位：家，人

募款资格类型	基金会数量	平均数	标准差	最小值	最大值	中位数
非公募基金会	2386	9.82	5.13	5	25	8
公募基金会	1211	14.48	6.38	5	25	14
总计	3597	11.39	6	5	25	9

注：截至 2015 年 12 月 31 日，我国境内基金会中，共 3597 家基金会披露了募款资格和理事会规模信息。资料来源为基金会中心网。

从基金会属性类型来看，在 1427 家独立基金会中，平均理事会成员数量为 9.79 人；理事会成员数量分布呈现右偏分布，中位数是 8 人。在 53 家家族基金会中，平均理事会成员数量为 9.79 人；理事会成员数量分布呈现右偏分布，中位数是 9 人。在 541 家学校基金会中，平均理事会成员数量为 12.47 人；理事会成员数量分布呈现右偏分布，中位数是 11 人。在 56 家社区基金会中，平均理事会成员数量为 9.5 人；理事会成员数量分布呈现右偏分布，中位数是 8 人。在 463 家企业基金会中，平均理事会成员数量 8.31 人；理事会成员数量分布呈现右偏分布，中位数是 7 人。在 1010 家系统基金会中，平均理事会成员数量为 14.56 人；理事会成员数量分布呈现对称分布，中位数是 14 人。在 45 家慈善会性质的基金会中，平均理事会成员数量为 13.44 人；理事会成员数量分布呈现对称分布，中位数是 13 人。通过比较可以看出，系统基金会的平均理事会规模最大，企业基金会的平均理事会规模最小。系统基金会和慈善会性质的基金会的理事会规模分布大致为对称分布，其他类型的基金会均呈现右偏分布。系统基金会在理事会规模上个体差异最大，家族基金会和企业基金会在理事会规模的个体差异上最小。

表 19　不同类型的基金会理事会规模分析

单位：家，人

类型	基金会数量	平均数	标准差	最小值	最大值	中位数
独立基金会	1427	9.79	5.22	5	25	8
家族基金会	53	9.79	4.77	5	25	9
学校基金会	541	12.47	5.42	5	25	11
社区基金会	56	9.5	5.14	5	25	8

续表

类型	基金会数量	平均数	标准差	最小值	最大值	中位数
企业基金会	463	8.31	4.19	5	25	7
系统基金会	1010	14.56	6.51	5	25	14
慈善会性质的基金会	45	13.44	6.37	5	25	13
总　计	3595	11.38	6	5	25	9

注：截至 2015 年 12 月 31 日，我国境内基金会中，共 3595 家基金会披露了属性类型和理事会规模信息。资料来源为基金会中心网。

从理事长性别来看，理事长为女性的基金会共有 782 家，远远少于理事长为男性的基金会（2689 家）。理事长为女性的基金会的理事会成员数量平均为 10 人，而理事长为男性的基金会的理事会成员数量平均为 11.81 人。

表 20　不同理事长性别的基金会理事会规模分析

单位：人

理事长性别	平均数	标准差	最小值	最大值	中位数
女　性	10.03	5.53	5	25	8
男　性	11.81	6.10	5	25	10

注：截至 2015 年 12 月 31 日，我国境内基金会中，共 3471 家基金会披露了理事长性别和理事会规模信息。资料来源为基金会中心网。

从秘书长性别来看，秘书长为女性的基金会共有 914 家，少于秘书长为男性的基金会（1786 家）。秘书长为女性的基金会的理事会成员数量平均为 10.40 人，而秘书长为男性的基金会的理事会成员数量平均为 11.21 人。秘书长为男性的基金会的理事会规模要大于秘书长为女性的基金会。

表 21　不同秘书长性别的基金会理事会规模分析

单位：人

秘书长性别	平均数	标准差	最小值	最大值	中位数
女　性	10.40	5.68	5	25	8
男　性	11.21	5.86	5	25	9

注：截至 2015 年 12 月 31 日，我国境内基金会中，共 2700 家基金会披露了秘书长性别和理事会规模信息。资料来源为基金会中心网。

（二）理事会性别构成分析

总体来说，截至 2015 年 12 月 31 日，在我国境内基金会中，共有 4001 家披露了理事会成员性别信息。其中，基金会理事会女性占比平均为 22%，其中有 18 家基金会理事会全部为女性，713 家基金会理事会全部为男性。理事会女性占比分布呈现右偏分布，中位数是 18%。

表 22　理事会女性占比分析

单位：%

平均数	标准差	最小值	最大值	中位数
22	20	0	100	18

注：截至 2015 年 12 月 31 日，我国境内基金会中，共 4001 家基金会披露了理事会女性占比信息。资料来源为基金会中心网。

表 23　理事会全部为女性的基金会名单

序号	基金会名称
1	浙江馥莉慈善基金会
2	宁波华茂教育基金会
3	广东省南山医学发展基金会
4	湖北省体育基金会
5	徐州华夏同德基金会
6	吉林省康乃尔公益基金会
7	浙江泰隆慈善基金会
8	黄冈市青少年发展基金会
9	晋江市青阳慈善基金会
10	江苏韩培信扶持响水孤儿贫困学生教育基金会
11	北京丰盛公益基金会
12	成都市育汉教育基金会
13	黑龙江省妇女儿童基金会
14	江苏汝立公益基金会
15	扬州市翔宇妇女儿童基金会
16	陕西妇女儿童发展基金会
17	北京城市学院教育基金会
18	武汉凡谷公益基金会

注：截至 2015 年 12 月 31 日，我国境内基金会中，共 4001 家基金会披露了理事会女性占比信息。资料来源为基金会中心网。

具体而言,从运作范围上看,在 3800 家地方性基金会中,理事会女性占比平均为 22%,理事会女性占比分布呈现左偏分布,中位数为 18%。在 201 家全国性基金会中,理事会女性占比平均为 18%,理事会女性占比分布呈现右偏分布,中位数是 16%。由此可以看出运作范围为全国的基金会的理事会中平均女性比例比运作范围为地方的基金会低,基金会在理事会女性比例上的个体差异更小。

表 24　不同运作范围的基金会理事会女性占比分析

单位:家,%

运作范围	基金会数量	平均数	标准差	最小值	最大值	中位数
地方性基金会	3800	22	20	0	100	18
全国性基金会	201	18	15	0	72	16
总　　计	4001	22	20	0	100	18

注:截至 2015 年 12 月 31 日,我国境内基金会中,共 4001 家基金会披露了运作范围和理事会女性占比信息。资料来源为基金会中心网。

从注册层级上来看,市级基金会理事会中的女性占比最高,为 28%,个体间差异最大,民政部注册的基金会理事会中的女性占比最低,只有 18%,个体间差异最小。

表 25　不同注册层级的基金会理事会女性占比分析

单位:家,%

注册层级	基金会数量	平均数	标准差	最小值	最大值	中位数
县级基金会	68	20	21	0	100	18
市级基金会	369	28	22	0	100	22
省级基金会	3362	22	20	0	100	17
全国性基金会	202	18	14	0	72	16
总　　计	4001	22	20	0	100	18

注:截至 2015 年 12 月 31 日,我国境内基金会中,共 4001 家基金会披露了注册层级和理事会女性占比信息。资料来源为基金会中心网。

从募款资格类型看,在 2689 家非公募基金会中,理事会女性占比平均为 24%,理事会女性占比分布呈现右偏分布,中位数是 20%。在 1312 家公募基金会中，理事会女性占比平均为18%，呈现右偏分布，中位数是14%。相比之下，公募基金会的理事会中女性比例比非公募基金会更低，且个体差异更小。

表26 公募基金会与非公募基金会理事会女性占比分析

单位：家，%

募款资格类型	数量	平均数	标准差	最小值	最大值	中位数
非公募基金会	2689	24	21	0	100	20
公募基金会	1312	18	17	0	100	14
总　计	4001	22	20	0	100	18

注：截至2015年12月31日，我国境内基金会中，共4001家基金会披露了募款资格类型和理事会女性占比信息。资料来源为基金会中心网。

从基金会类型来看，通过比较可以看出，理事会中女性占比最高的基金会是企业基金会，平均占比为30%。其次是家族基金会，平均占比为28%。理事会中女性平均占比最小的是学校基金会，只有16%。从分布差异来看，个体之间在理事会中女性占比上差异最大的是企业基金会，差异最小的是家族基金会。各类型基金会在女性占比上都呈现右偏分布。

表27 不同类型的基金会理事会女性占比分析

单位：家，%

类型	数量	平均数	标准差	最小值	最大值	中位数
独立基金会	1617	24	21	0	100	20
家族基金会	61	28	2	0	80	23
学校基金会	580	16	15	0	100	14
社区基金会	61	26	21	0	85	21
企业基金会	523	30	22	0	100	25
系统基金会	1104	18	18	0	100	13
慈善会性质的基金会	53	17	17	0	80	14
总　计	3999	22	20	0	100	18

注：截至2015年12月31日，我国境内基金会中，共3999家基金会披露了属性类型和理事会女性占比信息。资料来源为基金会中心网。

（三）理事会成员来源分析

基金会的理事会成员来自各行各业，其背景在很大程度上会影响其对基金会战略决策的认知和判断。截至 2015 年 12 月 31 日，我国境内基金会中共有 4002 家披露了理事会成员隶属信息。其中，415 家有理事会成员来自政府，其来自政府的理事数量平均为 2.62 人，891 家有理事会成员来自企业，其来自企业的理事数量平均为 2.82 人，439 家有理事会成员来自学校，其来自学校的理事数量平均为 3.36 人。

表 28　理事会成员隶属分析

单位：家，人

	数量	平均数	标准差	最小值	最大值
没有来自政府的	3587	0	0	0	0
有来自政府的	415	2.62	2.93	1	21
没有来自企业的	3111	0	0	0	0
有来自企业的	891	2.82	2.64	1	19
没有来自学校的	3563	0	0	0	0
有来自学校的	439	3.36	3.87	1	25

注：截至 2015 年 12 月 31 日，我国境内基金会中，共 4002 家基金会披露了理事会成员隶属信息。资料来源为基金会中心网。

（四）理事长性别分析

截至 2015 年 12 月 31 日，我国境内基金会中，共 3842 家披露了理事长性别信息。其中，理事长为女性的基金会有 871 家，占总数量的 22.67%，理事长为男性的基金会有 2971 家，占总数量的 77.33%。可以看出，中国基金会的理事会负责人仍然是男性占据主导地位。

具体而言，从运作范围上看，在地方性基金会中，22.92% 的基金会的理事长为女性，77.08% 的基金会的理事长为男性。在全国性基金会中，只有 17.58% 的基金会的理事长为女性，82.42% 的基金会的理事长为男性。可以看出，运作范围为全国的基金会的理事长为女性的平均比例比运作范围为地方的基金会更少。

表 29 基金会理事长性别分析

	性别	数量（家）	占比（%）
总体	女	871	22.67
	男	2971	77.33
	总计	3842	100.00

注：截至 2015 年 12 月 31 日，我国境内基金会中，共 3842 家基金会披露了理事长性别信息。资料来源为基金会中心网。

表 30 不同运作范围的基金会理事长性别分析

	性别	数量（家）	占比（%）
地方性基金会	女	839	22.92
	男	2821	77.08
	总计	3660	100.00
全国性基金会	女	32	17.58
	男	150	82.42
	总计	182	100.00

注：截至 2015 年 12 月 31 日，我国境内基金会中，共 3842 家基金会披露了运作范围和理事长性别信息。资料来源为基金会中心网。

从注册层级上来看，理事长为女性的占比最低的是县级基金会，只有 16.67% 的县级基金会的理事长为女性，其次是全国性基金会，18.03% 的全国性基金会的理事长为女性，女性理事长比例最高的基金会为市级基金会，女性理事长比例占到近 1/3。可以看出，理事长性别在不同层级的基金会中差异非常大。

表 31 不同注册层级的基金会的理事长性别分析

注册层级	性别	数量（家）	占比（%）
县级基金会	女	11	16.67
	男	55	83.33
	总计	66	100.00
市级基金会	女	114	32.66
	男	235	67.34
	总计	349	100.00

注册层级	性别	数量（家）	占比（%）
省级基金会	女	713	21.98
	男	2531	78.02
	总计	3244	100.00
全国性基金会	女	33	18.03
	男	150	81.97
	总计	183	100.00

注：截至 2015 年 12 月 31 日，我国境内基金会中，共 3842 家基金会披露了注册层级和理事长性别信息。资料来源为基金会中心网。

从募款资格类型看，非公募基金会中，理事长为女性的基金会的数量占非公募基金会数量的比例为 25.86%，而在公募基金会中，该比例只有 16.04%。这说明，公募基金会相比非公募基金会而言，更多选用男性担任负责人。

表32　公募基金会与非公募基金会的理事长性别分析

募款资格类型	性别	数量（家）	占比（%）
非公募基金会	女	671	25.86
	男	1924	74.14
	总计	2595	100.00
公募基金会	女	200	16.04
	男	1047	83.96
	总计	1247	100.00

注：截至 2015 年 12 月 31 日，我国境内基金会中，共 3842 家基金会披露了募款资格类型和理事长性别信息。资料来源为基金会中心网。

从基金会类型来看，女性理事长占比最高的是家族基金会和企业基金会，分别是 33.33% 和 33.14%。女性理事长占比最少的是学校基金会和系统基金会，占比分别只有 13.81% 和 15.78%。

表33　不同类型的基金会的理事长性别分析

类型	性别	数量(家)	占比(%)
独立基金会	女	412	26.82
	男	1124	73.18
	总计	1536	100.00
家族基金会	女	20	33.33
	男	40	66.67
	总计	60	100.00
学校基金会	女	79	13.81
	男	493	86.19
	总计	572	100.00
社区基金会	女	17	29.82
	男	40	70.18
	总计	57	100.00
企业基金会	女	168	33.14
	男	339	66.86
	总计	507	100.00
系统基金会	女	167	15.78
	男	891	84.22
	总计	1058	100.00
慈善会性质的基金会	女	8	16.00
	男	42	84.00
	总计	50	100.00

注：截至2015年12月31日，我国境内基金会中，共3840家基金会披露了属性类型和理事长性别信息。资料来源为基金会中心网。

（五）秘书长性别分析

截至2015年12月31日，我国境内基金会中，共2988家披露了秘书长性别信息。其中，秘书长为女性的基金会有1012家，占总数量的33.87%，秘书长为男性的基金会有1976家，占总数量的66.13%。可见，虽然男性担任基金会秘书长的比例比女性要高很多，但相比起担任理事长职务，担任秘书长职务的女性显然要多一些。

表34 基金会秘书长性别分析

	性别	数量(家)	占比(%)
总体	女	1012	33.87
	男	1976	66.13
	总计	2988	100.00

注：截至2015年12月31日，我国境内基金会中，共2988家基金会披露了秘书长性别信息。资料来源为基金会中心网。

具体而言，在地方性基金会中，33.69%的基金会的秘书长为女性，66.31%的基金会的秘书长为男性。在全国性基金会中，38.26%的基金会的秘书长为女性，61.74%的基金会的秘书长为男性。可以看出，全国性基金会的秘书长为女性的比例比运作范围为地方的基金会更高。这与前一节中女性担任理事长的情况相反。

表35 不同运作范围的基金会的秘书长性别分析

	性别	数量(家)	占比(%)
地方性基金会	女	968	33.69
	男	1905	66.31
	总计	2873	100.00
全国性基金会	女	44	38.26
	男	71	61.74
	总计	115	100.00

注：截至2015年12月31日，我国境内基金会中，共2988家基金会披露了运作范围和秘书长性别信息。资料来源为基金会中心网。

从注册层级上来看，秘书长为女性的占比最低的是省级基金会，只有32.59%的省级基金会的秘书长为女性，其次是县级基金会，35.85%的县级基金会的秘书长为女性，女性秘书长比例最高的基金会为市级基金会，女性秘书长占比为42.67%。可以看出，秘书长性别在不同层级的基金会中差异非常大。需要指出的是，综合前述理事长性别分析的结果，可以看出，市级基金会无论是在理事长为女性的比例还是秘书长为女性的比例上，都是各层级中最高的，然而这一比例仍然远低于男性。

表36 不同注册层级的基金会的秘书长性别分析

注册层级	性别	数量(家)	占比(%)
县级基金会	女	19	35.85
	男	34	64.15
	总计	53	100.00
市级基金会	女	128	42.67
	男	172	57.33
	总计	300	100.00
省级基金会	女	821	32.59
	男	1698	67.41
	总计	2519	100.00
全国性基金会	女	44	37.93
	男	72	62.07
	总计	116	100.00

注：截至2015年12月31日，我国境内基金会中，共2988家基金会披露了注册层级和秘书长性别信息。资料来源为基金会中心网。

从募款资格类型看，非公募基金会中，秘书长为女性的基金会的数量占比为36.23%，而在公募基金会中，该比例只有27.53%。这种情况与前述理事长性别分布类似，这说明公募基金会相比非公募基金会而言，更多选用男性担任负责人。

表37 公募基金会与非公募基金会的秘书长性别分析

	性别	数量(家)	占比(%)
非公募基金会	女	789	36.23
	男	1389	63.77
	总计	2178	100.00
公募基金会	女	223	27.53
	男	587	72.47
	总计	810	100.00

注：截至2015年12月31日，我国境内基金会中，共2988家基金会披露了募款资格类型和秘书长性别信息。资料来源为基金会中心网。

从基金会类型来看，女性秘书长占比最高的是企业基金会和慈善会性质的基金会，分别为42.51%和41.38%，接近一半。女性秘书长占比最少的是学校基金会和系统基金会，分别只有24.84%和26.99%。

表38　不同类型的基金会的秘书长性别分析

类型	性别	数量(家)	占比(%)
独立基金会	女	469	38.04
	男	764	61.96
	总计	1233	100.00
家族基金会	女	15	33.33
	男	30	66.67
	总计	45	100.00
学校基金会	女	120	24.84
	男	363	75.16
	总计	483	100.00
社区基金会	女	16	35.56
	男	29	64.44
	总计	45	100.00
企业基金会	女	190	42.51
	男	257	57.49
	总计	447	100.00
系统基金会	女	190	26.99
	男	514	73.01
	总计	704	100.00
慈善会性质的基金会	女	12	41.38
	男	17	58.62
	总计	29	100.00

注：截至2015年12月31日，我国境内基金会中，共2988家基金会披露了属性类型和秘书长性别信息。资料来源为基金会中心网。

（六）理事会津贴与报酬分析

理事会的津贴与报酬问题被认为是治理结构的重要组成因素。本部分主要分析理事会中领取津贴数额、领取报酬数额、领取津贴人数、领取报酬人数四个方面。

具体而言，在3959家可以获得领取津贴数额数据的基金会中，有3914家基金会的理事未在基金会领取津贴，占基金会总数近99%，只有45家基金会报告其理事会成员在基金会领取津贴，这45家基金会平均支出津贴2188元，其中最少的支出不到1元，最多的支出近2万元，个体差异很大。

表39 基金会理事会领取津贴数额分析

单位：家，元

	基金会数量	平均数	标准差	最小值	最大值
领取津贴数额	3959	24.87	526.00	0	19717.57
	基金会数量	平均数	标准差	最小值	最大值
	3914	0	0	0	0
	基金会数量	平均数	标准差	最小值	最大值
	45	2188.20	4477.42	0.07	19717.57

注：截至2015年12月31日，我国境内基金会中，共3959家基金会披露了理事会领取津贴数额信息。资料来源为基金会中心网。

在3967家可以获得领取报酬数额数据的基金会中，有3176家基金会的理事未在基金会领取报酬，占基金会总数的约80%。791家基金会报告其理事会成员在基金会领取报酬，平均支出报酬7440元，其中最少的支出不足1元，最多的支出为132000元，标准差高达12082元，说明个体差异巨大。

表40 基金会理事会领取报酬数额分析

单位：家，元

	基金会数量	平均数	标准差	最小值	最大值
领取报酬数额	3967	1483.54	6157.55	0	132000
	基金会数量	平均数	标准差	最小值	最大值
	3176	0	0	0	0
	基金会数量	平均数	标准差	最小值	最大值
	791	7440.21	12081.82	0.11	132000

注：截至2015年12月31日，我国境内基金会中，共3967家基金会披露了理事会领取报酬数额信息。资料来源为基金会中心网。

45 家基金会报告了其领取津贴的人数，其中最多的有 11 位理事会成员领取津贴，最少的有 1 位理事会成员领取津贴。791 家基金会报告了其领取报酬的人数，其中最多的有 13 位理事会成员领取报酬，最少的有 1 位理事会成员领取报酬。

表41　基金会理事会领取津贴和报酬人数分析

单位：家，人

领取津贴人数	基金会数量	平均数	标准差	最小值	最大值
	45	1.91	2.20	1	11
领取报酬人数	基金会数量	平均数	标准差	最小值	最大值
	791	1.97	1.39	1	13

注：截至 2015 年 12 月 31 日，我国境内基金会中，45 家基金会披露了理事会领取津贴人数信息，791 家基金会披露了理事会领取报酬人数信息。资料来源为基金会中心网。

（七）理事会成员平均年龄分析

截至 2015 年 12 月 31 日，我国境内基金会中，共 3889 家披露了理事会成员年龄信息。其中，理事会成员平均年龄为 52 岁。其中，深圳市现代公益基金会理事会平均年龄最小，为 22 岁，宁波市扶贫基金会理事会平均年龄最大，为 84 岁。

表42　基金会理事会成员平均年龄分析

单位：家，岁

理事会成员平均年龄	基金会数量	平均数	标准差	最小值	最大值
	3889	52.33	6.97	21.86	84.04

注：截至 2015 年 12 月 31 日，我国境内基金会中，共 3889 家基金会披露了理事会成员年龄信息。资料来源为基金会中心网。

具体而言，从运作范围上看，地方性基金会的平均理事会成员年龄为 52.10 岁，而运作范围为全国的基金会的理事会成员平均年龄则为 56.64 岁。从分布差异上来看，全国性基金会理事会成员年龄的个体差异略低于地方性基金会。

表43　不同运作范围的基金会理事会成员平均年龄分析

单位：家，岁

运作范围	基金会数量	平均数	标准差	最小值	最大值
地方性基金会	3688	52.10	6.92	21.86	84.04
全国性基金会	201	56.64	6.38	36.71	76.95

注：截至2015年12月31日，我国境内基金会中，共3889家基金会披露了运作范围和理事会成员年龄信息。资料来源为基金会中心网。

从注册层级上来看，注册层级为民政部的基金会的理事会成员平均年龄最高，为56.86岁。其次是省级民政部门注册的基金会，理事会成员平均年龄为52.39岁。市级民政部门注册的基金会和县级民政部门注册的基金会的理事会成员平均年龄相似，均为49岁左右。

表44　不同注册层级的基金会理事会成员平均年龄分析

单位：家，岁

注册层级	基金会数量	平均数	标准差	最小值	最大值
县级基金会	68	49.35	6.20	34.16	70.77
市级基金会	269	48.97	7.20	21.86	70.05
省级基金会	3350	52.39	6.84	23.87	84.04
全国性基金会	202	56.86	6.18	40.07	76.95

注：截至2015年12月31日，我国境内基金会中，共3889家基金会披露了注册层级和理事会成员年龄信息。资料来源为基金会中心网。

从募款资格类型看，非公募基金会的理事会成员的平均年龄为51岁，远远低于公募基金会的理事会成员平均年龄55岁。非公募基金会理事会成员年龄的个体差异大于公募基金会。

从基金会类型来看，通过比较可以看出，家族基金会、系统基金会、慈善会性质的基金会的理事会成员的平均年龄相对偏大，在55岁左右；社区基金会和企业基金会的理事会成员的平均年龄相对较小，在48岁左右。值得指出的是，从个体差异上来看，家族基金会中的理事会成员年龄的个体差异最大,标准差接近 10 岁,学校基金会的理事会成员年龄的个体差异最小,标准差只有不到 5 岁。

表 45　公募与非公募基金会的理事会成员平均年龄分析

单位:家,岁

募款资格类型	基金会数量	平均数	标准差	最小值	最大值
非公募基金会	2581	50.93	7.00	21.86	80.24
公募基金会	1308	55.10	6.01	31.00	84.04

注:截至 2015 年 12 月 31 日,我国境内基金会中,共 3889 家基金会披露了募款资格类型和理事会成员年龄信息。资料来源为基金会中心网。

表 46　不同类型的基金会的理事会成员平均年龄分析

单位:家,岁

类型	数量	平均数	标准差	最小值	最大值
独立基金会	1550	51.56	7.60	21.86	81.78
家族基金会	61	54.43	9.60	36.97	76.70
学校基金会	571	52.84	4.71	34.36	74.15
社区基金会	49	48.10	5.66	34.64	57.77
企业基金会	499	48.86	6.63	23.87	72.08
系统基金会	1104	54.68	6.15	31.99	84.04
慈善会性质的基金会	53	54.66	5.19	39.86	68.89

注:截至 2015 年 12 月 31 日,我国境内基金会中,共 3889 家基金会披露了属性类型和理事会成员年龄信息。资料来源为基金会中心网。

三　1/4基金会无全职员工,一半以上无志愿者

(一)基金会全职员工数量分析

1.基金会全职员工平均3.13人

截至 2015 年 12 月 31 日,我国境内基金会中,共 4310 家披露了全职员工数据。

由数据可以看出，4310家基金会的全职员工的平均数量为3.13人，其中26.01%的基金会（1121家）无全职员工。58.52%的基金会的全职员工人数在1～5人，11.21%的基金会的全职员工人数在6～10人，3.11%的基金会的全职员工人数在11～20人，1.16%的基金会的全职员工人数在20人以上。其中，全职员工人数最多的是中国扶贫基金会，有130名全职员工。全职员工人数在100人以上的只有2家，除中国扶贫基金会外，还有中国青少年发展基金会，均为成立时间较久的在民政部注册的基金会。表48列出了全职员工数量最多的10家基金会名单和全职员工人数。总的来说，大部分基金会的全职员工数量在5人以下，基金会的人力资源相对匮乏。

表47　基金会全职员工数量区间

全职员工数量区间	0	1至5人	6至10人	11至20人	20人以上
基金会数量（家）	1121	2522	483	134	50
占比（%）	26.01	58.52	11.21	3.11	1.16

注：截至2015年12月31日，我国境内基金会中，共4310家基金会披露了全职员工数量信息。资料来源为基金会中心网。

表48　全职员工人数最多的10家基金会及其全职员工数量

排序	基金会名称	全职员工数量（人）
1	中国扶贫基金会	130
2	中国青少年发展基金会	104
3	爱德基金会	75
4	深圳壹基金公益基金会	72
5	中国光华科技基金会	72
6	上海市慈善基金会	64
7	中国妇女发展基金会	58
8	中国残疾人福利基金会	57
9	四川省扶贫基金会	51
10	中国红十字基金会	46

资料来源：基金会中心网，截止日期为2015年12月31日。

2. 不同省份基金会全职员工数量比较分析

数据显示，基金会全职员工平均数量最多的前三个省份分别是海南（9人）、江西（5.8人）和西藏（4.75人）。基金会全职员工平均数量最少的三个省为浙江（1.61人）、青海（2人）和内蒙古（2.09人）。

表49　不同地域分布的基金会全职员工数量比较

单位：家，人

	基金会数量	平均值	标准差	最小值	最大值	中位数
上　海	254	2.65	5.57	0	64	1
云　南	63	3.38	3.28	0	14	2
内蒙古	69	2.09	2.10	0	8	2
北　京	342	4.08	3.64	0	26	3
吉　林	54	2.64	2.63	0	10	2
四　川	137	3.53	4.94	0	51	3
天　津	65	2.48	2.62	0	11	2
宁　夏	43	2.93	4.24	0	22	2
安　徽	84	2.42	2.13	0	10	2
山　东	92	2.70	2.49	0	10	2
山　西	55	3.16	3.25	0	14	3
广　东	476	2.41	4.30	0	72	1
广　西	32	3.73	3.12	0	12	3
新　疆	23	2.52	2.41	0	8	2
江　苏	381	2.58	4.87	0	75	2
江　西	5	5.80	7.33	0	18	3
河　北	62	4.73	5.13	0	27	3
河　南	104	3.82	4.83	0	37	3
浙　江	371	1.61	2.30	0	21	1
海　南	5	9.00	11.38	0	28	3
湖　北	85	2.64	2.80	0	15	2
湖　南	185	2.50	2.72	0	14	2
甘　肃	26	2.25	3.08	0	14	1
福　建	184	2.52	2.86	0	19	2
西　藏	8	4.75	3.49	0	10	4.5
贵　州	32	4.08	4.13	0	16	3
辽　宁	78	2.77	2.61	0	13	2.5

续表

	基金会数量	平均值	标准差	最小值	最大值	中位数
重　庆	59	3.47	2.73	1	13	3
陕　西	62	3.13	3.29	0	16	2
青　海	18	2.00	2.09	0	6	1
黑龙江	63	3.24	2.51	0	13	3
民政部	200	11.45	15.24	0	130	7

注：截至2015年12月31日，我国境内基金会中，共4310家披露了地域分布和全职员工数量信息。其中200家基金会在民政部注册，因注册层级不同，未划入任何省级行政区中。资料来源为基金会中心网。

3. 不同注册层级的基金会全职员工数量比较分析

从注册层级来看，注册层级为县级的基金会的全职员工平均数量为1.78人，市级基金会为1.96人，省级基金会为2.81人，民政部注册的基金会为11.48人。可以看出，随着注册层级的提高，基金会的全职员工数量不断增加。具体而言，县级基金会中有37.68%的基金会没有全职员工，56.52%的基金会全职员工在1~5人，没有一家基金会的全职员工数超过10人。95.26%的市级基金会的全职员工数不足5人。该比例在省级基金会中下降到85.91%。在民政部注册的基金会中，只有6.34%的基金会没有全职员工，60.48%的基金会全职员工数在1~10人，13.17%的基金会的全职员工数在20人以上。其他数量区间的比例和数值详见表51。

表50　不同注册层级的基金会全职员工数量

单位：家，人

注册层级	基金会数量	平均数	标准差	最小值	最大值	中位数
县级基金会	69	1.78	2.01	0	8	1
市级基金会	379	1.96	4.20	0	72	1
省级基金会	3656	2.81	3.76	0	75	2
全国性基金会	205	11.48	15.15	0	130	7
总　计	4309	3.13	5.29	0	130	2

注：截至2015年12月31日，我国境内基金会中，共4309家披露了注册层级和全职员工数量信息。资料来源为基金会中心网。

表51　不同注册层级的基金会全职员工数量及比例

注册层级	全职员工数量区间	基金会数量（家）	比例（%）
县级基金会	0	26	37.68
	1 至 5 人	39	56.52
	6 至 10 人	4	5.8
	11 至 20 人	0	0
	20 人以上	0	0
市级基金会	0	126	33.25
	1 至 5 人	235	62.01
	6 至 10 人	13	3.43
	11 至 20 人	4	1.06
	20 人以上	1	0.26
省级基金会	0	956	26.15
	1 至 5 人	2185	59.76
	6 至 10 人	404	11.05
	11 至 20 人	89	2.43
	20 人以上	22	0.6
全国性基金会	0	13	6.34
	1 至 5 人	62	30.24
	6 至 10 人	62	30.24
	11 至 20 人	41	20
	20 人以上	27	13.17

注：截至 2015 年 12 月 31 日，我国境内基金会中，共 4309 家披露了注册层级和全职员工数量信息。资料来源为基金会中心网。

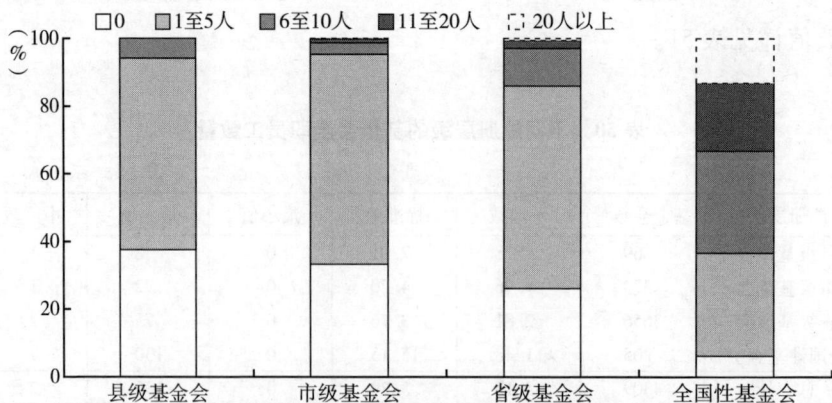

图3　不同注册层级的基金会全职员工数量及所占比例

资料来源：基金会中心网，截止日期为 2015 年 12 月 31 日。

4. 公募与非公募基金会全职员工数量比较分析

数据显示，非公募基金会的全职员工平均数量为 2.46 人，公募基金会的全职员工平均数量为 4.52 人，高于非公募基金会。公募基金会全职员工数量高于非公募基金会的原因可能在于：第一，公募基金会需要向社会募集资金，筹款压力大，需要的人力资源相对比较多；第二，一些非公募基金会的部分员工由发起机构的员工兼任，在统计中，没有体现为非公募基金会的员工。例如，企业基金会的员工本身就是由企业员工兼任，其工资也由企业支付。

具体而言，非公募基金会中，29.12% 的基金会没有全职员工，而该比例在公募基金会中只有 19.59%。无论是非公募基金会还是公募基金会，都有超过一半的基金会的全职员工数量在 1~5 人。可见，目前，我国无论是公募基金会，还是非公募基金会，全职员工的数量大多在 1~5 人。

表 52　公募基金会与非公募基金会全职员工数量

单位：家，人

募款资格类型	基金会数量	平均数	标准差	最小值	最大值	中位数
非公募基金会	2905	2.46	3.29	0	40	2
公募基金会	1404	4.52	7.80	0	130	3
总　计	4309	3.13	5.29	0	130	2

注：截至 2015 年 12 月 31 日，我国境内基金会中，共 4309 家披露了募款资格类型和全职员工数量信息。资料来源为基金会中心网。

表 53　公募基金会与非公募基金会全职员工数量及比例

募款资格类型	全职员工数量区间	基金会数量（家）	比例（%）
非公募基金会	0	846	29.12
	1 至 5 人	1743	60.00
	6 至 10 人	246	8.47
	11 至 20 人	53	1.82
	20 人以上	17	0.59

续表

募款资格类型	全职员工区间	基金会数量(家)	比例(%)
公募基金会	0	275	19.59
	1 至 5 人	778	55.41
	6 至 10 人	237	16.88
	11 至 20 人	81	5.77
	20 人以上	33	2.35

注：截至 2015 年 12 月 31 日，我国境内基金会中，共 4309 家披露了募款资格类型和全职员工数量信息。资料来源为基金会中心网。

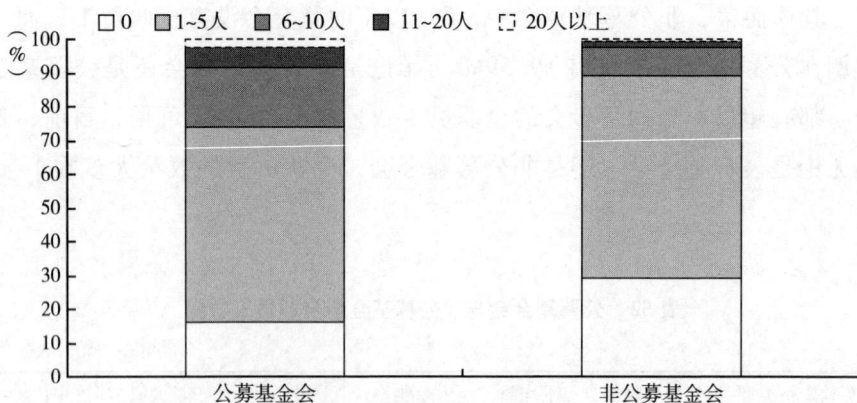

图 4　公募基金会与非公募基金会全职员工数量及比例

资料来源：基金会中心网，截止日期为 2015 年 12 月 31 日。

5. 不同类型的基金会全职员工数量比较分析

从不同类型的基金会全职员工数量来看，慈善会性质的基金会全职员工平均数量最多，为 5.18 人，其次为系统基金会 3.73 人和家族基金会 3.70人。比较而言，社区基金会的全职员工人数最少，平均不足 2 人。具体而言，独立基金会中，22.78% 的基金会无全职员工，61.99% 的基金会的全职员工在 1~5 人，只有 23 家基金会的全职员工人数在 20 人以上，占总数的1.32%。家族基金会与独立基金会比较类似，25.81% 的家族基金会中无全职员工，53.23% 的家族基金会的全职员工人数在 1~5 人，只有 1.61% 的家族基金会的全职员工人数在 20 人以上。

学校基金会、社区基金会和企业基金会中无全职员工的比例都较高，分别是 36.53%、38.71% 和 30.85%。无全职员工的比例最低的是慈善会性质的基金会，只有 9 家，占总数的 15.25%。无论哪种类型的基金会，50% 以上的全职员工数量在 1~5 名，其中占比最高的是独立基金会，为 61.99%，其次是企业基金会，为 59.15%。员工数在 6~20 人的基金会占比最高的是慈善会性质的基金会，占比为 32.20%。各类型的基金会全职员工在 20 人以上的占比均不超过 2%，社区基金会中没有一家基金会的全职员工数量在 20 人以上，从这里也可以看出，我国社区基金会的规模还比较小，还处于起步阶段，而慈善会性质的基金会，人员规模相对较大，发展的历史也更悠久。其他数量区间的比例和数值详见表 55。

表 54 不同类型的基金会全职员工数量

单位：家，人

类型	基金会数量	平均数	标准差	最小值	最大值	中位数
独立基金会	1747	3.19	4.73	0	75	2
家族基金会	62	3.70	5.24	0	29	2
学校基金会	616	2.49	3.91	0	40	1
社区基金会	62	1.87	2.88	0	16	1
企业基金会	577	2.26	2.84	0	27	1
系统基金会	1184	3.73	7.11	0	130	2
慈善会性质的基金会	59	5.18	8.51	0	64	4
总　计	4307	3.13	5.29	0	130	2

注：截至 2015 年 12 月 31 日，我国境内基金会中，共 4307 家披露了属性类型和全职员工数量信息。资料来源为基金会中心网。

表 55 不同类型的基金会全职员工数量及比例

类型	全职员工数量区间	基金会数量（家）	比例（%）
独立基金会	0	398	22.78
	1 至 5 人	1083	61.99
	6 至 10 人	184	10.53
	11 至 20 人	59	3.38
	20 人以上	23	1.32

类型	全职员工数量区间	基金会数量（家）	比例（%）
家族基金会	0	16	25.81
	1至5人	33	53.23
	6至10人	8	12.9
	11至20人	4	6.45
	20人以上	1	1.61
学校基金会	0	225	36.53
	1至5人	314	50.97
	6至10人	60	9.74
	11至20人	11	1.79
	20人以上	6	0.97
社区基金会	0	24	38.71
	1至5人	35	56.45
	6至10人	1	1.61
	11至20人	2	3.23
	20人以上	0	0
企业基金会	0	178	30.85
	1至5人	341	59.15
	6至10人	48	8.32
	11至20人	8	1.39
	20人以上	2	0.35
系统基金会	0	271	22.89
	1至5人	683	57.69
	6至10人	167	14.1
	11至20人	46	3.89
	20人以上	17	1.44
慈善会性质的基金会	0	9	15.25
	1至5人	30	50.85
	6至10人	15	25.42
	11至20人	4	6.78
	20人以上	1	1.69

注：截至2015年12月31日，我国境内基金会中，共4307家披露了属性类型和全职员工数量信息。资料来源为基金会中心网。

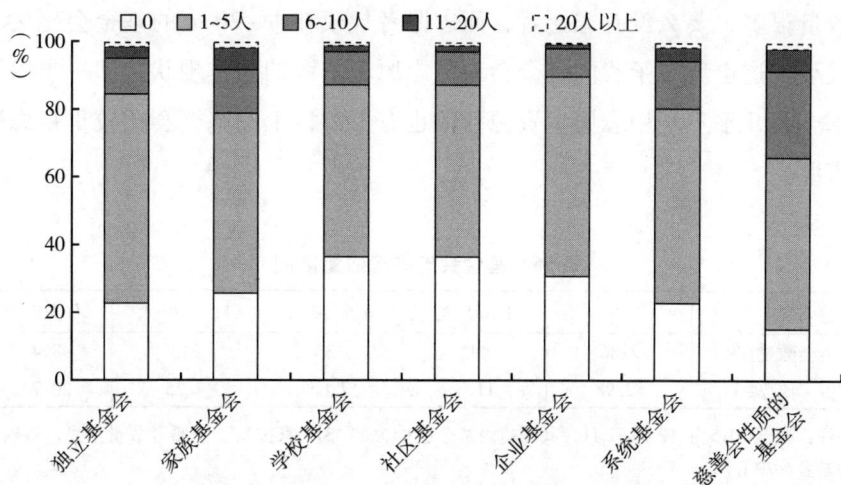

图5 不同类型的基金会全职员工数量及比例

资料来源：基金会中心网，截止日期为2015年12月31日。

（二）基金会志愿者数量分析

1. 基金会的志愿者数量呈现两头高中间低的分布

截至2015年12月31日，我国境内基金会中，共4315家披露了志愿者数量信息。值得指出的是，个别基金会，例如重庆市青年志愿服务基金会，在年报中填写志愿者数量多达385万人，远远多于其他基金会，这可能会影响我们对于全国范围内基金会志愿者数量水平的估计，因此在进行平均数统计分析时，我们采用了去除99分位以上和1分位以下的基金会，用剩余基金会进行分析的方法。但在进行数量统计时，我们依然保留这些基金会的原始数据情况。

4315家基金会平均志愿者的数量为56人，其中2286家基金会无志愿者，占基金会总数的53%。11.4%的基金会的志愿者人数在1～5人，7.65%的基金会的志愿者人数在6～10人，7.25%的基金会的志愿者人数在11～20人，20.72%的基金会的志愿者人数在20人以上。由此可以看出，基金会的志愿者数量呈现两头高中间低的分布，即要么基金会的志愿者数量很多，要么没有志愿者，而志愿者规模在 1～20 人的基金会比例相对较小。这也反映了我国基金会动员志愿者资源的基本现状，即一半以上的基金会几乎不利用志愿者资源，但也有 1/5 以上的基金会比较重视志愿者资源。

表 56　基金会志愿者数量区间

志愿者数量区间	0	1 至 5 人	6 至 10 人	11 至 20 人	20 人以上
基金会数量（家）	2286	492	330	313	894
占　比（%）	52.98	11.4	7.65	7.25	20.72

　　注：截至 2015 年 12 月 31 日，我国境内基金会中，共 4315 家披露了志愿者数量信息。资料来源为基金会中心网。

2. 不同地域分布的基金会志愿者数量比较分析

　　数据显示，基金会志愿者平均数量最多的三个省份是江西（105.4 人）、海南（103.8 人）和河北（98.4 人）。基金会志愿者平均数量最少的三个省份为西藏（16.5 人）、广西（17 人）和内蒙古（19.57 人）。

表 57　不同地域分布的基金会志愿者数量

单位：家，人

省级行政区	基金会数量	平均值	标准差	最小值	最大值	中位数
上　海	254	64.35	213.65	0	1800	0
云　南	63	55.6	2869.17	0	22740	6
内蒙古	69	19.57	87.43	0	694	0
北　京	342	63.23	762.61	0	11000	2
吉　林	54	23.84	1496.26	0	10000	0
四　川	137	26.02	5144.04	0	60000	1
天　津	65	26.15	1858.63	0	15000	0
宁　夏	43	21.51	79.77	0	400	0
安　徽	84	51.69	341.31	0	3080	0
山　东	92	40.4	129.62	0	819	0
山　西	55	46.5	192.81	0	1303	0
广　东	476	42.21	1624.05	0	32283	0
广　西	32	17	52.89	0	300	0

续表

省级行政区	基金会数量	平均值	标准差	最小值	最大值	中位数
新　疆	23	32.4	109.26	0	520	1
江　苏	381	85.99	649.99	0	10000	3
江　西	5	105.4	106.16	0	225	100
河　北	62	98.4	3944.80	0	29600	2
河　南	104	37.9	990.20	0	10000	0
浙　江	371	32.66	2444.74	0	47033	0
海　南	5	103.8	181.91	0	422	7
湖　北	85	43.2	228.45	0	2000	0
湖　南	185	47.78	841.81	0	9000	5
甘　肃	26	20.5	51.40	0	300	0
福　建	184	37.82	220.01	0	2300	2
西　藏	8	16.5	35.31	0	100	0
贵　州	32	62.81	600.61	0	3557	1
辽　宁	78	29.15	119307.30	0	1020000	0
重　庆	59	47.43	501212.40	0	3850000	3
陕　西	62	62.9	484.23	0	3500	3
青　海	18	33.39	75.84	0	270	0
黑龙江	63	67.49	264.04	0	2000	0
民政部	200	161.67	5039.89	0	50000	12

注：截至 2015 年 12 月 31 日，我国境内基金会中，共 4315 家披露了地域分布和志愿者数量信息。其中 200 家基金会在民政部注册，因注册层级不同，未划入任何省级行政区中。资料来源为基金会中心网。

3. 不同注册层级的基金会志愿者数量比较分析

从统计数据看，注册层级为县级的基金会的志愿者平均数量为 23 人，市级基金会为 31 人，省级基金会为 52 人，民政部注册的基金会为 162 人。可见，志愿者平均数量最多的为民政部注册的基金会，其次是省级基金会，志愿者平均数量最少的为县级基金会。从个体差异来看，志愿者数量个体分布差异最大的是省级基金会，最小的是县级基金会。具体而言，只有 32.20% 的民政部注册的基金会没有志愿者，而 63.77% 和 62.01% 的县级和市级基金会没有志愿者。20 人以上志愿者比例最高的是民政部注册的基金会，占比为 40.98%，其他注册层级的基金会 20 人以上志愿者比例均不高于 21%。

表 58 不同注册层级的基金会志愿者数量

单位：家，人

注册层级	基金会数量	平均数	标准差	最小值	最大值	中位数
县级基金会	69	23.34	67.70	0	360	0
市级基金会	379	31.27	2938.62	0	47033	0
省级基金会	3661	52.06	65999.8	0	3850000	0
全国性基金会	205	162.45	4979.63	0	50000	11
总计	4314	55.56	60814.6	0	3850000	0

注：截至 2015 年 12 月 31 日，我国境内基金会中，共 4314 家披露了注册层级和志愿者数量信息。资料来源为基金会中心网。

表 59 不同注册层级的基金会志愿者数量及比例

注册层级	志愿者数量区间	基金会数量（家）	比例（%）
县级基金会	0	44	63.77
	1 至 5 人	7	10.14
	6 至 10 人	6	8.7
	11 至 20 人	4	5.8
	20 人以上	8	11.59
市级基金会	0	235	62.01
	1 至 5 人	34	8.97
	6 至 10 人	33	8.71
	11 至 20 人	17	4.49
	20 人以上	60	15.83
省级基金会	0	1941	53.02
	1 至 5 人	431	11.77
	6 至 10 人	275	7.51
	11 至 20 人	272	7.43
	20 人以上	742	20.27
全国性基金会	0	66	32.20
	1 至 5 人	19	9.27
	6 至 10 人	16	7.8
	11 至 20 人	20	9.76
	20 人以上	84	40.98

注：截至 2015 年 12 月 31 日，我国境内基金会中，共 4314 家披露了注册层级和志愿者数量信息。资料来源为基金会中心网。

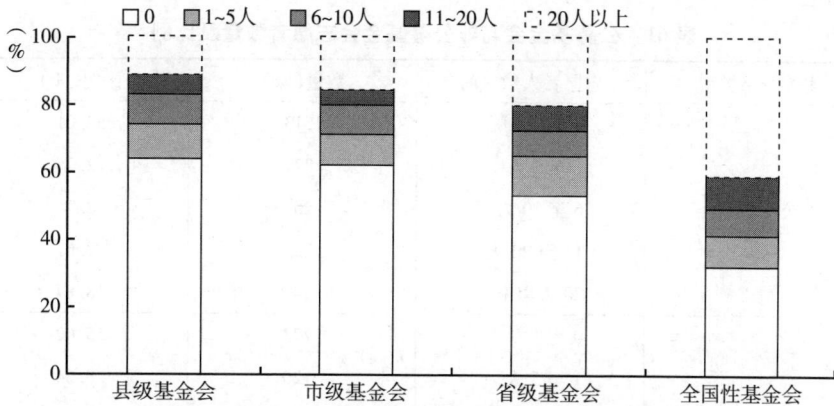

图 6　不同注册层级的基金会志愿者数量及所占比例

资料来源：基金会中心网，截止日期为 2015 年 12 月 31 日。

4. 公募与非公募基金会志愿者数量比较分析

数据显示，中国非公募基金会的志愿者平均数量为 52.9 人，公募基金会的志愿者平均数量为 60.9 人，略高于非公募基金会。非公募基金会志愿者人数最多的是 2 万人，而公募基金会志愿者人数最多的高达 385 万人。具体而言，非公募基金会中，52.01% 的基金会没有志愿者，55.02% 的公募基金会没有志愿者。也就是说，无论是非公募基金会还是公募基金会，都有超过一半的基金会没有志愿者。相比起非公募基金会，公募基金会拥有 20 人以上志愿者的比例更高，24.56% 的公募基金会的志愿者在 20 人以上，而该比例在非公募基金会中只有 18.87%。

表 60　公募基金会与非公募基金会志愿者数量

单位：家，人

募款资格类型	基金会数量	平均数	标准差	最小值	最大值	中位数
非公募基金会	2909	52.90	617.51	0	20000	0
公募基金会	1404	60.90	106562.3	0	3850000	0
总　计	4313	55.56	60814.6	0	3850000	0

注：截至 2015 年 12 月 31 日，我国境内基金会中，共 4313 家披露了募款资格类型和志愿者数量信息。资料来源为基金会中心网。

表 61　公募基金会与非公募基金会志愿者数量及比例

募款资格类型	志愿者人数区间	数量（家）	比例（%）
非公募基金会	0	1513	52.01
	1 至 5 人	371	12.75
	6 至 10 人	253	8.7
	11 至 20 人	223	7.67
	20 人以上	549	18.87
公募基金会	0	773	55.02
	1 至 5 人	120	8.54
	6 至 10 人	77	5.48
	11 至 20 人	90	6.41
	20 人以上	345	24.56

注：截至 2015 年 12 月 31 日，我国境内基金会中，共 4313 家披露了募款资格类型和志愿者数量信息。资料来源为基金会中心网。

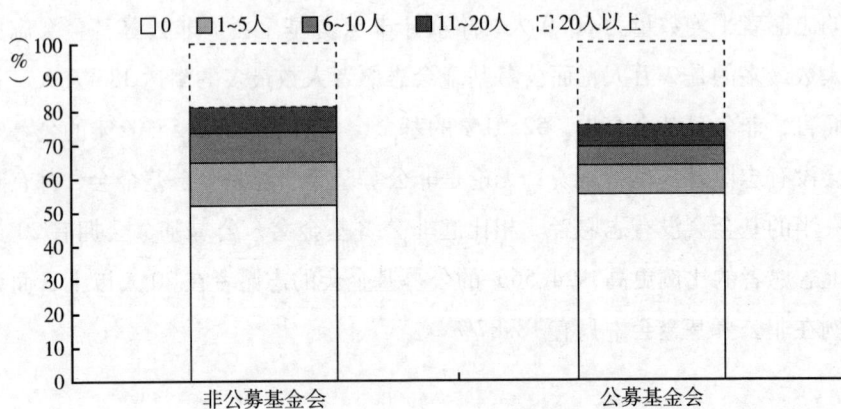

图 7　不同募款资格的基金会志愿者数量及比例

资料来源：基金会中心网，截止日期为 2015 年 12 月 31 日。

5. 不同类型的基金会志愿者数量比较分析

从基金会类型来看，慈善会性质的基金会志愿者平均数量最多，为 146.14 人，其次为企业基金会，为 103.13 人。其他类型的基金会的志愿者平均数量均不超过100人，家族基金会和学校基金会的志愿者平均数量均不足50人。具体而言，社区基金会没有志愿者的比例最高，有62.9%的社区基金会没有志愿者。该比例最低的是家族基金会，43.55%的家族基金会没有志愿者。志愿者人数超过20人的占比最高的是慈善会性质的基金会，占比为35.59%；其次是企业基金会和系统基金会，分别为25.56%和21.11%；该数量区间占比最少的是社区基金会，只有12.9%的社区基金会的志愿者数量超过20人。看来，我国社区基金会在动员志愿者方面，还有很大的发展空间，还需要提升志愿者管理的能力。

表62　不同类型的基金会志愿者数量

单位：家，人

类型	基金会数量	平均数	标准差	最小值	最大值	中位数
独立基金会	1750	55.27	1950.52	0	50000	0
家族基金会	62	34.98	98.037	0	565	2.5
学校基金会	616	15.76	224.40	0	5400	0
社区基金会	62	65.42	250.25	0	1500	0
企业基金会	580	103.13	1137.15	0	20000	1
系统基金会	1182	52.01	115841.2	0	3850000	0
慈善会性质的基金会	59	146.14	36246.05	0	278633	0
总　计	4311	55.59	60828.7	0	3850000	0

注：截至2015年12月31日，我国境内基金会中，共4311家披露了属性类型和志愿者数量信息。资料来源为基金会中心网。

表63　不同类型的基金会志愿者数量及比例

类型	志愿者人数区间	基金会数量（家）	比例（%）
独立基金会	0	878	50.17
	1至5人	227	12.97
	6至10人	149	8.51
	11至20人	135	7.71
	20人以上	361	20.63

续表

类型	志愿者人数区间	基金会数量(家)	比例(%)
家族基金会	0	27	43.55
	1 至 5 人	12	19.35
	6 至 10 人	2	3.23
	11 至 20 人	9	14.52
	20 人以上	12	19.35
学校基金会	0	347	56.33
	1 至 5 人	72	11.69
	6 至 10 人	50	8.12
	11 至 20 人	53	8.60
	20 人以上	94	15.26
社区基金会	0	39	62.9
	1 至 5 人	5	8.06
	6 至 10 人	4	6.45
	11 至 20 人	6	9.68
	20 人以上	8	12.9
企业基金会	0	284	49.05
	1 至 5 人	62	10.71
	6 至 10 人	49	8.46
	11 至 20 人	36	6.22
	20 人以上	148	25.56
系统基金会	0	678	57.26
	1 至 5 人	111	9.38
	6 至 10 人	74	6.25
	11 至 20 人	71	6.00
	20 人以上	250	21.11
慈善会性质的基金会	0	31	52.54
	1 至 5 人	2	3.39
	6 至 10 人	2	3.39
	11 至 20 人	3	5.08
	20 人以上	21	35.59

注：截至 2015 年 12 月 31 日，我国境内基金会中，共 4311 家披露了属性类型和志愿者数量信息。资料来源为基金会中心网。

图例：□ 0　▨ 1~5人　▨ 6~10人　■ 11~20人　⬚ 20人以上

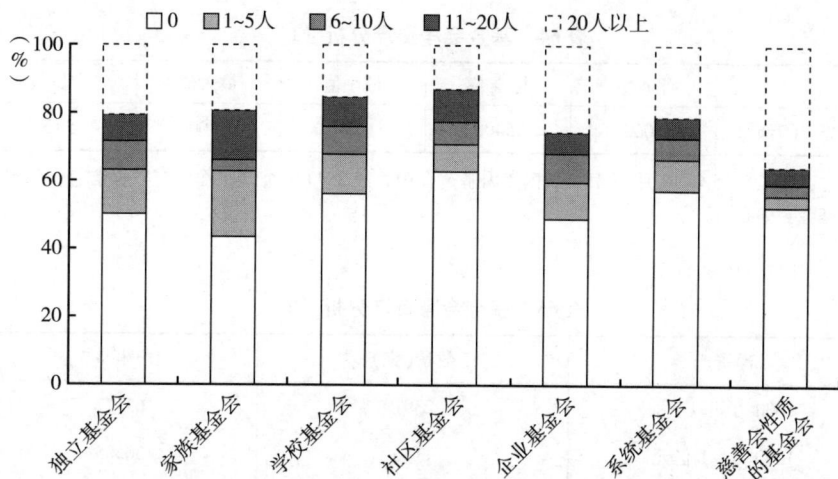

图8　不同类型的基金会志愿者数量及比例

资料来源：基金会中心网，截止日期为2015年12月31日。

四　公募基金会的平均净资产正增长，
　　非公募基金会的平均净资产负增长

（一）2015年基金会净资产概况

截至2015年12月31日，我国境内基金会中，共3779家披露了净资产数据信息。其中，63.27%的基金会净资产在1000万元以下，30.85%的基金会净资产在1000万元至1亿元之间，只有5.87%的基金会净资产在1亿元以上。由此可见，中国基金会绝大多数是资产规模在1000万元以下的小型基金会。平均来看，基金会的净资产规模为3060万元，中位数为582万元，基金会资产之间差异较大。在3779家基金会中，净资产最多的为清华大学教育基金会，其净资产高达51.73亿元，净资产最少的为中国治理荒漠化基金会，其净资产为 -686万元，表66中列出了2015年净资产排名前十的基金会名单。

表 64　基金会净资产分析（1）

	平均数	标准差	最小值	最大值	中位数
净资产（万元）	3060	15400	-686	517000	582

注：截至 2015 年 12 月 31 日，我国境内基金会中，共 3779 家披露了净资产数据信息。资料来源为基金会中心网。

表 65　基金会净资产分析（2）

净资产	数量（家）	比例（%）
1000 万元以下	2391	63.27
1000 万~1 亿元	1166	30.85
1 亿元以上	222	5.87

注：截至 2015 年 12 月 31 日，我国境内基金会中，共 3779 家披露了净资产数据信息。资料来源为基金会中心网。

表 66　2015 年净资产排名前十的基金会名单

单位：亿元

排序	名称	净资产
1	清华大学教育基金会	51.73
2	北京大学教育基金会	40.25
3	河仁慈善基金会	28.28
4	陕西省神木县民生慈善基金会	27.68
5	上海市慈善基金会	25.28
6	老牛基金会	19.74
7	浙江大学教育基金会	17.60
8	上海市大学生科技创业基金会	12.37
9	中国青少年发展基金会	12.00
10	中国扶贫基金会	10.57

资料来源：基金会中心网，截止日期为 2015 年 12 月 31 日。

（二）2015年基金会平均净资产增长情况分析

相比 2014 年，2015 年我国基金会总的净资产增加了，不过其原因在于基金会的总量增加了。2015 年，我国新成立的基金会多达 685 家，基金会总量的持续增长导致我国基金会总的净资产也持续增长。然而，从每家基金会的平均净资产情况看，2015 年，我国基金会平均净资产下降了 2.86%。导致基金会平均净资产下降的原因，主要在于新成立的基金会平均净资产较少。近年来，我国新成立的基金会大多数是市县级的基金会、非公募基金会，其净资产规模相对较小、增长率较低，这使得整个基金会行业的平均净资产有所下降。事实上，如果排除新成立的基金会因素，仅比较原有基金会，其平均净资产还是有一定的增长。也就是说，虽然我国基金会的总净资产体量在增加，但整个基金会行业的平均净资产是有所下降的。

具体而言，从地域分布看，中部地区基金会的平均净资产增长率最高，为 4.08%。西部地区和东部地区基金会的平均净资产增长率均为负值，分别是 −4.26%、−3.54%。

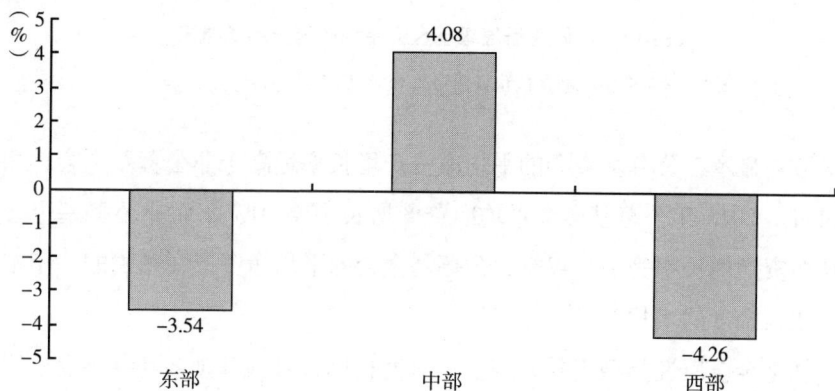

图 9　不同运作地域基金会平均净资产增长概况

资料来源：基金会中心网，截止日期为 2015 年 12 月 31 日。

从注册层级看，全国性基金会的平均净资产增长率最高，为 6.70%，其他注册层级平均净资产增长率都是负值，其中，市级基金会的平均净资产增长率为 −3.30%，省级基金会的平均净资产增长率为 −0.86%，最低的是县级基金会，其增长率为 −26.85%。众所周知，县级基金会是近年来我国新成立的基金会主体，而县级基金会净资产规模趋于下降，也是导致我国基金会整体平均净资产规模趋于下降的主因。虽然全国性基金会净资产规模增长较快，但毕竟全国性基金会数量有限，而省级、市县级基金会的总量较大。

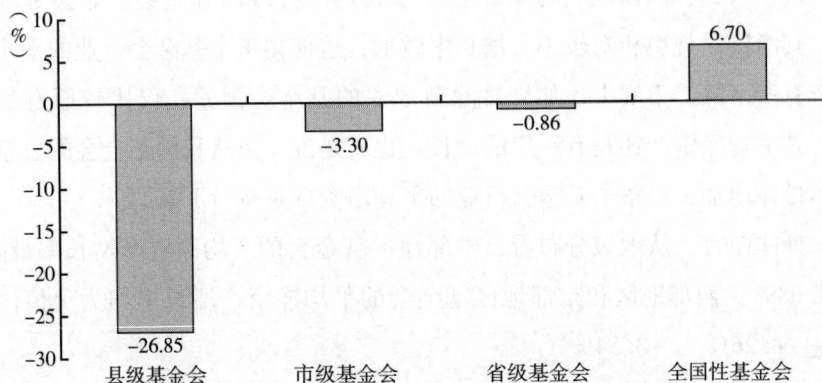

图10　不同注册层级基金会平均净资产增长概况

资料来源：基金会中心网，截止日期为2015年12月31日。

数据显示，公募基金会的平均净资产增长率远高于非公募基金会。相比2014年，2015年公募基金会平均净资产增长了4.70%，而非公募基金会的平均净资产增长率为-5.47%。公募基金会的平均净资产在过去的一年中得到了较大幅度的增长。

从基金会属性类型来看，与上一年度相比，家族基金会和慈善会性质的基金会的平均净资产增长率最高，分别为13.55%和7.18%，平均净资产增长率最低的是社区基金会和独立基金，分别只有-37.91%和-9.09%。这意味着，家族基金会和慈善会性质的基金会平均净资产规模正在扩大，而社区基金会与独立基金会的平均净资产规模有所缩小。其可能的原因与社区基金会、独立基金会在每年的公益支出、行政支出之后，缺乏持续的资金收入来源有关。再加上基金会普遍存在保值增值能力弱等问题，导致平均净资产规模趋于缩水。

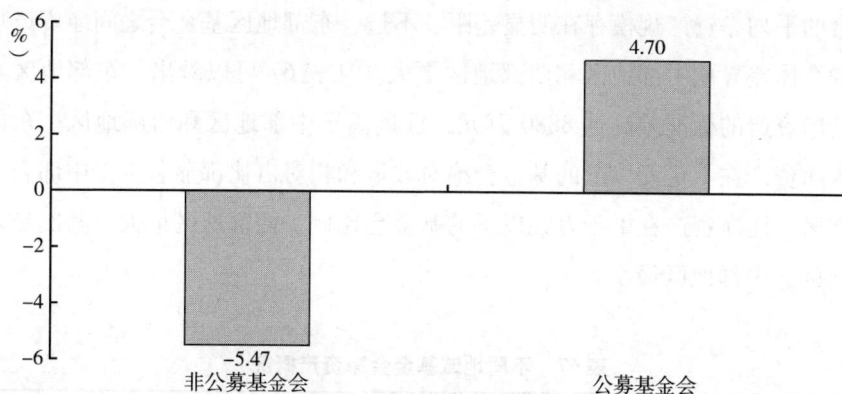

图11　不同募款资格基金会平均净资产增长概况

资料来源：基金会中心网，截止日期为2015年12月31日。

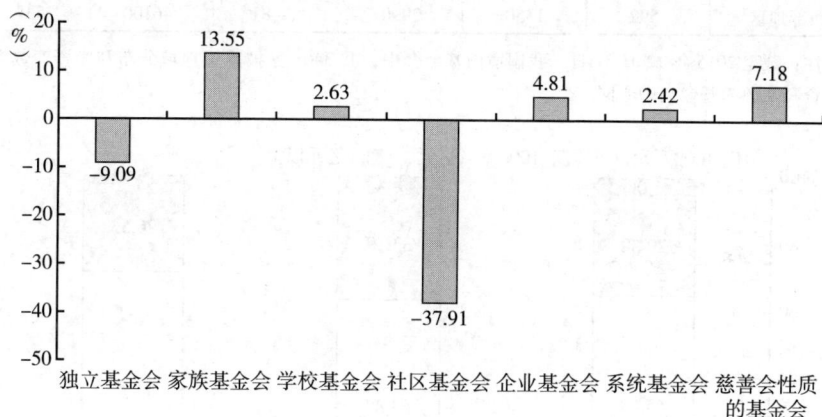

图12　不同类型基金会净资产增长概况

资料来源：基金会中心网，截止日期为2015年12月31日。

（三）不同特征的基金会净资产分析

1. 不同地域分布的基金会净资产比较分析

从地域来看，东部地区的基金会的平均净资产最高，为2450万元，其次是中部地区，为1530万元，最低的为西部地区，为1350万元。总的来说，中部和西部地区基金会的平均净资产差距不大，但是两者与东部地区基金会的平均净资产规模存在明显差距。不过,东部地区基金会之间净资产规模的个体差异比中部地区和西部地区更大。从表 67 可以看出,东部地区基金会净资产的标准差高达 8880 万元,远远高于中部地区和西部地区。东部地区净资产在 1 亿元以上的基金会绝对数量和相对占比都显著多于中部和西部地区。而净资产在 1 千万元以下的基金会比例,西部地区最大,其次是东部地区,中部地区最小。

表 67　不同地域基金会净资产概况

地域分布	数量(家)	平均数 (万元)	标准差 (万元)	最小值 (万元)	最大值 (万元)	中位数 (万元)
东部地区	2337	2450	8880	-279	253000	533
中部地区	479	1530	3070	-5	27900	607
西部地区	592	1350	2990	-81	46100	537

注:截至 2015 年 12 月 31 日,我国境内基金会中,共 3408 家披露了地域分布和净资产数据信息。资料来源为基金会中心网。

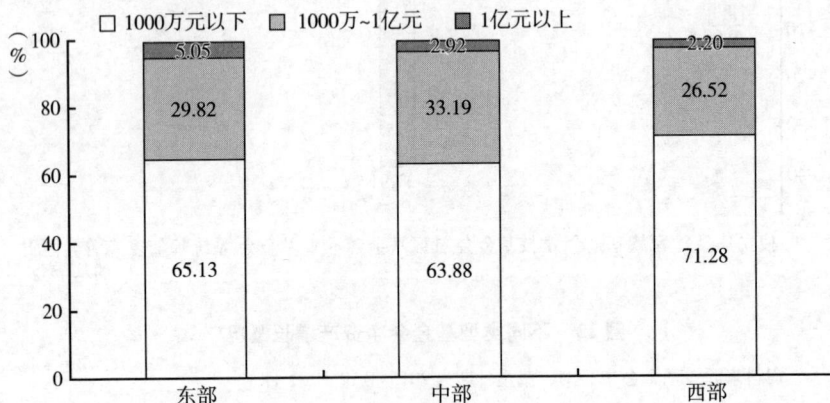

图 13　不同地域基金会净资产情况

资料来源:基金会中心网,截止日期为 2015 年 12 月 31 日。

2. 不同注册层级的基金会净资产比较分析

从注册层级来看,民政部登记注册的基金会平均净资产规模最大,为 1.91 亿元,显著高于其他三个层级的基金会,同时基金会个体资产规模的差异也相对更大。市级基金会的平均净资产规模最小，为996万元，其个体间差异也最小。具体而言，民政部注册的基金会中有36.32%的基金会净资产在1亿元以上，而这个数字在省级、市级和县级基金会中分别只有4.41%、2.17%和1.64%。民政部登记的基金会中，超过一半的基金会的资产在1000万元以上，特别是净资产规模在1000万元至1亿元之间的基金会占据了全国性基金会的多数。而在地方性基金会中，资产规模在1000万元以下的基金会是绝大多数。特别是市级基金会和县级基金会，超过85%的基金会净资产规模在1000万元以下。这说明，注册层级越低，其净资产越少，而注册层级越高，净资产也越多。

表68   不同注册层级基金会净资产概况

单位：家，万元

注册层级	基金会数量	平均数	标准差	最小值	最大值	中位数
县级基金会	61	1090	3440	−1	25100	296
市级基金会	322	996	3150	−279	37100	237
省级基金会	3195	2300	9150	−134	277000	588
全国性基金会	201	19100	53400	−686	517000	5070

注：截至2015年12月31日，我国境内基金会中，共3779家披露了注册层级和净资产数据信息。资料来源为基金会中心网。

3. 公募与非公募基金会净资产比较分析

数据显示（见表69），公募基金会的平均净资产规模（4010万元）远高于非公募基金会（2590万元）。具体而言，公募基金会中超过半数的基金会的净资产规模在1000万元以上，而非公募基金会中，超过70%的基金会的净资产规模不足1000万元。其原因很可能与法律对不同类型基金会原始资金要求和筹款规模有关。一方面，2004年《基金会管理条例》规定，全国性公募基金会的原始资金不得低于800万元人民币，地方性公募基金会的原始资金不低于400万元人民币，非公募基金会的原始资金不得低于200万元人民币。而另一方面，公募基金会由于可以面向公众募款，因此资金来源更多元，每年更容易获得多元的收入。

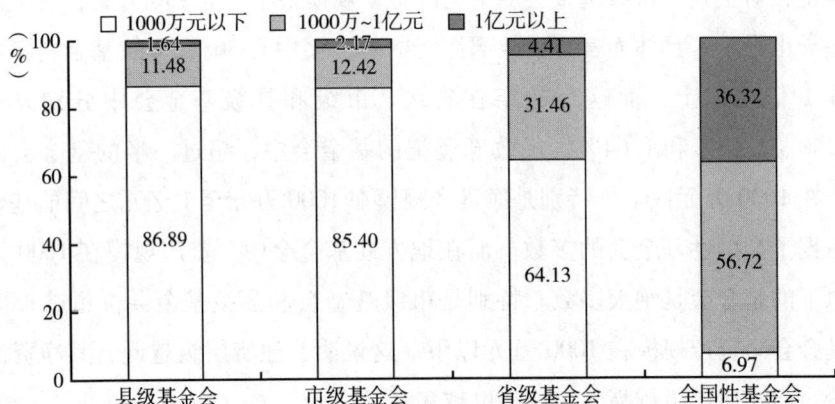

图14　不同注册层级基金会净资产情况

资料来源：基金会中心网，截止日期为2015年12月31日。

表69　不同募款资格基金会净资产概况

单位：家，万元

募款资格 类型	基金会数量	平均数	标准差	最小值	最大值	中位数
非公募基金会	2510	2590	16900	−279	517000	350
公募基金会	1269	4010	11900	−686	253000	1190

注：截至2015年12月31日，我国境内基金会中，共3779家披露了募款资格类型和净资产数据信息。资料来源为基金会中心网。

4. 不同类型的基金会净资产比较分析

从基金会属性类型来看，慈善会性质的基金会平均净资产规模最大，为8660万元，其个体间差异也最大。其次是学校基金会，平均净资产为5470万元。平均净资产规模最小的是独立基金会和企业基金会，分别为2000万元和2180万元。具体而言，净资产规模在1亿元以上的基金会占该类型基金会总数比例最高的是家族基金会，为11.11%，最低的是社区基金会，只有1.69%。净资产规模在1000万元以下的基金会占该类型基金会总数比例最高的是社区基金会，比例为88.14%，比例最低的是慈善

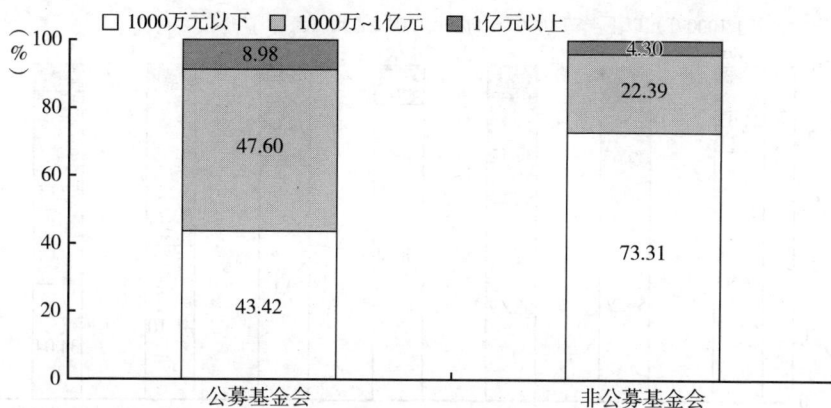

图15 不同募款资格基金会净资产情况

资料来源：基金会中心网，截止日期为2015年12月31日。

会性质的基金会，比例为34.04%。可见，慈善会性质的基金会净资产规模普遍较大，而社区基金会和独立基金会中小规模的比例较高，且个体间差异较大。

表70 不同类型基金会净资产概况

单位：家，万元

类型	基金会数量	平均数	标准差	最小值	最大值	中位数
独立基金会	1516	2000	10100	−279	283000	362
家族基金会	54	2850	5310	0	23800	661
学校基金会	551	5470	30000	0	517000	720
社区基金会	59	5290	36000	−1	277000	308
企业基金会	485	2180	6180	−72	72300	320
系统基金会	1065	3380	8880	−686	120000	1090
慈善会性质的基金会	47	8660	36600	155	253000	1710

注：截至2015年12月31日，我国境内基金会中，共3779家披露了属性类型和净资产数据信息。资料来源为基金会中心网。

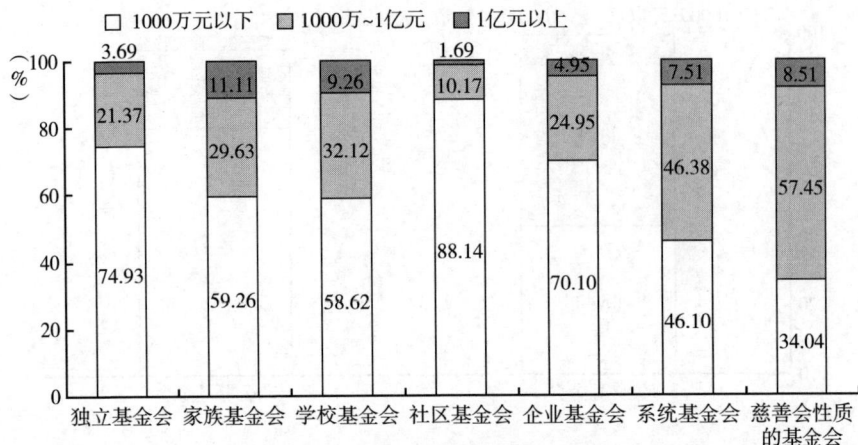

☐ 1000万元以下　▧ 1000万~1亿元　▨ 1亿元以上

图16　不同类型基金会净资产情况

注：截至2015年12月31日，我国境内基金会中，共3779家披露了属性类型和净资产数据信息。资料来源为基金会中心网。

五　83.28%的基金会总收入低于1000万元，东西部差距扩大

（一）2015年基金会收入概况分析

截至2015年12月31日，我国境内基金会中，共3779家披露了总收入数据信息。其中，83.28%的基金会的总收入在1000万元以下，14.82%的基金会的总收入在1000万至1亿元之间，只有1.91%的基金会的总收入在1亿元以上。由此可见，中国基金会绝大多数总收入比较少，在1000万元以下，只有72家基金会2015年总收入超过1亿元。表72列出了2015年总收入排名前10的基金会名单和收入情况。平均来看，基金会的2015年总收入平均值为1220万元，中位数为179万元，基金会总收入之间差异较大（标准差为7920万元）。在3779家基金会中，总收入最多的为中国癌症基金会，其总收入高达30.43亿元，总收入最少的为-11万元。

表 71　基金会 2015 年总收入概况

数量(家)	平均值 (万元)	标准差 (万元)	最小值 (万元)	最大值 (万元)	中位数 (万元)
3779	1220	7920	−11	304300	179

注：截至 2015 年 12 月 31 日，我国境内基金会中，共 3779 家披露了总收入数据信息。资料来源为基金会中心网。

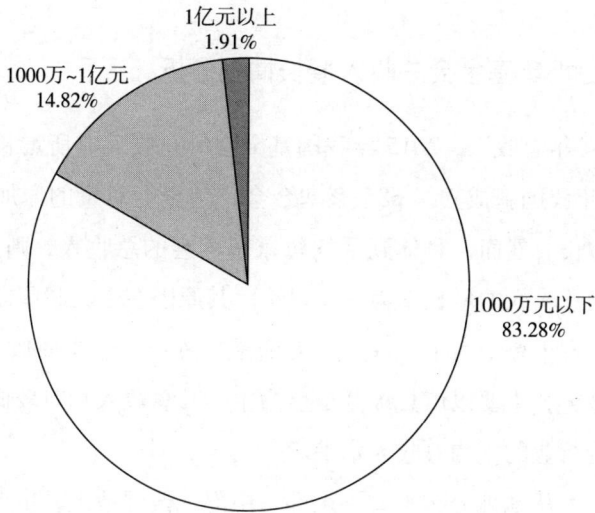

图 17　基金会 2015 年总收入情况

资料来源：基金会中心网，截止日期为 2015 年 12 月 31 日。

表 72　2015 年总收入排名前 10 的基金会名单

单位：亿元

排序	名称	注册地	所在地区	总收入
1	中国癌症基金会	民政部	北京市	30.43
2	清华大学教育基金会	民政部	北京市	22.75
3	老牛基金会	内蒙古自治区	内蒙古自治区	15.72
4	中国博士后科学基金会	民政部	北京市	12.76
5	中国教育发展基金会	民政部	北京市	10.85
6	上海市慈善基金会	上海市	上海市	9.44

排序	名称	注册地	所在地区	总收入
7	北京大学教育基金会	民政部	北京市	8.51
8	中国光华科技基金会	民政部	北京市	6.62
9	中国初级卫生保健基金会	民政部	北京市	6.01
10	中国青少年发展基金会	民政部	北京市	5.96

资料来源：基金会中心网，截止日期为2015年12月31日。

（二）2015年基金会总收入增长情况分析

相比2014年总收入，2015年我国基金会的总收入有所增长，但这主要是因为2015年我国新成立了685家基金会，基金会总量的增加导致基金会总收入持续增长。然而，具体到平均每家基金会的总收入，则比2014年略有下降，平均总收入的增长率为-5.43%。其原因在于，我国以往基金会以民政部登记、省级登记为主，基金会无论是净资产，还是总收入都比较高，而新成立的基金会主要以市县级基金会为主，其总收入相对较低，这样拉低了整个基金会行业的平均总收入水平。

具体而言，从地理分布来看，东部、中部、西部地区基金会平均总收入增长率皆为负。其中平均增长率最低的为西部地区的基金会，其平均总收入增长率为-11.63%，平均增长率最高的为中部地区基金会，也只有-5.12%，东部地区基金会平均总收入增长率为-7.72%。

从注册层级来看，民政部注册的全国性基金会的平均总收入增长速度最快，平均增长率为10.16%，显著高于其他三个层级的基金会。市级基金会平均总收入下降速度最快，下降了20.03%。县级基金会的平均总收入与2014年持平，省级基金会的平均总收入相比2014年下降7.56%。

从募款资格来看，公募基金会的平均总收入增长速度（4.21%）大大高于非公募基金会（-9.14%）。

从基金会类型来看，家族基金会的平均总收入增长速度最快，为34.21%。其次是企业基金会，平均总收入增长速度为7.68%。平均总收入

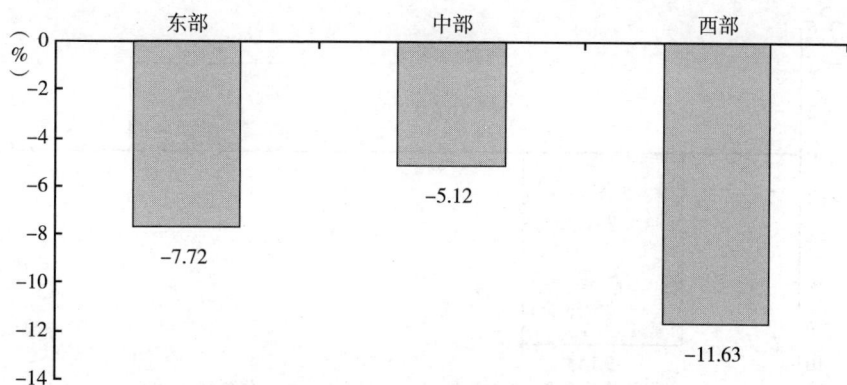

图18 不同地域基金会 2015 年平均总收入增长情况

资料来源：基金会中心网，截止日期为 2015 年 12 月 31 日。

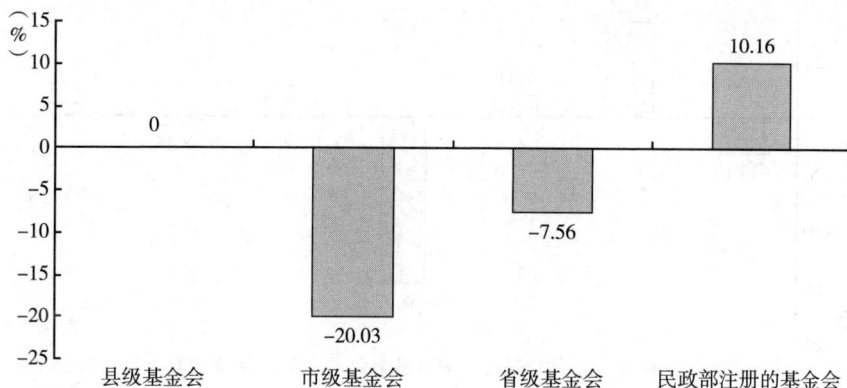

图19 不同注册层级基金会 2015 年平均总收入增长情况

资料来源：基金会中心网，截止日期为 2015 年 12 月 31 日。

增长速度最慢的是社区基金会，为 - 58.52%。另外，独立基金会和系统基金会的增长率也为负，分别是 - 13.13% 和 - 3.45%。

（三）2015年基金会收入来源情况分析

我国基金会年度收入的主要来源是捐赠收入、投资收入和政府补助收入。2015 年，基金会的捐赠收入占比平均为 66%，中位数为占比 90%，也

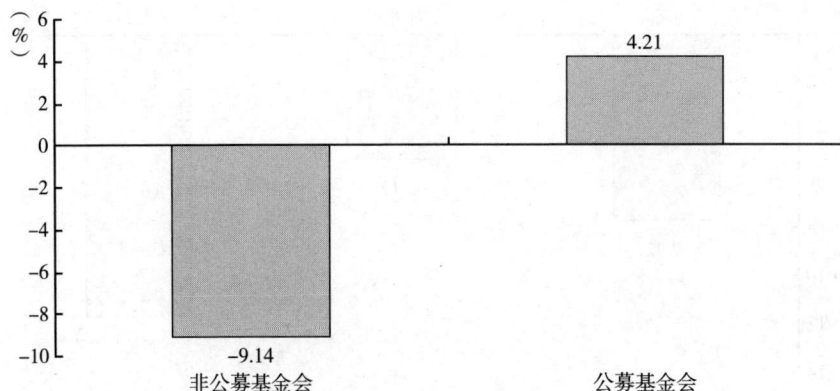

图 20　不同募款资格类型基金会 2015 年平均总收入增长情况

资料来源：基金会中心网，截止日期为 2015 年 12 月 31 日。

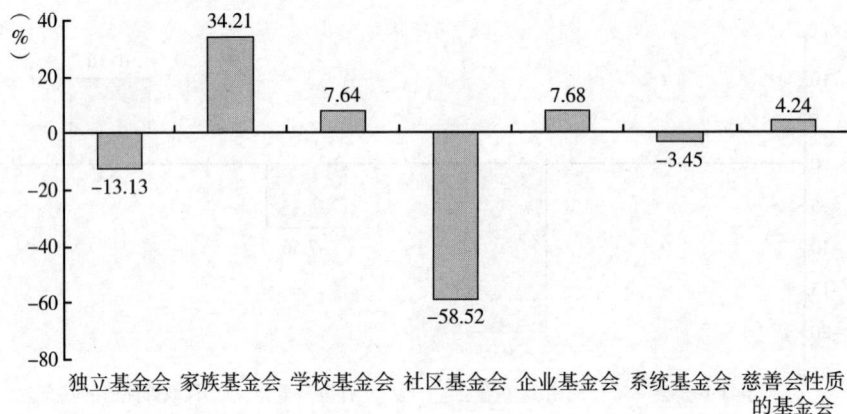

图 21　不同类型基金会 2015 年平均总收入增长情况

资料来源：基金会中心网，截止日期为 2015 年 12 月 31 日。

就是说大部分基金会的主要收入来源是捐赠收入。投资收入占比平均为 10%。政府补贴收入占比只有 5%。

表 73　基金会 2015 年各类型收入占比情况

捐赠收入占比	基金会数量（家）	平均占比（%）
	3779	66

投资收入占比	基金会数量（家）	平均占比（%）
	3779	10
政府补贴收入占比	基金会数量（家）	平均占比（%）
	3779	5
其他收入占比	基金会数量（家）	平均占比（%）
	3779	19

注：截至 2015 年 12 月 31 日，我国境内基金会中，共 3779 家披露了各类型收入数据信息。资料来源为基金会中心网。

（四）不同特征的基金会2015年收入分析

1. 不同地域分布的基金会收入比较分析

数据显示，东部地区的基金会总收入规模最高，平均为 789 万元，其次是西部地区，平均为 608 万元，最低的为中部地区，平均为 500 万元。2015年收入最多的基金会出现在东部地区，收入最少的基金会出现在西部地区。从个体差异来看，东部地区基金会收入的个体间差异远高于中部地区和西部地区。具体而言，东部地区总收入在 1 亿元以上的基金会的绝对数量（29家）和相对占比（1.24%）都显著高于中部和西部地区。中部地区只有 1家基金会 2015 年收入在 1 亿元以上，西部地区有 4 家基金会的 2015 年收入在 1 亿元以上。三个地区总收入在 1000 万元以下的基金会的比例均在 80%以上，其中中部地区最大，为 89.35%。总的来说，中部地区和西部地区在2015 年总收入上差距不大，东部地区基金会 2015 年总收入相对较高。另外，需要指出的是，部分基金会在民政部注册，因此这些基金会并未纳入东部、中部、西部的统计中，同时还有一部分基金会注册地信息缺失。这部分基金会共有 371 家，其平均收入为 5830 万元，远远高于东部、中部和西部的任何一个地区。

2. 不同注册层级的基金会收入比较分析

从注册层级来看，民政部登记注册的全国性基金会平均总收入规模最大，为 1.03 亿元，显著高于其他三个层级的基金会，同时基金会个体总收

表74　不同地域的基金会2015年总收入概况

单位：家，万元

地　区	基金会数量	平均值	标准差	最小值	最大值	中位数
东　部	2337	789	3050	0	94400	180
中　部	479	500	1200	0	13500	132
西　部	592	608	1630	-11	17700	135

注：截至2015年12月31日，我国境内基金会中，共3779家披露了不同地域和总收入数据信息。资料来源为基金会中心网。

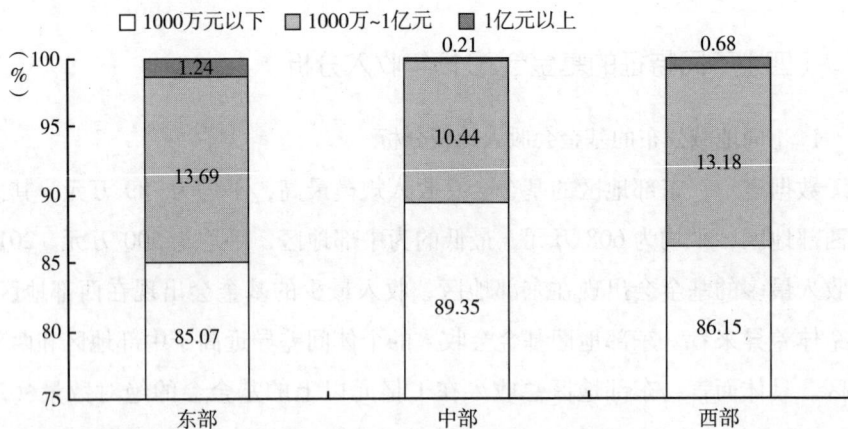

图22　不同地域的基金会2015年总收入情况

资料来源：基金会中心网，截止日期为2015年12月31日。

入规模的差异也相对更大。县级基金会的平均总收入规模最小，为385万元，其个体间总收入规模差异也最小。具体而言，民政部登记注册的基金会中有17.91%总收入在1亿元以上，而这个数字在省级、市级和县级基金会中分别只有1.03%、0.93%和0。民政部注册的基金会中，超过一半的基金会总收入在1000万元以上，特别是总收入规模在1000万元至1亿元之间的基金会占据了大多数。而在地方性基金会中，总收入规模在1000万元以下的基金会占绝大多数。特别是市级基金会和县级基金会，超过90%的基金会总收入规模在1000万元以下。总的来说，地方性基金会的收入规模远低于全国性基金会，地方性基金会获取资源的能力急需提升。

表75　不同注册层级基金会2015年总收入概况

单位：家，万元

注册层级	基金会数量	平均值	标准差	最小值	最大值	中位数
县级基金会	61	385	798	0	5000	96
市级基金会	322	543	1750	0	16200	96
省级基金会	3195	734	2720	－11	94400	164
全国性基金会	201	10300	31200	9	304000	1850

注：截至2015年12月31日，我国境内基金会中，共3779家披露了注册层级和总收入数据信息。资料来源为基金会中心网。

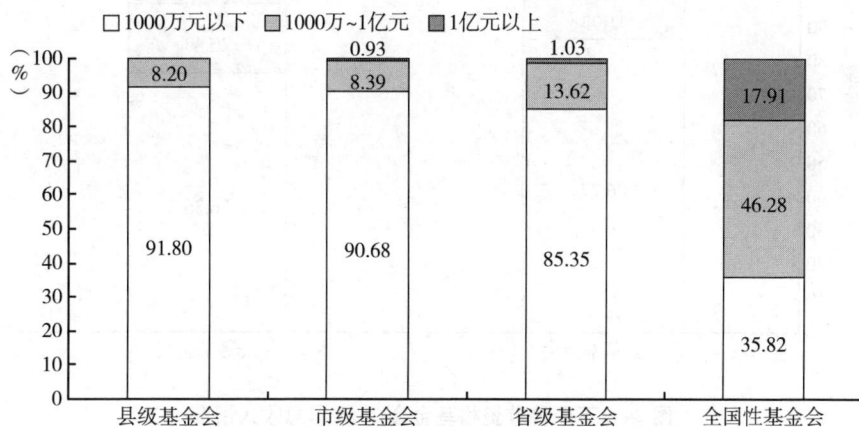

图23　不同注册层级基金会2015年总收入情况

资料来源：基金会中心网，截止日期为2015年12月31日。

3. 公募与非公募基金会收入比较分析

数据显示，2015年，我国公募基金会的平均总收入规模为1980万元，远高于非公募基金会（835万元）。具体而言，76.36%的公募基金会和86.77%的非公募基金会的2015年总收入在1000万元以下。收入在1亿元以上的公募基金会有40家，占全部公募基金会的3.15%，而非公募基金会有32家，占全部非公募基金会的1.27%。

4. 不同类型的基金会收入比较分析

从基金会类型来看，慈善会性质的基金会平均总收入规模最大，为3440

表 76　不同募款资格基金会 2015 年总收入概况

单位：家，万元

募款资格类型	基金会数量	平均值	标准差	最小值	最大值	中位数
非公募基金会	2510	835	5540	0	228000	128
公募基金会	1269	1980	11200	－11	304000	277

注：截至 2015 年 12 月 31 日，我国境内基金会中，共 3779 家披露了募款资格类型和总收入数据信息。资料来源为基金会中心网。

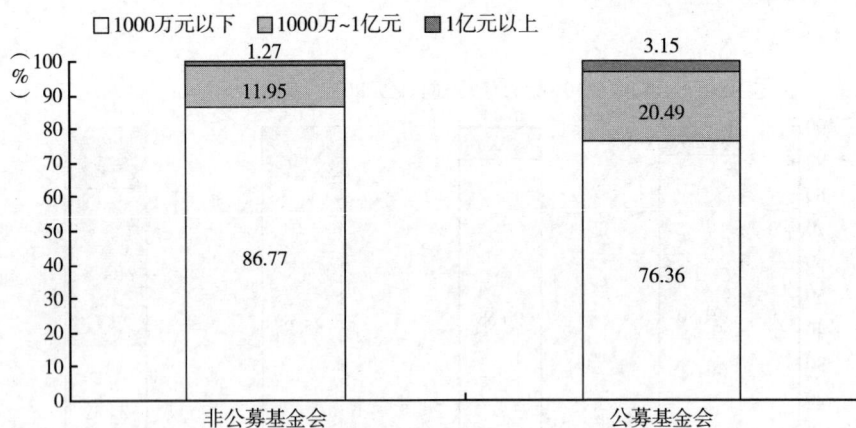

图 24　不同募款资格基金会 2015 年总收入情况

资料来源：基金会中心网，截止日期为 2015 年 12 月 31 日。

万元，其个体间差异亦最大。2015 年平均总收入规模最小的是社区基金会，为 560 万元。除社区基金会、企业基金会和独立基金会外，其他类型的基金会的平均总收入规模均在 1000 万元以上。具体而言，总收入规模在 1 亿元以上的基金会占该类型基金会总数比例最高的是家族基金会，为 5.56％，最低的是独立基金会，只有 1.32％。总收入规模在 1000 万元以下的基金会占该类型基金会总数比例最高的是社区基金会，比例为 93.22％，比例最低的是慈善会性质的基金会，比例为 59.57％。由此可以看出，慈善会性质的基金会收入规模较大，社区基金会的收入规模较小。

表77 不同类型基金会 2015 年收入概况

单位：家，万元

类型	基金会数量	平均值	标准差	最小值	最大值	中位数
独立基金会	1516	973	8850	0	304000	139
家族基金会	54	1330	3700	0	18700	181
学校基金会	551	1690	11000	0	228000	187
社区基金会	59	560	2150	1	16600	158
企业基金会	485	911	3250	0	49700	122
系统基金会	1065	1400	5810	−11	109000	242
慈善会性质的基金会	47	3440	13700	4	94400	557

注：截至 2015 年 12 月 31 日，我国境内基金会中，共 3777 家披露了属性类型和总收入数据信息。资料来源为基金会中心网。

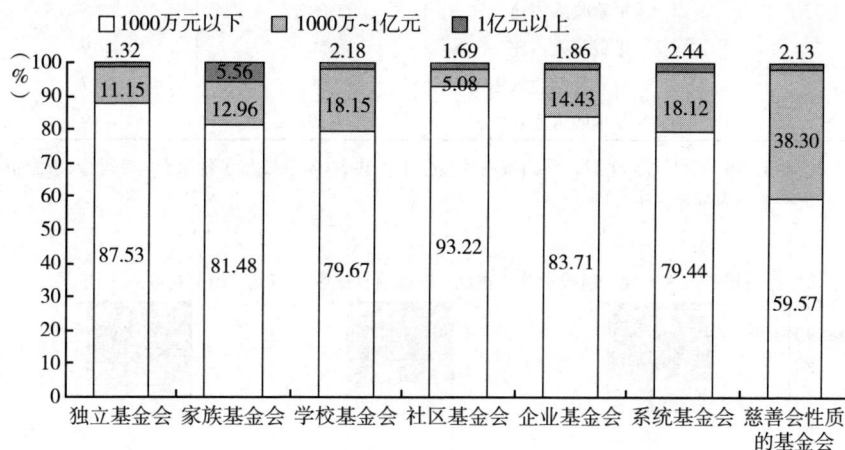

图 25 不同类型基金会 2015 年收入情况

资料来源：基金会中心网，截止日期为 2015 年 12 月 31 日。

（五）2015年不同特征的基金会收入来源情况比较分析

1.不同地域分布的基金会收入来源情况比较分析

从地域分布来看，无论是东部、中部还是西部地区，捐赠收入占总收入的比重都是最高的，且比重相近。其次是其他收入比重。收入来源中占比最低的且不同地区间差异最大的是政府补贴收入的占比，东部地区基金会的政府补贴收入占比明显低于中部和西部地区注册的基金会。

表78　不同地域分布的基金会收入来源情况

地区	收入占比类型	数量（家）	平均数（%）
东部地区	捐赠收入占比	2337	66
	投资收入占比	2337	10
	政府补贴收入占比	2337	4
	其他收入占比	2337	20
中部地区	捐赠收入占比	479	65
	投资收入占比	479	10
	政府补贴收入占比	479	7
	其他收入占比	479	18
西部地区	捐赠收入占比	592	65
	投资收入占比	592	9
	政府补贴收入占比	592	7
	其他收入占比	592	19

注：截至2015年12月31日，我国境内基金会中，共3408家披露了地域分布和收入来源情况信息。资料来源为基金会中心网。

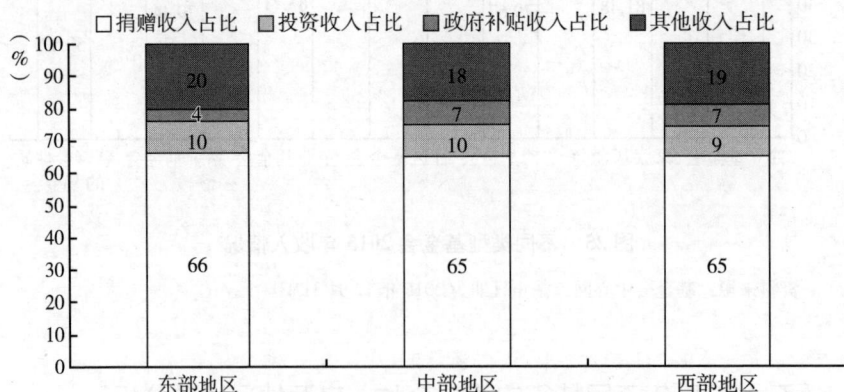

图26　不同地域分布的基金会收入来源情况

2.不同注册层级的基金会收入来源情况比较分析

从注册层级来看，市级基金会的捐赠收入占总收入比重最高，为72%，其次为全国性基金会，比重为71%。除全国性基金会外，收入来源占比第二多的均为其他收入，而全国性基金会收入来源占比第二多的是投资收入，占比为14%。在四个层级的基金会中，来源占比最低的均为政府补贴收入，但是相比之下，县级基金会的政府补贴收入比例明显高于其他三个层级的基金会。

表79　不同注册层级的基金会收入来源情况

注册层级	收入占比类型	数量（家）	平均数（%）
县级基金会	捐赠收入占比	61	62
	投资收入占比	61	7
	政府补贴收入占比	61	8
	其他收入占比	61	23
市级基金会	捐赠收入占比	322	72
	投资收入占比	322	6
	政府补贴收入占比	322	3
	其他收入占比	322	19
省级基金会	捐赠收入占比	3195	66
	投资收入占比	3195	10
	政府补贴收入占比	3195	5
	其他收入占比	3195	19
全国性基金会	捐赠收入占比	201	71
	投资收入占比	201	14
	政府补贴收入占比	201	4
	其他收入占比	201	11

注：截至2015年12月31日，我国境内基金会中，共3779家披露了注册层级和收入来源情况信息。资料来源为基金会中心网。

3. 公募与非公募基金会收入来源情况比较分析

从数据中可以看出，虽然捐赠收入是基金会收入的主要来源，但是非公募基金会捐赠收入占总收入的比重（71%）显著高于公募基金会（58%）。非公募基金会的政府补贴收入占比（2%）显著低于公募基金会（10%）。两者的投资收入占比和其他收入占比差异不大。

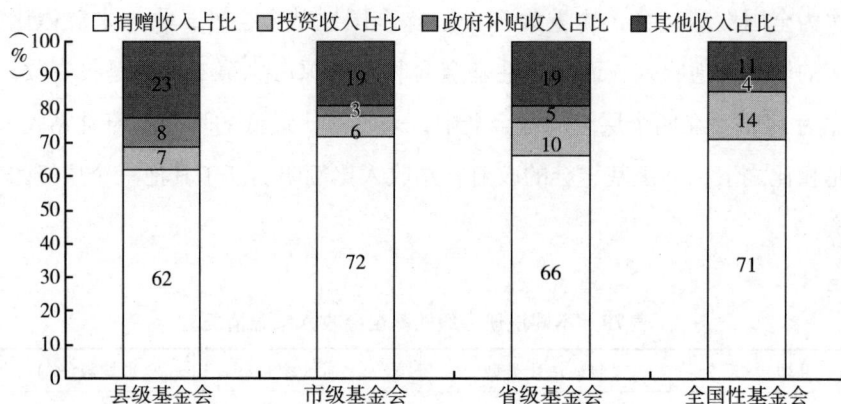

图 27　不同注册层级的基金会收入来源情况

表 80　公募与非公募基金会收入来源情况

募款资格类型	收入占比类型	数量（家）	平均数（%）
非公募基金会	捐赠收入占比	2510	71
	投资收入占比	2510	10
	政府补贴收入占比	2510	2
	其他收入占比	2510	17
公募基金会	捐赠收入占比	1269	58
	投资收入占比	1269	11
	政府补贴收入占比	1269	10
	其他收入占比	1269	21

注：截至 2015 年 12 月 31 日，我国境内基金会中，共 3779 家披露了募款资格类型和收入来源情况信息。资料来源为基金会中心网。

4. 不同类型的基金会收入来源情况比较分析

从基金会类型来看，学校基金会的捐赠收入占比非常高，占总收入的 79%。系统基金会的捐赠收入占比最低，为 57%。就投资收入占比而言，家族基金会的投资收入占比在所有类型的基金会中最高，为 17%，学校基金会、社区基金会和慈善会性质的基金会均相对较低，分别为 7%、8% 和 7%。就政府补贴收入占比而言，社区基金会和系统基金会的政府补贴占比最高，均为 10%，家族基金会几乎没有政府补贴收入，学校基金会和企业基金会的政府补贴收入占比也很低，均为 1%。

☐捐赠收入占比 ☐投资收入占比 ■政府补贴收入占比 ■其他收入占比

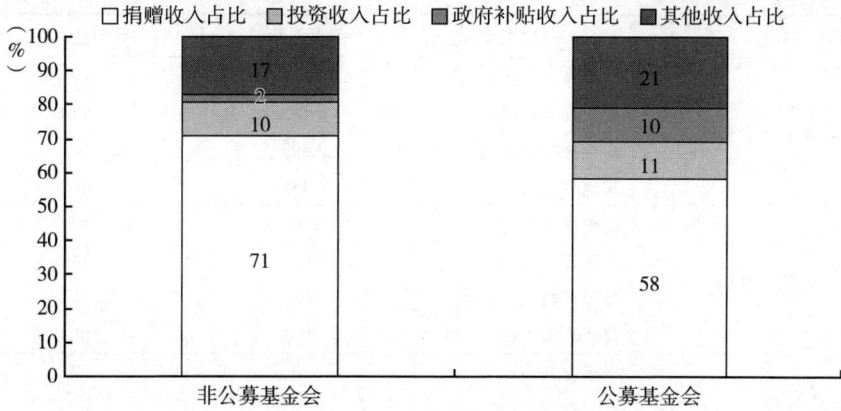

图28 公募基金会与非公募基金会收入来源情况

表81 不同类型的基金会收入来源情况

类型	收入占比类型	数量（家）	平均数（%）
独立基金会	捐赠收入占比	1516	68
	投资收入占比	1516	10
	政府补贴收入占比	1516	3
	其他收入占比	1516	19
家族基金会	捐赠收入占比	54	60
	投资收入占比	54	17
	政府补贴收入占比	54	0
	其他收入占比	54	23
学校基金会	捐赠收入占比	551	79
	投资收入占比	551	7
	政府补贴收入占比	551	1
	其他收入占比	551	13
社区基金会	捐赠收入占比	59	69
	投资收入占比	59	8
	政府补贴收入占比	59	10
	其他收入占比	59	13

续表

类型	收入占比类型	数量(家)	平均数(%)
企业基金会	捐赠收入占比	485	69
	投资收入占比	485	11
	政府补贴收入占比	485	1
	其他收入占比	485	19
系统基金会	捐赠收入占比	1065	57
	投资收入占比	1065	11
	政府补贴收入占比	1065	10
	其他收入占比	1065	22
慈善会性质的基金会	捐赠收入占比	47	68
	投资收入占比	47	7
	政府补贴收入占比	47	4
	其他收入占比	47	21

注：截至2015年12月31日，我国境内基金会中，共3779家披露了属性类型和收入来源情况信息。资料来源为基金会中心网。

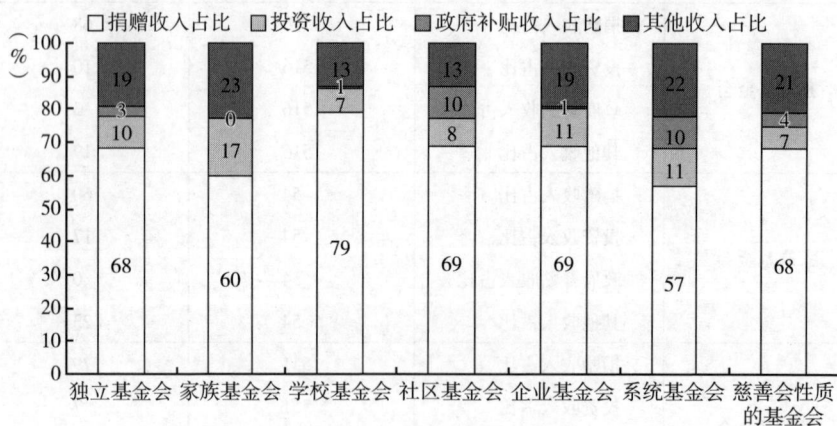

图29　不同类型的基金会收入来源情况

（六）2015年不同特征的基金会捐赠收入情况

1. 基金会捐赠收入概况分析

截至2015年12月31日，我国境内基金会中，共3779家披露了捐赠收入数据信息。其中,86.13%的基金会的 2015 年接受的捐赠收入在 1000 万元以下,12.44%的基金会的捐赠收入在 1000 万元至 1 亿元之间,只有1.43%的基金会的捐赠收入在 1 亿元以上。平均来看,基金会 2015 年捐赠收入平均值为 948 万元,中位数为 100 万元,基金会捐赠收入并不算多,且个体间差异较大。在 3779 家基金会中,捐赠收入最多的高达 3.03亿元。

表 82 基金会 2015 年捐赠收入情况 (1)

单位:家,万元

	基金会数量	平均值	标准差	最小值	最大值	中位数
本年度捐赠收入	3779	948	6430	0	303000	100

注:截至 2015 年 12 月 31 日,我国境内基金会中,共 3779 家披露了捐赠收入数据信息。资料来源为基金会中心网。

表 83 基金会 2015 年捐赠收入情况 (2)

捐款收入区间	基金会数量(家)	比例(%)
1000 万元以下	3255	86.13
1000 万 ~ 1 亿元	470	12.44
1 亿元以上	54	1.43

注:截至 2015 年 12 月 31 日,我国境内基金会中,共 3779 家披露了捐赠收入数据信息。资料来源为基金会中心网。

2. 不同地域分布的基金会捐赠收入比较分析

从地域来看,东部地区的基金会捐赠收入规模最高,平均为 628 万元,其次是西部地区,平均为 520 万元,最低的为中部地区,平均为 410 万元。总的来说,三个地区基金会的平均捐赠收入规模差距不大。但东部地区基金会之间捐赠收入规模的个体差异比中部地区和西部地区更大。具体而言,东部地区捐赠收入在 1 亿元以上的基金会绝对数量和相对占比均多于中部和西部地区。对于捐赠收入在 1000 万元以下的基金会比例,中部地区最大,其次是西部地区,东部地区最小。

表 84　不同地域基金会 2015 年捐赠收入情况

单位：家，万元

地区	基金会数量	平均值	标准差	最小值	最大值	中位数
东部	2337	628	2600	0	81800	100
中部	479	410	1110	0	12900	75
西部	592	520	1530	0	17700	84

注：截至 2015 年 12 月 31 日，我国境内基金会中，共 3779 家披露了运作地域和捐赠收入数据信息。资料来源为基金会中心网。

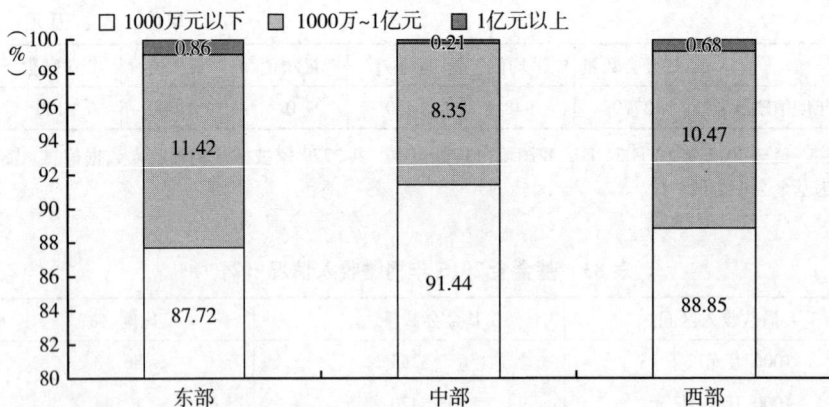

图 30　不同地域基金会 2015 年捐赠收入情况

资料来源：基金会中心网，截止日期为 2015 年 12 月 31 日。

3. 不同注册层级的基金会捐赠收入比较分析

从注册层级来看，全国性基金会的平均捐赠收入最多，为 7660 万元，显著高于其他三个层级的基金会，同时基金会个体总收入规模的差异也相对更大。县级基金会的平均捐赠收入规模最小，为 326 万元，其个体间捐赠收入规模差异也最小。具体而言，全国性基金会中有 13.93% 的基金会捐赠收入在 1 亿元以上，而这个数字在省级、市级和县级基金会中分别只有 0.72%、0.93% 和 7.82%。全国性基金会中，超过一半的基金会的捐赠收入在 1000 万元以上。而在地方性基金会中，捐赠收入规模在 1000 万元以下的基金会是绝大多数。特别是省级基金会和市级基金会，超过 85% 的基金会捐赠收入规模在 1000 万元以下。总的来说，地方性基金会的捐赠收入相比全国性基金会而言仍显太少。

表85　不同注册层级基金会 2015 年捐赠收入情况

单位：家，万元

注册层级	基金会数量	平均值	标准差	最小值	最大值	中位数
县级基金会	61	326	800	0	5000	36
市级基金会	322	473	1630	0	15900	57
省级基金会	3195	586	2320	0	81800	95
全国性基金会	201	7660	25300	0	303000	1270

注：截至 2015 年 12 月 31 日，我国境内基金会中，共 3779 家披露了注册层级和捐赠收入数据信息。资料来源为基金会中心网。

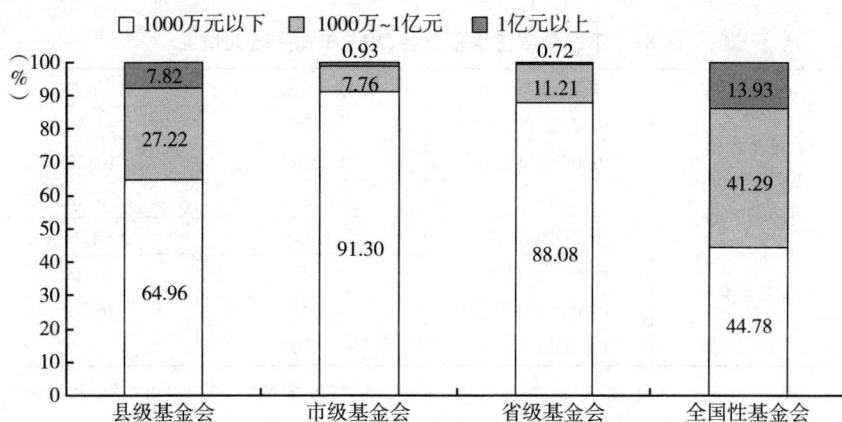

图31　不同注册层级基金会 2015 年捐赠收入情况

资料来源：基金会中心网，截止日期为 2015 年 12 月 31 日。

4. 公募基金会与非公募基金会捐赠收入比较分析

数据显示，公募基金会的平均捐赠收入规模远高于非公募基金会。公募基金会 2015 年平均捐赠收入为 1510 万元，非公募基金会只有 666 万元。具体而言，非公募基金会中捐赠收入在 1000 万元以下的基金会的比例比公募基金会高近 8 个百分点。捐赠收入在 1 亿元以上的基金会的比例公募基金会比非公募基金会略高。从这一数据可以看出，公募基金会由于有公募资格，因此捐赠收入明显高于非公募基金会，然而，非公募基金会也可以接受特定群体的捐赠，这些特定人群往往是高净值人群，因此，在大额捐赠方面也有一定的优势。

表86 不同募款资格基金会2015年捐赠收入情况

单位：家，万元

募款资格类型	基金会数量	平均值	标准差	最小值	最大值	中位数
非公募基金会	2510	666	3560	0	118000	89
公募基金会	1269	1510	9870	0	303000	130

注：截至2015年12月31日，我国境内基金会中，共3779家披露了募款资格类型和捐赠收入数据信息。资料来源为基金会中心网。

表87 不同募款资格基金会2015年捐赠收入情况

	捐款收入区间	数量（家）	比例（%）
非公募基金会	1000万元以下	2228	88.76
	1000万~1亿元	258	10.28
	1亿元以上	24	0.96
	捐款收入区间	数量（家）	比例（%）
公募基金会	1000万元以下	1027	80.93
	1000万~1亿元	212	16.71
	1亿元以上	30	2.36

注：截至2015年12月31日，我国境内基金会中，共3779家披露了募款资格类型和捐赠收入数据信息。资料来源为基金会中心网。

5. 不同类型的基金会捐赠收入比较分析

从基金会类型来看，慈善会性质的基金会的平均捐赠收入规模最大，为2970万元，其个体间差异也最大。其次是学校基金会，平均捐赠收入为1260万元。平均捐赠收入规模最小的是社区基金会和独立基金会，分别为237万元和753万元。具体而言，捐赠收入规模在1亿元以上的基金会占该类型基金会总数比例最高的是家族基金会，为5.56%，最低的是社区基金会，几乎没有。捐赠收入规模在1000万元以下的基金会占该类型

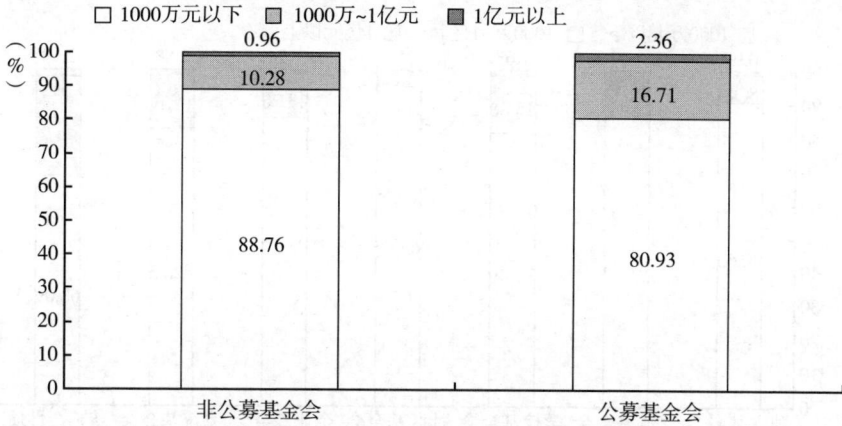

图 32　不同募款资格基金会 2015 年捐赠收入情况

资料来源：基金会中心网，截止日期为 2015 年 12 月 31 日。

基金会总数比例最高的是社区基金会，比例为 94.92%，比例最低的是慈善会性质的基金会，比例为 68.09%。由此可以看出，慈善会性质的基金会平均接受的捐赠收入普遍较多，社区基金会和独立基金会捐赠收入规模较小。

表 88　不同类型基金会 2015 年捐赠收入情况

单位：家，万元

类型	基金会数量	平均值	标准差	最小值	最大值	中位数
独立基金会	1516	753	8120	0	303000	77
家族基金会	54	1140	3670	0	18400	99
学校基金会	551	1260	6540	0	118000	138
社区基金会	59	237	340	0	1460	104
企业基金会	485	814	3120	0	48000	80
系统基金会	1065	1070	4360	0	61700	108
慈善会性质的基金会	47	2970	11900	0	81800	348

注：截至 2015 年 12 月 31 日，我国境内基金会中，共 3779 家披露了属性类型和捐赠收入数据信息。资料来源为基金会中心网。

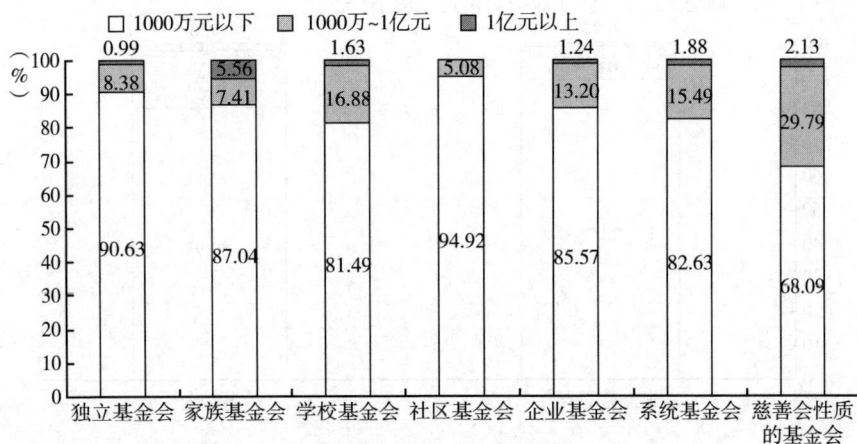

图33 不同类型基金会2015年捐赠收入增长情况

资料来源：基金会中心网，截止日期为2015年12月31日。

六 87.93%的基金会公益事业支出低于1000万元，东西部差异较大

（一）2015年基金会公益事业支出概况

截至2015年12月31日，我国境内基金会中，共3779家披露了公益事业支出数据信息。其中，87.93%的基金会公益事业支出在1000万元以下，只有1.16%的基金会公益事业支出在1亿元以上。由此可见，中国基金会绝大多数公益事业支出规模在1000万元以下。平均来看，基金会的公益事业支出规模为817万元，10.9%的基金会公益事业支出在1000万元至1亿元之间，中位数为94万元，基金会公益事业支出之间差异较大。在3779家基金会中，2015年年度公益事业支出最多的为中国癌症基金会，支出高达26.45亿元，最少的无公益事业支出。表91列出了2015年公益事业支出排名前10的基金会名单。

表89 2015年基金会公益事业支出

单位：家，万元

	基金会数量	平均值	标准差	最小值	最大值	中位数
公益事业支出	3779	817	5890	0	264500	94

注：截至2015年12月31日，我国境内基金会中，共3779家披露了公益事业支出数据信息。资料来源为基金会中心网。

表90 基金会2015年公益事业支出情况

公益事业支出区间	数量（家）	比例（%）
1000万元以下	3323	87.93
1000万~1亿元	412	10.9
1亿元以上	44	1.16

注：截至2015年12月31日，我国境内基金会中，共3779家披露了公益事业支出数据信息。资料来源为基金会中心网。

表91 2015年公益事业支出排名前10的基金会名单

单位：亿元

排序	基金会名称	注册地	所在地	总支出
1	中国癌症基金会	民政部	北京市朝阳区	26.45
2	中国博士后科学基金会	民政部	北京市海淀区	12.25
3	中国教育发展基金会	民政部	北京市西城区	10.71
4	清华大学教育基金会	民政部	北京市海淀区	7.27
5	上海市慈善基金会	上海市	上海市静安区	6.52
6	中国光华科技基金会	民政部	北京市东城区	5.65
7	中国初级卫生保健基金会	民政部	北京市东城区	4.84
8	中国妇女发展基金会	民政部	北京市东城区	4.80
9	中国残疾人福利基金会	民政部	北京市东城区	4.68
10	中国青少年发展基金会	民政部	北京市朝阳区	4.15

资料来源：基金会中心网，截止日期为2015年12月31日。

（二）2015年不同特征的基金会公益事业支出分析

1. 不同地域分布的基金会2015年公益事业支出比较分析

从地域来看，东部地区的基金会公益事业支出规模最大，平均为475万元，其次是西部地区，平均为 452 万元，最低的为中部地区，平均为 296 万元。总的来说，东部和西部地区的基金会平均公益事业支出规模差距不大，但是两者与中部地区基金会的平均公益事业支出规模存在明显差距。东部地区基金会之间公益事业支出规模的个体差异与西部相近，两者均明显高于中部地区。具体而言，东部地区基金会的公益事业支出在 1 亿元以上的绝对数量最多，共有 10 家，西部只有 2 家，中部地区没有一家基金会公益事业支出在 1 亿元以上。从相对比例来看，三个区域的公益事业支出在 1000 万元以下的基金会的数量均在 90% 左右，差异不大，这说明，基金会的公益事业支出仍有待进一步提升。

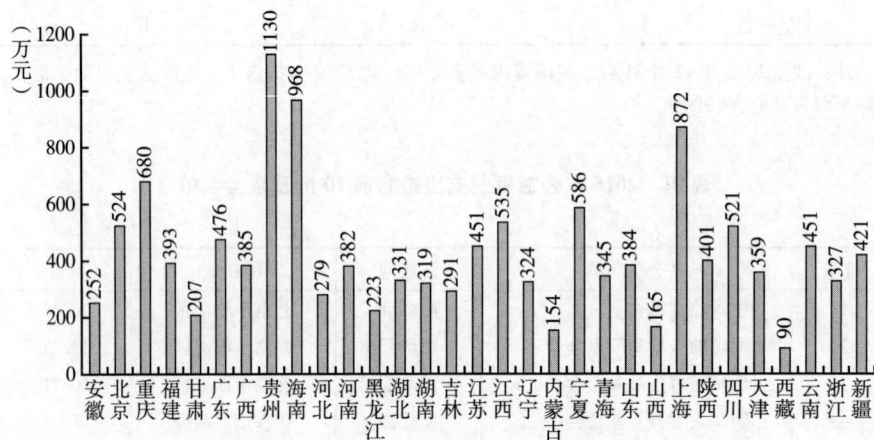

图 34　不同省份 2015 年基金会的平均公益事业支出情况

资料来源：基金会中心网，截止日期为 2015 年 12 月 31 日。

表 92　不同地域基金会 2015 年公益事业支出概况

单位：家，万元

地区	基金会数量	平均值	标准差	最小值	最大值	中位数
东　部	2337	475	1940	0	65200	83
中　部	479	296	700	0	7100	87
西　部	592	452	1240	0	14600	90

注：截至 2015 年 12 月 31 日，我国境内基金会中，共 3408 家披露了运作地域和公益事业支出数据信息。资料来源为基金会中心网。

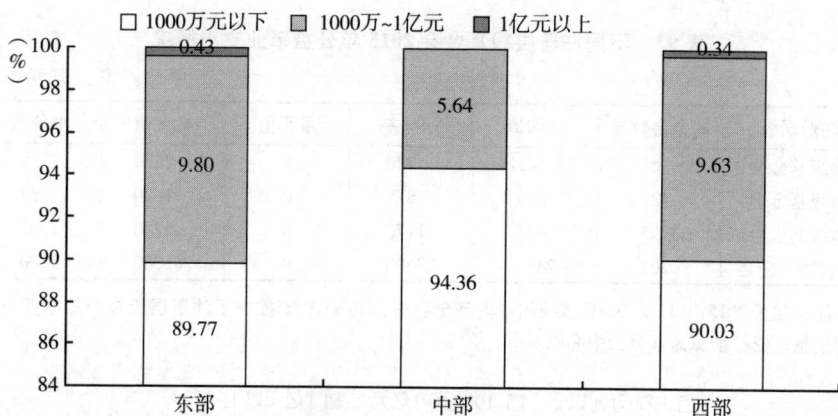

图35　不同地域基金会2015年公益事业支出情况

资料来源：基金会中心网，截止日期为2015年12月31日。

2. 不同注册层级的基金会2015年公益事业支出比较分析

从注册层级来看，全国性基金会平均公益事业支出规模最大，为7430万元，显著高于其他三个层级的基金会，同时基金会个体公益事业支出规模的差异也相对更大。县级基金会的平均公益事业支出规模最小，为143万元，其个体间公益事业支出规模差异也最小。具体而言，全国性基金会中有15.42%的基金会公益事业支出在1亿元以上，而这个数字在省级和市级基金会中分别只有0.38%和0.31%。而在县级基金会中，没有任何一家超过1亿元。全国性基金会中，超过一半的基金会公益事业支出在1000万元以上，特别是公益事业支出规模在1000万元至1亿元之间的基金会占据了全国性基金会的多数。而在地方性基金会中，公益事业支出规模在1000万元以下的基金会是绝大多数。特别是市级基金会和县级基金会，超过95%的基金会公益事业支出规模在1000万元以下。这说明，地方性基金会的公益事业支出仍有待提升。

3. 公募与非公募基金会2015年公益事业支出比较分析

数据显示，2015年，我国公募基金会的平均公益事业支出规模为1540万元，远高于非公募基金会的450万元。具体而言，公募基金会中接近20%

表93 不同注册层级基金会2015年公益事业支出概况

单位：家，万元

注册层级	基金会数量	平均值	标准差	最小值	最大值	中位数
县级基金会	61	143	420	0	2950	29
市级基金会	322	235	878	0	11800	37
省级基金会	3195	472	1770	0	65200	93
全国性基金会	201	7430	23600	0	265000	1300

注：截至2015年12月31日，我国境内基金会中，共3779家披露了注册层级和公益事业支出数据信息。资料来源为基金会中心网。

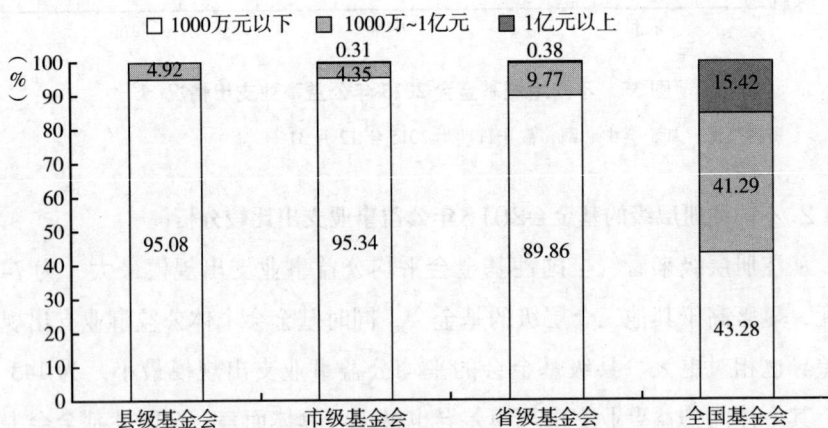

图36 不同注册层级基金会2015年公益事业支出情况

资料来源：基金会中心网，截止日期为2015年12月31日。

的基金会公益事业支出规模在1000万元以上，而非公募基金会中，超过90%的基金会公益事业支出规模不足1000万元。其原因可能与《基金会管理条例》中对公募基金会公益事业支出比例的要求与非公募基金会不同有关。

表94 不同募款资格基金会2015年公益事业支出概况

单位：家，万元

募款资格类型	基金会数量	平均值	标准差	最小值	最大值	中位数
非公募基金会	2510	450	2130	0	72700	68
公募基金会	1269	1540	9680	0	265000	205

注：截至2015年12月31日，我国境内基金会中，共3779家披露了募款资格类型和公益事业支出数据信息。资料来源为基金会中心网。

表95 不同募款资格基金会2015年公益事业支出情况

	公益事业支出区间	数量(家)	比例(%)
非公募基金会	1000万元以下	2303	91.75
	1000万~1亿元	190	7.57
	1亿元以上	17	0.68
	公益事业支出区间	数量(家)	比例(%)
公募基金会	1000万元以下	1020	80.38
	1000万~1亿元	222	17.49
	1亿元以上	27	2.13

注：截至2015年12月31日，我国境内基金会中，共3779家披露了募款资格类型和公益事业支出数据信息。资料来源为基金会中心网。

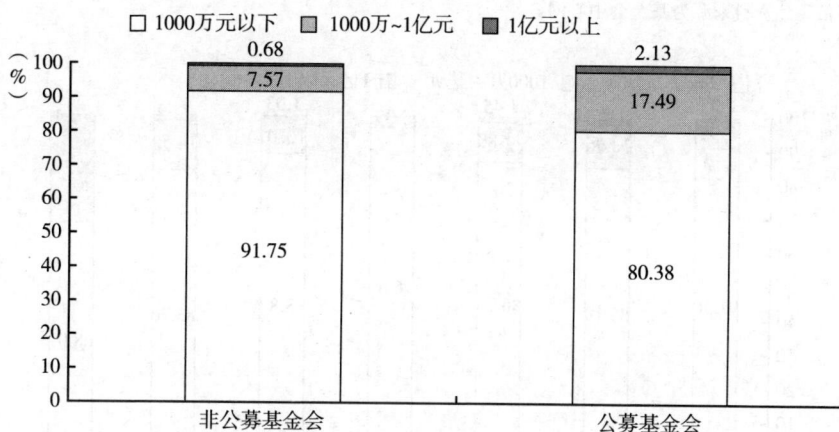

图37 不同募款资格基金会2015年公益事业支出情况

资料来源：基金会中心网，截止日期为2015年12月31日。

4. 不同类型的基金会2015年公益事业支出比较分析

从基金会类型来看，慈善会性质的基金会平均公益事业支出金额最高，为2290万元，其个体间差异也最大。其次是系统基金会，平均公益事业支出为1070万元。平均公益事业支出规模最小的是社区基金会，只有208万元。具体而言，公益事业支出规模在1亿元以上的基金会占该类型基金会总数比例最高的是慈善会性质的基金会，为2.13%，最低的是社区基金会，该项数据为0。公益事业支出规模在1000万元以下的基金会占该类型基金会总数比例最高的是社区基金会，比例为96.61%，比例最低的是慈善会性质的基金会，比例为68.09%。

表 96 不同类型基金会 2015 年公益事业支出情况

单位：家，万元

类型	基金会数量	平均值	标准差	最小值	最大值	中位数
独立基金会	1516	704	7710	0	265000	68
家族基金会	54	751	1800	0	11300	108
学校基金会	551	796	3790	0	72700	94
社区基金会	59	208	815	0	6050	41
企业基金会	485	577	1930	0	22800	82
系统基金会	1065	1070	5030	0	107000	164
慈善会性质的基金会	47	2290	9470	0	65200	462

注：截至 2015 年 12 月 31 日，我国境内基金会中，共 3777 家披露了属性类型和公益事业支出数据信息。资料来源为基金会中心网。

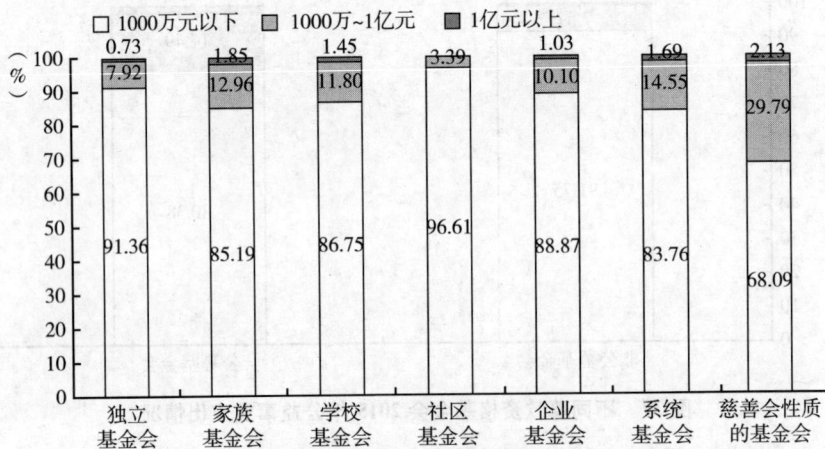

图 38 不同类型基金会 2015 年公益事业支出情况

资料来源：基金会中心网，截止日期为 2015 年 12 月 31 日。

七 社区基金会建立党组织比例最高，家族基金会比例最低

（一）基金会建立党组织的概况

2015 年 9 月，中共中央办公厅印发了《关于加强社会组织党的建设工

作的意见（试行）》，并发出通知，要求各地区各部门结合实际认真贯彻执行。通知指出，社会组织是我国社会主义现代化建设的重要力量，是党的工作和群众工作的重要阵地，是党的基层组织建设的重要领域。各级党委（党组）要充分认识加强社会组织党的建设工作的重要意义，将其纳入党建工作总体布局，按照全面从严治党的要求，从严从实抓好各项任务落实。要建立健全社会组织党建工作机构，理顺管理体系，完善工作机制，落实党建责任，形成党委统一领导、组织部门牵头抓总、社会组织党建工作机构具体指导、有关部门齐抓共管的工作格局。要加大党组织组建力度，推进社会组织党的组织和党的工作有效覆盖，创新党组织工作内容和活动方式，切实发挥好社会组织党组织的政治核心作用。要选优配强党组织书记，加强党务工作者队伍建设，强化党建工作基础保障，不断提高社会组织党建工作整体水平。

随后各级各类社会组织纷纷成立党组织。截至 2015 年 12 月 31 日，我国境内基金会中，共 3948 家披露了党组织建立情况信息。其中，两成基金会（780 家）已建立党组织，八成基金会（3168 家）还未建立党组织。

表 97　2015 年基金会建立党组织情况

	基金会数量（家）	占比（%）
未建立党组织	3168	80.24
建立党组织	780	19.76
总计	3948	100.00

注：截至 2015 年 12 月 31 日，我国境内基金会中，共 3948 家披露了党组织建立情况信息。资料来源为基金会中心网。

（二）不同特征的基金会建立党组织的情况分析

1. 不同地域分布的基金会建立党组织情况比较分析

数据显示，建立党组织的基金会数量最多的三个省份是湖南（89 家）、上海（88 家）、广东（60 家），数量最少的四个省份是西藏（4 家）、青海（3 家）、江西（2 家）、海南（1 家）。

表98　不同省级行政区建立党组织的基金会数量的差异分析

省份	未成立党支部的数量(家)	成立党支部的数量(家)	省份	未成立党支部的数量(家)	成立党支部的数量(家)
安徽省	85	9	民政部	117	89
北京市	307	24	内蒙古自治区	85	12
福建省	196	14	宁夏回族自治区	44	10
甘肃省	14	24	青海省	21	3
广东省	384	60	山东省	66	28
广西壮族自治区	49	5	山西省	52	10
贵州省	26	12	陕西省	55	14
海南省	8	1	上海市	57	88
河北省	42	30	四川省	123	16
河南省	106	9	天津市	19	48
黑龙江省	57	19	西藏自治区	6	4
湖北省	79	15	新疆维吾尔自治区	29	8
湖南省	102	89	云南省	62	11
吉林省	54	16	浙江省	381	30
江苏省	396	50	重庆市	54	10
江西省	36	2			
辽宁省	56	20	总计	3168	780

　　注：截至2015年12月31日，我国境内基金会中，共3948家披露了党组织建立情况信息。其中206家基金会在民政部注册，因注册层级不同，未划入任何省级行政区中。资料来源为基金会中心网。

2. 不同注册层级的基金会建立党组织情况比较分析

　　从绝对数看，在已建立党组织的基金会中，县级基金会约占总数的1%，市级基金会占6%，省级基金会占82%，全国性基金会占11%。可见，已建立党组织的基金会中省级基金会居多。

　　从相对数看，在县级基金会中，只有7%建立了党组织，在市级基金会中，16%建立了党组织，在省级基金会中，19%建立了党组织，在民政部登记注册的基金会中，43%建立了党组织。可以看出，随着注册层级的升高，基金会建立党组织的比例不断升高。

表 99　不同注册层级的基金会建立党组织情况

注册层级	建立党组织的基金会(家)	未建立党组织的基金会(家)	注册层级	建立党组织的基金会(家)	未建立党组织的基金会(家)
县级基金会	4	50	全国性基金会	88	115
市级基金会	45	232	总计	780	3168
省级基金会	643	2771			

注：截至 2015 年 12 月 31 日，我国境内基金会中，共 3948 家披露了注册层级和党组织建立情况信息。资料来源为基金会中心网。

3. 公募基金会与非公募基金会建立党组织情况比较分析

从绝对数看，在已建立党组织的基金会中，一半为非公募基金会，一半为公募基金会。

从相对数看，在非公募基金会中，只有 15% 的基金会建立了党组织，而在公募基金会中，28% 的基金会建立了党组织，可见，公募基金会建立党组织的比例约为非公募基金会的 2 倍。

表 100　不同募款资格的基金会建立党组织情况

募款资格类型	建立党组织的基金会(家)	未建立党组织的基金会(家)
非公募基金会	388	2177
公募基金会	392	991
总　计	780	3168

注：截至 2015 年 12 月 31 日，我国境内基金会中，共 3948 家披露了募款资格类型和党组织建立情况信息。资料来源为基金会中心网。

4. 不同类型的基金会建立党组织情况比较分析

从绝对数看，在已建立党组织的基金会中，占比最高的是系统基金会，占所有建立党组织的基金会的 41%，其次是独立基金会，约占 29%，学校基金会占 17%，企业基金会占 9%，其余基金会所占比例均不足 5%。

从相对数看，建立党组织比例最高的是社区基金会，有 32% 的社区基金会建立了党组织，其次是系统基金会，28% 的系统基金会建立了党组织，比例最低的是家族基金会，只有 9% 的家族基金会建立了党组织。

表101 不同类型的基金会建立党组织情况

类型	建立党组织（家）	未建立党组织（家）	类型	建立党组织（家）	未建立党组织（家）
独立基金会	230	1304	企业基金会	69	438
家族基金会	5	52	系统基金会	322	841
学校基金会	133	449	慈善会性质的基金会	8	53
社区基金会	13	28	总　计	780	3165

注：截至2015年12月31日，我国境内基金会中，共3945家披露了属性类型和党组织建立情况信息。资料来源为基金会中心网。

（三）建立党组织对基金会的影响

1.建立党组织与总收入

通过均值分析可以看出，建立党组织的基金会的总收入平均为3550万元，而未建立党组织的基金会的总收入平均只有701万元。建立党组织的基金会的总收入显著比未建立党组织的基金会更高。其原因可能在于，有党组织的基金会能力比较强，人员规模也比较大，与政府等各部门的关系比较密切，便于整合资源。当然，另外一种可能则在于，总收入高的基金会，人员规模也大，更可能建立党组织。

表102 党组织建立情况不同的基金会的平均总收入分析

党组织建立情况	基金会数量（家）	平均总收入（万元）
未建立	2836	701
已建立	738	3550
总　计	3574	1290

注：截至2015年12月31日，我国境内基金会中，共3574家披露了总收入和党组织建立情况信息。资料来源为基金会中心网。

2.建立党组织与净资产

通过均值分析可以看出，建立党组织的基金会的净资产平均为7820万元，而未建立党组织的基金会的净资产平均只有2020万元。有党组织的基金会，其净资产也明显高于没有党组织的基金会。

表 103 党组织建立情况不同的基金会的平均净资产分析

党组织建立情况	基金会数量(家)	平均净资产(万元)
未建立	2836	2020
已建立	738	7820
总 计	3574	3220

注：截至 2015 年 12 月 31 日，我国境内基金会中，共 3574 家披露了净资产和党组织建立情况信息。资料来源为基金会中心网。

3. 建立党组织与捐赠收入

统计分析结果表明，建立党组织的基金会的捐赠收入平均为 2670 万元，而未建立党组织的基金会的捐赠收入平均只有 595 万元。有党组织的基金会比没有党组织的基金会，其捐赠收入显著要多。可能的原因在于，有党组织的基金会，社会网络资源更丰富，便于获得更多的社会捐赠，而没有党组织的基金会，社会网络资源更弱，也不利于募款。当然，另外一种可能在于，募款收入多的基金会，能力本来就强，人员规模也多，建立党组织的可能性也更高。

表 104 党组织建立情况不同的基金会的平均捐赠收入分析

党组织建立情况	基金会数量(家)	平均捐赠收入(万元)
未建立	2835	595
已建立	738	2670
总 计	3573	1020

注：截至 2015 年 12 月 31 日，我国境内基金会中，共 3573 家披露了捐赠收入和党组织建立情况信息。资料来源为基金会中心网。

4. 建立党组织与政府补贴性收入

通过均值分析可以看出，建立党组织的基金会的政府补贴性收入平均为 368 万元，而未建立党组织的基金会的政府补贴性收入平均只有 33 万元。有党组织的基金会的政府补贴性收入比没有党组织的基金会政府补贴性收入显著要多。其可能的原因在于，有党组织的基金会，与政府的关系更为密切，便于争取政府补贴性收入，而没有党组织的基金会，与政府的关系没有有党组织的基金会密切，不利于争取政府补贴性收入。

表 105　党组织建立情况不同的基金会的平均政府补贴性收入分析

党组织建立情况	基金会数量(家)	平均政府补贴性收入(万元)
未建立	2836	33
已建立	738	368
总　计	3574	102

注：截至 2015 年 12 月 31 日，我国境内基金会中，共 3574 家披露了政府补贴性收入和党组织建立情况信息。资料来源为基金会中心网。

专题报告

Subjective Reports

G.2

中国家族基金会的发展

摘　要：　根据基金会中心网的统计，到 2016 年，我国家族基金会数量仅有 77 家。我国家族基金会的平均理事会成员规模为 9.29 人，女性理事会成员的比例大约为 25%，理事的平均年龄为 54.6 岁。2015 年，有详细信息的家族基金会的平均净资产规模为 1.08 亿元，平均每家基金会的总收入为 4331 万元，其中捐赠收入占 85.51%。2015 年，我国家族基金会平均每家公益事业支出为 1298 万元。总的来看，我国家族基金会的数量少、规模小，与发达国家还有很大的差距，是未来中国基金会领域需要重点发展的方向。

关键词：　家族基金会　治理结构　人力资源收入　公益事业支出

一 中国家族基金会数量少、增长缓慢

截至 2016 年底，我国共有家族基金会 77 家，占所有基金会总数的 1.3%。其中，2016 年新成立家族基金会 4 家，年增长率较前几年有所下降。自 2004 年《基金会管理条例》出台以来，家族基金会数量增长最多的年份是 2014 年，新增 9 家家族基金会；其次是在 2010 年、2011 年、2012 年、2013 年、2015 年，各新增 6 家。

图 1 历年新增家族基金会的数量变化

资料来源：基金会中心网，截止日期为 2016 年 12 月 31 日。

从发起人身份上看，较早的家族基金会主要是文化名人、爱国华侨发起的，如注册于 1984 年的潘天寿基金会、1986 年的福建省泉州贤銮福利基金会等。随着经济的发展、财富的增加和家族基金会数量的增长，名人效应逐渐减弱。名人发起的家族基金会的比例在 2004 年占家族基金会总量的 68.7%，直到 2012 年，这一比例尚无明显下降，但从 2013 年开始迅速下降，到 2016 年，名人发起的家族基金会占家族基金会总数的 46.7%。

从基金会的募款资格上来看，这些家族基金会均为非公募性质，尚无申请公开募捐资格的基金会。

图2　名人及非名人发起的家族基金会历年数量变化情况

表1　家族基金会登记部门分布情况（2008~2016）

单位：家

登记部门	2016	2015	2014	2013	2012	2011	2010	2009	2008
民政部	10	10	10	9	9	8	7	5	5
省级民政部门	53	52	49	47	43	38	33	29	26
市级民政部门	12	10	7	2	0	0	0	0	0
县级民政部门	2	1	1	0	0	0	0	0	0
合计	77	73	67	58	52	46	40	34	31

资料来源：基金会中心网，截止日期为2016年12月31日。

从注册层级来看，在民政部注册的家族基金会有10家，占到总数的13%；其余均在地方注册（省、市、县），其中，在省级民政部门注册的数量最多，2016年达到53家，其次为市级民政部门。从历年变化的情况来看，在民政部和省级民政部门注册的基金会中有一半左右注册于2008年之前，成立时间相对较早。2012年，民政部通过部省协议的形式，允许一些地方将非公募基金会登记权限由省级登记管理机关下放，允许市级民政部门和县级民政部门登记管理非公募基金会。于是，2013年开始出现了在市级民政部门注册的家族基金会并且增长迅速，从 2013 年的 2 家迅速增长到 2016 年的 12 家。

从地域分布来看，除在民政部注册的 10 家基金会属于全国范围内的家族基金会以外，其余在福建省注册的家族基金会最多，共有 16 家，占总体数量的 20.8%，其次为广东（14.3%）、浙江（10.4%）、北京（10.4%）、上海（6.5%）、江苏（3.9%）。可见，目前我国家族基金会主要分布在沿海省份及北京、上海等一线城市。另外，在湖南、湖北、内蒙古、宁夏四地，家族基金会的数量均为 2 家，占比均为 2.6%，略高于安徽、重庆、甘肃、广西、河北、河南、山东、陕西八个省份（各 1 家，占比 1.3%）

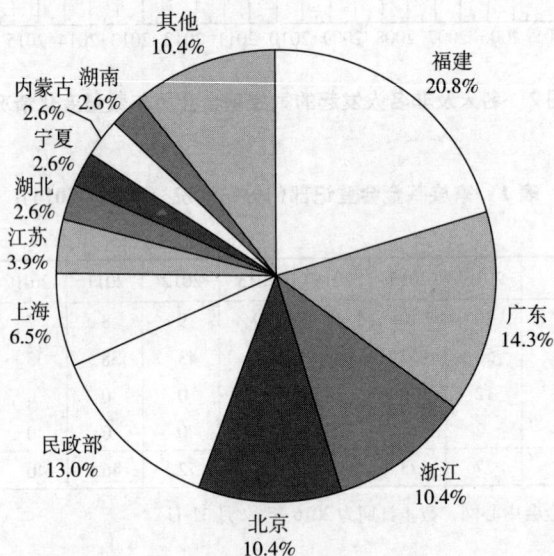

图 3　家族基金会的地域分布

资料来源：基金会中心网，截止日期为 2016 年 12 月 31 日。

二　平均理事会规模9.29人，平均年龄54.6岁

在 77 家家族基金会中，有 62 家披露了理事会相关的信息，占总数的

80.5%。类似的，披露监事会信息的家族基金会占总数的 79.2%，其余并未披露。

在披露了理事会信息的家族基金会中，理事会成员人数平均为 9.29 人，最少的有 4 人，最多的有 25 人。其中，女性理事会成员的总数为 144 人，男性为 432 人，男女比例为 3∶1，女性理事会成员所占比例明显小于男性。但是，相比之下，理事长和秘书长的性别差异要小得多。在理事长中，男性与女性的比例为 2∶1，也就是说，相对于女性担任家族基金会理事会成员的比例，女性担任理事长的比例还是比较高的。类似的，女性担任家族基金会秘书长的比例也较高，在 45 份提供了秘书长性别数据的家族基金会中，有 33.3%的秘书长为女性，男女比例为 2∶1。在年龄方面，理事长和秘书长的平均年龄分别约为 59 岁和 53 岁，理事会成员的平均年龄约为 55 岁。

表 2　家族基金会理事会成员的性别比例及平均年龄

	男性比例(%)	女性比例(%)	平均年龄(岁)
理事会成员	75	25	54.55
理事长	67.2	32.8	59.16
秘书长	66.7	33.3	53.03

资料来源：基金会中心网，截止日期为 2016 年 12 月 31 日。

在理事长和秘书长是否为同一人方面，除 15 家家族基金会未提供这方面的数据以外，其余 62 家基金会均非由同一人担任。

在理事会成员的工作单位背景方面，绝大多数理事会成员的任职机构既非政府也非企业或教育机构，而是"其他单位"（501 人，占总数的 86.9%）。其中，在政府任职的理事会成员只有 15 名，在企业和教育机构任职的理事会成员分别是 35 名和 14 名，所占比重都非常低。

在理事会成员的工资和津贴方面，只有 3 家基金会提供了理事会成员（包括理事长）有领取津贴，平均领取津贴的人数为 2 人；18 家基金会提供了理事会成员（包括理事长）有领取工资，平均领取工资的人数为 2.06 人，其余基金会均未提供这方面的信息。在领取津贴的具体数额方面，只有

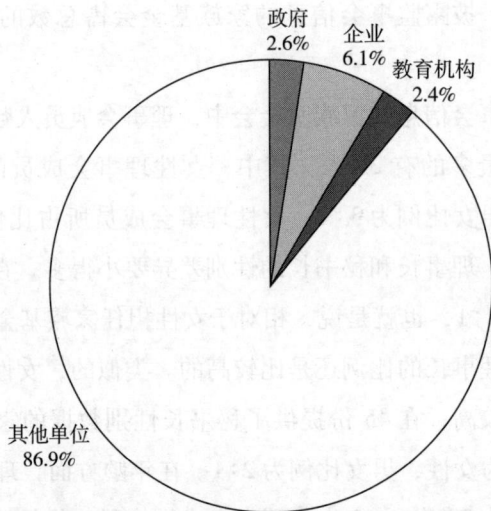

图4 家族基金会理事会成员的工作单位背景

资料来源：基金会中心网，截止日期为 2016 年
12 月 31 日。

2 家基金会提供了数据，分别是 884 元和 700 元。在领取工资的具体数额方面，最大值是 81667 元，最小值是 240 元，平均工资为 10162.81 元，标准差为 14996.717 元，说明工资差异巨大。

表3 家族基金会理事会成员领取工资数额统计

统计量	最小值	最大值	总额	平均值	标准差
金额(元)	240	81667	376024	10162.81	14996.717

资料来源：基金会中心网，截止日期为 2016 年 12 月 31 日。

在家族基金会的信息获取方面，只有极少数基金会提供了相关信息，如，40.3% 的家族基金会提供了其官网地址，可供其他单位或个人查询；目前，尚有 15 家基金会不能提供年度报告，占总数的 19.5%；不能提供年度审计报告的基金会有 11 家，占总数的 14.3%。进一步，能够提供项目信息披露网址的家族基金会只有 18 家，占总数的 23.4%；能够提供信息查询栏目的家族基金会只占 28.6%，71.4% 的基金会不能提供相关信息。此外，提供了微博、微信等项目信息公布平台的家族基金会数量也非常少，只有10.4%的家族基金会提供了微博发布项目信息的链接；尚无家族基金会提供用微信发布项目信息的链接。在党组织建设方面，只有8.6%的家族基金会建立了党组织，数量相对较少。

三 平均净资产较高，保值增值能力相对较弱

（一）净资产

2015 财务年度，全国77 家家族基金会中有59 家提供了净资产方面的信息，其净资产总额为63.55 亿元，占当年年度所有基金会净资产总额1193 亿元的5.33%，平均净资产为1.077 亿元，发展前景不容小觑。去除缺失值后，按注册年份统计，可发现除2010 年有较大幅度的增长以外，家族基金会净资产增长相对平稳，家族基金会净资产的增长速度与其数量的增长速度基本持平。2010 年的大幅度增长主要来自河仁慈善基金会，其净资产为28.28 亿元。此外，2016 年新成立的家族基金会无法提供2015 年的净资产信息，因此，2015 年、2016 年的净资产数额持平。

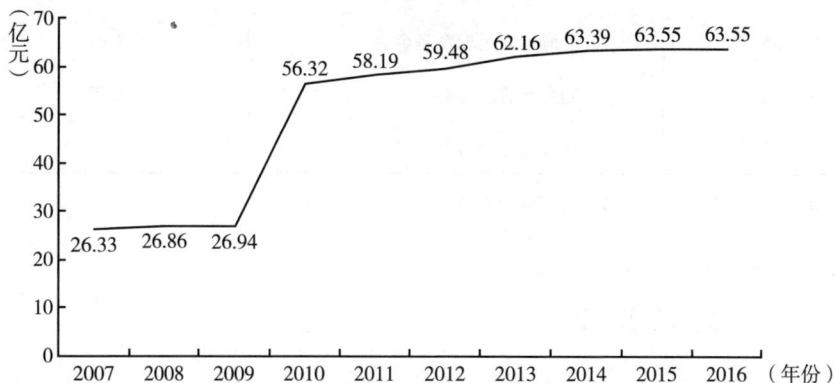

图5 家族基金会净资产状况

资料来源：基金会中心网，截止日期为2016 年12 月31 日。

由于净资产规模较大的家族基金会往往会选择在民政部注册，因此，我国家族基金会的净资产严重分布不平衡。其中，10 家在民政部注册的家族基金会净资产总额达到 31.47 亿元，占家族基金会净资产总额的 49.5%；其次为内蒙古，在这个省份注册的 2 家家族基金会，净资产总额为 19.75 亿元，占整个家族基金会净资产总额的 31.1%；再次为福建、广东、浙江、上海等经济发达地区。

换一种统计方式，资产分布的不平衡会更加明显。根据 2015 年的财务数据，我国家族基金会中，净资产过 1 亿元的有 7 家，这 7 家家族基金会的净资产总额为 56.55 亿元，占所有家族基金会净资产总额的 89.0%。另外，净资产总额过 1000 万元的家族基金会共有 24 家，其净资产总额为 62.2 亿元，占所有家族基金会净资产总额的 97.9%。

表4　2015 年净资产过 1 亿元的家族基金会排序

序号	基金会名称	2015 年净资产（亿元）
1	河仁慈善基金会	28.28
2	老牛基金会	19.73
3	广东何享健慈善基金会	2.38
4	福建黄仲咸教育基金会	2.04
5	上海唐君远教育基金会	2.02
6	刘彪慈善基金会	1.07
7	浙江马云公益基金会	1.03

资料来源：基金会中心网，截止日期为 2015 年 12 月 31 日。

（二）收入与支出

2015 年，58 家提供了收入信息的家族基金会，其总收入为 25.12 亿元，平均每家基金会的总收入为 4331 万元。其中，家族基金会的捐赠收入总额为 21.48 亿元，平均捐赠收入为 3703 万元。在政府补助收入方面，只有华民慈善基金会获得 100 万元的政府补助,其他家族基金会在这方面的收益均为 0。在投资收益方面,有 59 家家族基金会提供了这方面的数据,另外 18 家为缺失值。在这 59 个机构中,约有 52.5%(31 家)的家族基金会没有投资收益,另有 1 家家族基金会的投资收益为负值(-1360 万元),这说明家族基金会的保值增值能力有待提升。其他 27 家家族基金会的投资收益均为正值,从最小值 4840 元到最大值 2.175 亿元,投资收益的均值为 456.9 万元,总收益为 2.69 亿元。在具体的投资理财金额方面,只有 27 家家族基金会提供了这方面的具体数据,这些数据显示,其 2015 年用于投资的总额为 0.77 亿元,而这 27 家家族基金会的净资产总额为 29.3 亿元,也就是说,投资总额占净资产总额的 2.6%。

按收入来源看,捐赠收入占到全部总收入 25.12 亿元的 85.51%,其次为投资收入,占 10.71%,再次为其他各项收入和政府补助收入。

表5　2015 财务年度家族基金会总收入及各项分布情况

2015 财务年度各项收入情况	金额(亿元)	百分比(%)
捐赠收入	21.48	85.51
投资收入	2.69	10.71
政府补助收入	0.01	0.04
其他各项收入	0.94	3.74
总收入	25.12	100

资料来源:基金会中心网,截止日期为 2015 年 12 月 31 日。

在支出方面,2015 年度,从 59 家家族基金会提供的数据来看,支出总额为 7.66 亿元,占上一年度总收入的 30.49%。具体来看,基金会支出总额在 1000 万元以上的有 10 家,1 亿元以上的有 3 家。结合家族基金会的收入状况来看,支出与收入前 10 名中的基金会,有一大部分是重合的。

表6 家族基金会支出总额TOP10及总收入排名

基金会名称	支出额(亿元)	总收入排名
河仁慈善基金会	1.79	2
老牛基金会	1.79	1
宁夏燕宝慈善基金会	1.13	4
广东何享健慈善基金会	0.50	3
深圳陈一丹慈善基金会	0.43	7
北京巧女公益基金会	0.26	8
华民慈善基金会	0.25	44
上海唐君远教育基金会	0.24	6
福建黄仲咸教育基金会	0.10	9
王振滔慈善基金会	0.10	12

资料来源:基金会中心网,截止日期为2015年12月31日。

四 项目主要分布在教育、贫困和文化领域

家族基金会的受益群体多数无特定指向,所涉及的行业领域也非常广泛,前三大领域分别是教育领域(66.2%)、贫困领域(35.1%)和文化领域(19.5%);其次为老年人领域(16.9%)、安全救灾领域(16.9%)、医疗领域(13%)、艺术领域(11.7%)、青少年儿童领域(7.8%)、环境领域(6.5%)、健康领域(6.5%)、公益事业发展(5.2%)、创业就业领域(3.9%)、社区发展(3.9%)、农业领域(2.6%)、公共服务(2.6%)、残疾人(2.6%)等领域。

在具体项目层面,共有25家基金会提供了177个具体项目信息,项目支出总额为4.46亿元。从项目地点来看,共有45个项目是在多地执行,有132个项目是在单一地点执行的。其中,在福建省执行的项目数量最多,共36个,占项目总数的20.3%。其次为上海(34个)、北京(23个)、内蒙古(11个)、浙江(9个)。可见,家族基金会集中的省份,其项目执行的数量也比较多,这也反映了我国家族基金会比较偏重在本地实施项目的趋

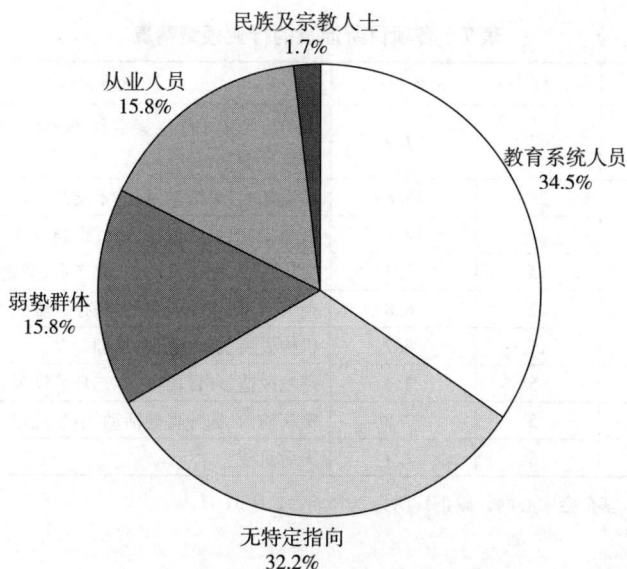

图6 家族基金会受益群体

资料来源：基金会中心网，截止日期为2016年12月31日。

势。值得注意的是，这些项目中，有8个项目涉及海外执行，占项目总数的4.5%，反映了我国家族基金会的国际化趋势，它们日益注重对海外公益慈善领域的投入。

就项目受益群体而言，多数项目指向教育系统人员或无特定指向，具体而言，针对教育系统人员（普通中小学生、特殊教育学校学生、大学师生等）的项目共有61个，占项目总数的34.5%；无特定指向的项目有57个，占总数的32.2%；其次，指向弱势群体和从业人员（警察、文艺人员、医务人员、工厂职工、大学生创业等群体）的项目各有28个，各自占总数的15.8%；指向民族及宗教人士的项目有3个，占总数的1.7%。

就项目所涉及的行业领域来看，教育领域独占鳌头，大约有37.9%的项目涉及大学生与中小学生的奖学金、教师资助、校园建设、特殊教育等具体行业领域。其次为艺术、扶贫助困、文化、医疗救助、公益行业发展等领域。

表7 各项目所涉及的行业领域情况

行业领域	数量(个)	占比(%)	具体领域
教育	67	37.9	大学生与中小学生奖学金、教师资助、校园建设、特殊教育等
艺术	28	15.8	视觉艺术、表演艺术、艺术交流
扶贫助困	22	12.4	资金支持、生活关怀、硬件设施改善
文化	13	7.3	文化建设、纪念活动、文化产业、文物保护
医疗救助	12	6.8	重大疾病、残疾人救助、医疗设施配置
公益行业发展	11	6.2	机构发展、能力建设、培训
环境	5	2.8	环境改造、环保倡导、生态环境恢复
卫生保健	5	2.8	疾病防治、医疗保健活动、卫生院建设、人员培训
安全救灾	3	1.7	灾后重建

资料来源：基金会中心网，截止日期为2015年12月31日。

在具体的资助方式上，家族基金会最常见的运作方式是项目服务（76个项目）和直接资助受益人（68个项目），而通过第三方进行资助的项目比例最低，仅有33个项目（18.6%）。但是，与项目支出总额进行比较之后，发现33个项目的支出总额为1.51亿元，均值为457.58万元；而76个服务型项目的支出总额为1.95亿元，均值为256.58万元；68个直接资助受益人的项目支出总额为1亿元，均值为147.06万元。也就是说，从均值来看，资助第三方的项目资金支出额要比资助受益人和开展项目服务的资金支出额高得多。

表8 项目资助方式及数量、支出金额

具体资助方式	项目数量(个)	项目支出总额(亿元)	项目支出均值(万元)
项目服务	76	1.95	256.58
资助受益人	68	1	147.06
资助第三方	33	1.51	457.58

资料来源：基金会中心网，截止日期为2015年12月31日。

G.3

中国社区基金会的发展

摘　要：　根据基金会中心网的统计，到 2017 年初，我国共有社区基金会
136 家，但近年来的增长速度非常快。不过，社区基金会主要集
中在广东、上海、江苏三省市。目前，我国社区基金会的平均理
事会成员规模为 9 人，女性理事的比例为 25% 左右，理事的平均
年龄为 48 岁，低于家族基金会。2015 年，有详细信息的社区基
金会平均净资产规模为 4971 万元，远低于家族基金会。平均每
家社区基金会的总收入为 530 万元，平均公益事业支出仅 203 万
元。从社区基金会的发展情况看，虽然数量仍然不多，但发展势
头良好，有可能成为我国基金会未来增长的主力军之一。

关键词：　社区基金会　治理结构　收入　支出

一　社区基金会数量少、增长快

截至 2017 年 2 月，我国共有社区基金会 136 家，占所有基金会总数的
2.29%。其中，最早的社区基金会出现在福建——成立于 1991 年的南安市
芙蓉基金会。其余大部分社区基金会在近两三年内成立，组织年龄平均不满
三年。其中，2014~2017 年成立的社区基金会有 100 家，占社区基金会总
数的 73.5%，仅 2017 年前两个月注册的社区基金会就有 28 家，与 2015 年、
2016 年全年的数量相当（见图 1）。

社区基金会短期内"井喷式"增长，或与我国多个城市近期出台政策大力推
动社区基金会的发展有关。例如，上海市最早的社区基金会注册于 2010 年，截至

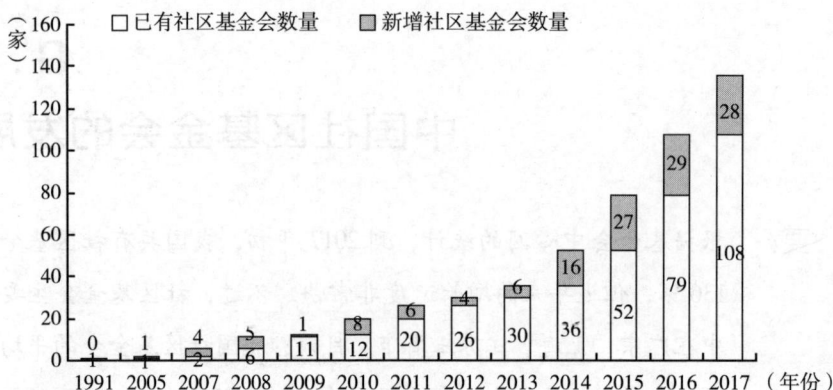

图1　全国社区基金会历年数量变化

注：2017 年数据只有前两个月，截止日期为 2017 年 2 月 28 日。

2014 年，全市仅有 4 家社区基金会，2015～2017 年，共成立 51 家社区基金会（2015 年 18 家、2016 年 18 家、2017 年 1～2 月 15 家），跃居全国社区基金会数量排名首位。从上海、广东两个社区基金会数量最多的省市数据来看，2012 年以后，每年的社区基金会数量几乎都要翻一番，平均年增长率为 73.56%（见图 2）。

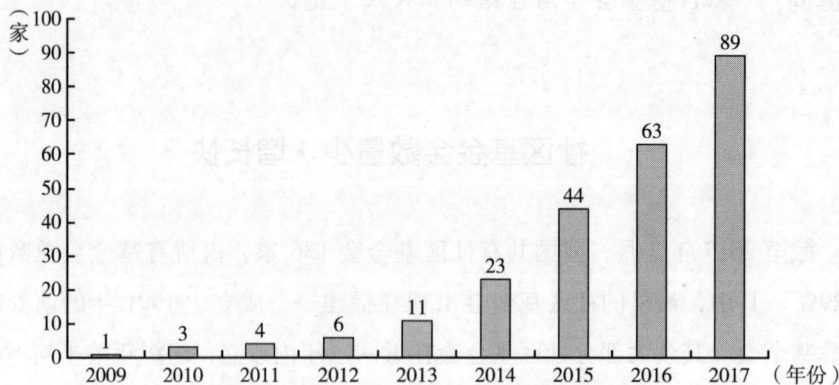

图2　上海、广东社区基金会数量年份变化

注：2017 年数据只有前两个月，截止日期为 2017 年 2 月 28 日。

作为社会治理的创新机制，社区基金会主要在推动社区自治、开展社区营造、参与社区治理等地方性层面发挥作用。与基金会价值与功能的定位相关，社区基金会均为地方性基金会，注册层级也均在县、市、省级等民政部门，到目前为止，没有在民政部注册的社区基金会。作为区域性组织，136家社区基金会中，只有成立于2013年的上海洋泾社区公益基金会和成立于2016年的深圳市宝安区燕川社区基金会为地方公募性基金会，其余均为非公募性质。

从具体注册层级上看，仅有12家社区基金会在县/区级民政部门注册，数量相对较少，另有31家社区基金会在市级民政部门注册、93家在省级民政部门注册（见图3），但这并不影响大部分社区基金会直接以社区/村的名称命名，并面向本社区/村提供服务，体现出非常明显的区域性特征。其中，村级基金会（名称中含有本村名）有24家，社区级（名称中含有本社区名）基金会有88家，二者占社区基金会总量的82.35%，另有2家社区基金会为乡镇级；13家社区基金会为县/区/旗级；2家为地市级。省级/直辖市级基金会数量较少，共有6家，分别是广东省千禾社区公益基金会、上海美丽心灵社区公益基金会、湖北美好社区志愿者公益基金会、北京永诚社区公益基金会、上海市浦东新区沪东社区公益基金会、广东省德胜社区慈善基金会。

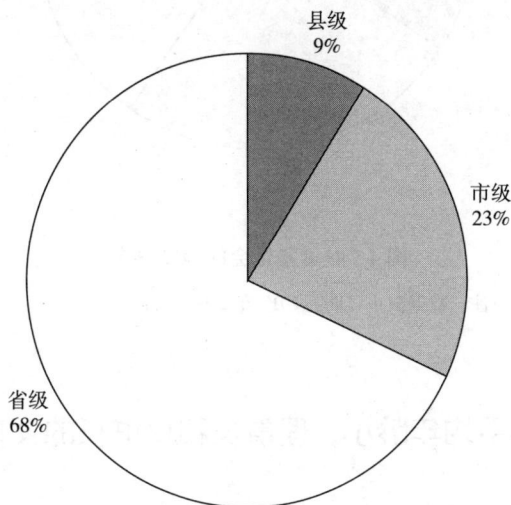

图3 社区基金会的注册层级

注：数据截止日期为2017年2月28日。

从地域分布来看，上海市的社区基金会最多，有 55 家，占社区基金会总数的 40.4%；其次为广东，有 34 家，占社区基金会总数的 25%；占据第三位的是江苏，有 22 家，占社区基金会总数的 16.2%；其他省份社区基金会较多的是浙江（7 家）、北京（5 家）、福建（3 家）、重庆（2 家），其余 5.6% 分布在天津、陕西、山西、山东、宁夏、内蒙古、湖北、广西，这 8 个省份各有 1 家社区基金会（见图 4）。也就是说，目前我国的社区基金会在地域分布上非常不平衡，主要集中在东部沿海发达地区。

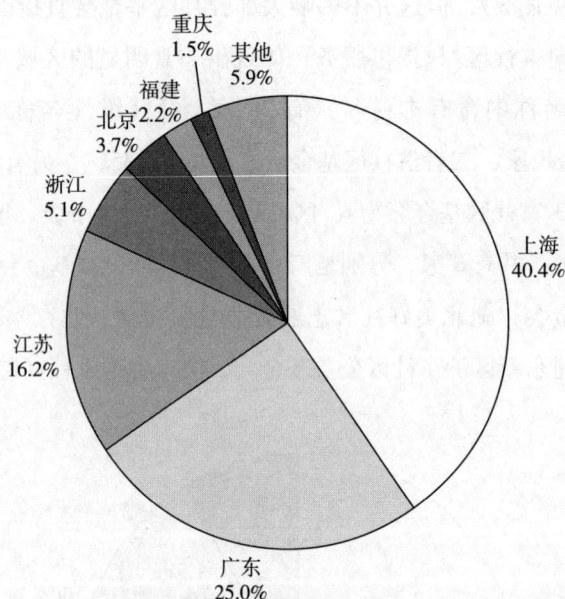

图 4　社区基金会的地域分布

注：数据截止日期为 2017 年 2 月 28 日。

二　理事平均年龄小，理事长和秘书长的女性比例高

在我国 136 家社区基金会中，有 63 家披露了理事会相关的信息，占总数的 46.3%。在这些披露了理事会相关信息的社区基金会中，有 62 家还披

露了监事会信息，占总数的 45.6% 。其余社区基金会均未披露理事会信息和监事会信息。

（一）理事会的理事人数、性别与年龄

在披露了理事会信息的社区基金会中，理事会成员人数平均为 9 人，最少的有 2 人，最多的有 25 人。其中，女性理事会成员的总数为 132 人，平均每个社区基金会有 2 人是女性；男性为 468 人，平均每个社区基金会有 7 人是男性，男女比例约为 3:1，女性担任社区基金会理事会成员的数量明显少于男性。与理事会成员的性别结构相似，理事长的男女性别比也约为 3:1，在 59 家提供了相关信息的社区基金会中，17 家社区基金会由女性担任理事长，42 家社区基金会由男性担任理事长。

相比之下，秘书长由女性担任的比例稍高，在 47 家提供了秘书长性别信息的社区基金会中，秘书长为女性的有 17 人，秘书长为男性的有 30 人，男女比例小于 2:1。也就是说，相对于女性担任社区基金会理事会成员和理事长的数量，女性担任秘书长的数量还是比较多的。

在年龄方面，理事长和秘书长的平均年龄分别约为 51 岁和 46 岁，理事会成员的平均年龄约为 48 岁（见表 1）。

表 1　社区基金会理事会成员的性别比例及平均年龄

	男性比例(%)	女性比例(%)	平均年龄(岁)
理事会成员	78	22	48
理事长	71	29	51
秘书长	64	36	46

注：数据截止日期为 2015 年 12 月 31 日。

（二）理事会成员工作背景

在理事会成员的工作背景方面，绝大多数理事会成员的任职机构既非政府也非企业或教育机构，而是"其他单位"（569 人，占总数的 94.8%）。其中，在政府任职的理事会成员只有 5 名，在企业和教育机构任职的理事会成员分别是 23 名和 3 名，所占比重都非常低。3 名具有教育机构背景的理事会成员中的 2 名在广东和谐文化基金会、1 名在上海美丽心灵社区公益基金会，前者致力于传承和弘扬和谐文化，在印度尼西亚等地培养华文师资；后者主要为困境人群和志愿者提供心理学专业服务，两家社区基金会均具有教育方面的背景。

（三）工资及津补贴

在理事会成员的工资和津贴方面，只有 9 家基金会表示其理事（包括兼职秘书长）有领取工资，领取工资的最大值为 21000 元，最小值为 1200 元，均值为 8993 元。没有一家社区基金会理事会成员（包括理事长）领取津贴。领取工资的人数 1~4 人不等，其中南安市芙蓉基金会有 4 位理事会成员领取工资；重庆市民泰社区公益发展基金会有 2 位理事会成员领取工资，其余均为 1 位理事会成员领取工资（见表 2）。

表 2　理事领取工资的社区基金会名称、数额及领取人数

基金会名称	理事领取工资人数	领取工资总额(元)
南安市芙蓉基金会	4	3318
重庆市民泰社区公益发展基金会	2	21000
深圳桃源居社区教育发展基金会	1	15750
上海洋泾社区基金会	1	14284
广东和谐文化基金会	1	10791
重庆桃源居社区教育发展基金会	1	7200
北京思诚朝阳门社区基金会	1	5000
上海美丽心灵社区基金会	1	2400
天津桃源居社区公益发展基金会	1	1200

注：数据截止日期为 2015 年 12 月 31 日。

（四）信息获取

在社区基金会的信息获取方面，只有极少数社区基金会提供了相关信息。如，只有 14 家社区基金会提供了其官网网址，占总数的 10.3%；其中

的 12 家提供了具体的信息披露栏目网址，如提供具体项目信息查询的有 7
家；提供受助方公示信息网址的社区基金会有 2 家；提供捐赠方查询信息的
有 6 家；提供微博、微信公众号信息的社区基金会有 4 家。

表3　社区基金会相关信息披露情况一览

基金会名称	提供官网网址	提供信息披露栏目网址	提供项目信息查询	提供受助方公示信息网址	提供捐赠方查询信息
上海美丽心灵社区基金会	是	是	是	是	是
广东和谐文化基金会	是	是	是	是	是
陕西省神木县民生慈善基金会	是	是	是	否	是
上海洋泾社区基金会	是	是	是	否	是
深圳市南坑社区圆梦慈善基金会	是	是	否	否	是
普宁市西楼慈善基金会	是	否	否	否	是
江阴市朱蒋巷帮扶基金会	是	是	是	否	否
新昌爱莲美丽乡村基金会	是	是	是	否	否
浙江泰顺司前新农村发展基金会	是	是	是	否	否
上海盈浦社区基金会	是	是	否	否	否
深圳桃源居社区教育发展基金会	是	是	否	否	否
上海金山卫镇社区发展公益基金会	是	是	否	否	否
嘉兴市秀洲区新塍社区发展基金会	是	是	否	否	否
上海市杨浦区江浦社区公益基金会	是	否	否	否	否

注：数据截止日期为 2015 年 12 月 31 日。

此外，在年度报告、审计报告信息的提供方面，去除 57 家 2016 年以后
成立的社区基金会，剩下的 79 家社区基金会仍不能全部提供上述两方面的
信息，其中，有 17 家社区基金会没有提供年度报告信息，占总数的 21.5%
（有效百分比）；在这些基金会中，只有 13 家提供了年度审计报告信息，未
提供者占总数的 83.5%。

三　注册资金规模小，年度收入与公益事业支出少

（一）注册资金

总体上，社区基金会的注册资金规模并不大，从所掌握的数据来看，有

69 家社区基金会的注册资金为 200 万元以下，占总数的 50.7%，去除 29 家社区基金会的缺失值后，占 64.5%（有效百分比）。注册资金在 200 万～300 万元之间的社区基金会有 9 家，300 万～400 万元之间的社区基金会有 7 家，400 万～500 万元，以及 500 万～600 万元之间的社区基金会各有 9 家，600 万元以上的社区基金会有 3 家，分别是重庆市民泰社区公益发展基金会（注册资金 800 万元）、宁夏上陵社区敬老养老基金会（注册资金 3000 万元）、陕西省神木县民生慈善基金会（注册资金 5 亿元）。

表 4　社区基金会注册资金金额及数量分布

注册资金（元）	数量（家）	注册资金（元）	数量（家）
0～2000000	69	4000000～4999999	9
2000001～2999999	9	5000000～5999999	9
3000000～3999999	7	6000000 及以上	3

注：数据截止日期为 2015 年 12 月 31 日。

（二）净资产

2015 财务年度，全国 136 家社区基金会中，63 家提供了净资产方面的信息，这些社区基金会的净资产总额为 31.32 亿元，占当年度所有基金会净资产总额的 2.63%。但是，这并不意味着所有社区基金会都具有较大的净资产规模，作为极端值，陕西省神木县民生慈善基金会 2015 年的净资产为 27.67 亿元，占本年度所有社区基金会净资产规模的 88.3%，假如去除极端值，2015 年度全国 62 家社区基金会的净资产为 3.65 亿元，均值仅 588.7 万元。

由于许多基金会都在近几年内成立，历年社区基金会的数量差异较大，增加了不同年份之间数据比较的难度与有效性。2014 年，全国有 37 家社区基金会提供了净资产方面的信息，其净资产总额为 29.06 亿元。2015 年社区基金会的净资产总额虽为 31.32 亿元，但提供净资产信息的社区基金会数量从 37 家增长为 63 家。按照面板数据，从 2014 年到 2015 年，37 家基金会的净资产总额从 29.06 亿元增长到 31.32 亿元，年增长率为

7.78%。虽然总的净资产有所增长，但这主要是社区基金会总量增加的缘故。如果从平均每家社区基金会的净资产角度看，其平均净资产还是有所下降的。

（三）收入与支出

2015 年，63 家提供了详细收入信息的社区基金会总收入 3.34 亿元，平均每家社区基金会的总收入仅 224 万元。其中，社区基金会的捐赠收入总额为 1.41 亿元，占当年总收入的 42.2%；政府补贴收益 1980 万元，占当年总收入的 6%，一定程度上体现了政府对社区基金会的重视程度；投资收益545.5 万元，仅占收入总额的 1.5%，说明社区基金会在资产保值增值方面的能力有待提高。除捐赠收入、政府补助收入、投资收入外，占总收入额 50% 以上的收入来源于"其他各项收入"，这说明社区基金会收入来源具有多元化。

表5　2015 年社区基金会总收入及其结构

2015 年各项收入情况	金额（亿元）	百分比（%）
捐赠收入	1.41	42.2
投资收入	0.05	1.5
政府补助收入	0.1980	6.0
其他各项收入	1.68	50.3
总收入	3.34	100

注：数据截止日期为 2015 年 12 月 31 日。

在公益支出方面，2015 年度我国社区基金会的公益事业支出总额为1.28 亿元，占上一年度总收入的 38.32%。平均每家社区基金会的公益事业支出仅 203 万元。具体来看，支出总额排名前十的社区基金会年支出总额均在 100 万元以上，1000 万元以上的有 2 家。结合总收入情况来看，支出与收入前 10 名的社区基金会中，有一半以上是重合的，说明年度总收入较高的基金会往往也支出较多。另外，在这些总收入规模最大的社区基金会中，有接近一半的社区基金会（4 家）的年度支出额要大于年度总收入。

表6 社区基金会支出总额TOP10、总收入及排名

基金会名称	支出额(万元)	总收入(万元)	总收入排名
陕西省神木县民生慈善基金会	6045.8	16582.4	1
张家港市永联为民基金会	1631.7	1515.1	3
广东和谐文化基金会	991.9	1396.3	4
重庆市民泰社区公益事业发展基金会	632.4	1906.2	2
宁夏上陵社区敬老养老基金会	446.0	150.0	32
南安市芙蓉基金会	376.1	920.4	6
上海美丽心灵社区基金会	283.0	364.7	14
深圳桃源居社区教育发展基金会	210.3	732.0	7
张家港市闸上慈善基金会	190.4	188.9	29
普宁市新坛慈善基金会	126.5	26.6	56

注：数据截止日期为2015年12月31日。

四 项目以社区发展、扶贫助困、老年人、残疾人等为主

资料显示，我国社区基金会的受益群体多无特定指向，并不以某个特殊群体为服务对象。直接选择受益人为"弱势群体"的仅有1家基金会。类似的，社区基金会所涉及的行业领域多为"社区发展"，这是一个综合性的领域，有106家社区基金会选择该领域，占总体的77.9%。其他主要领域涉及"社区发展"中的具体问题，比如关注社区扶贫助困领域的有25家基金会，占总体的18.4%；关注老年人的有12家社区基金会，占总体的8.8%；其次为助残领域，有7家社区基金会选择该领域，占总体的5.1%；再次为教育领域（5家，3.7%）、公共服务（4家，2.9%）、医疗救助（3家，2.2%）、安全救灾（3家，2.2%）。

由于许多社区基金会是2016年、2017年新成立的，而到目前为止，基金会中心网所能提供的最新项目信息来自基金会2015年的年度工作报告，彼时，仅有45家社区基金会提供了234项具体的项目信息。

从项目资金规模来看，项目总支出1.23亿元，平均每个项目支出52.6

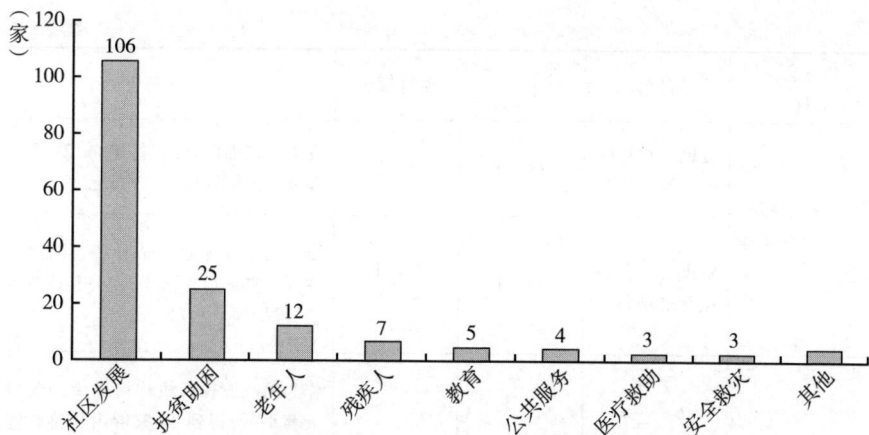

图5　社区基金会关注的行业领域

注：数据截止日期为2015年12月31日。

万元。项目资金支出规模最大的有4930.1万元，用于陕西省神木县养老工程建设。资金支出规模在100万元以上的项目共14个，除养老项目外，还涉及扶贫、助残、医疗救助、助学、公益行业发展、环保倡导等方面（见表7）。

表7　资金支出100万元以上的项目基本信息

基金会名称	项目名称	项目支出（万元）	项目领域	项目简介
陕西省神木县民生慈善基金会	养老工程	4930.1	养老	提高本县城乡居民养老保险标准，每人每月提高75元
	健康工程	727.1	医疗救助	对因大病造成困难的群众实行二次救助
	扶残工程	250.1	残疾人救助	为四级残疾人每人每年提供300元生活补助；为精神病患补助1800元；给聋儿安装人工耳蜗
张家港市永联为民基金会	养老项目	1162.6	养老	资助永联村社员养老
	助学奖学项目	253.4	助学	资助小学至本科阶段在读永联村社员学业
宁夏上陵社区敬老养老基金会	养老基金	446.3	养老	定向资助宁夏上陵房地产开发有限公司在青铜峡投资开发的黄海外滩项目住户的养老

基金会名称	项目名称	项目支出（万元）	项目领域	项目简介
重庆市民泰社区公益事业发展基金会	资助建立社区公益站	381.0	公益发展	在条件成熟的社区/村建立 127 个公益展，资助开办资金 3 万元/个
	资助社区公益站开展项目	251.4	公益/社区发展	重点支持社区公益站开展老旧散居住区局部环境整治提升、公共设备添置、维护项目共 86 个
广东省千禾社区公益基金会	佛山公益慈善项目大赛	246.5	公益发展	作为第三方执行机构协助佛山公益大赛举行，得到 20 家佛山慈善联盟企业资助，为 27 个项目提供资金支持，通过此项目，为当地公益组织建立沟通学习网络，提升项目设计及执行能力
	南中国环境基金	216.4	环保倡导	面向南中国地区民间环保组织提供资金资助，助力美丽中国建设
	广州地铁扶贫项目	133.1	扶贫	协助广州地铁总公司成立扶贫专责小组，提供专款管理支持，动员社会力量，共建和谐广东
张家港市闸上慈善基金会	安老	167.1	养老	为全村所有 60 岁以上老人发放生活补助；对 90 岁以上老人进行慰问；为闸上老年活动室提供的娱乐活动承担全部费用
南安市芙蓉基金会	奖教助学	109.4	助学	光前学村奖教助学 91.54 万元；按照香港国光校友会和李金聪先生昆仲等 11 位国光校友意愿，对其向本会捐资的聚丰苑商住楼租赁收入发放国光中学英才教育基金和李成奇教育基金
	捐赠建校	102.3	助学	捐赠建校

注：数据截止日期为 2015 年 12 月 31 日。

从项目分布地点来看，多数项目在本社区或本省执行，只有天津市桃源居社区公益组织发展基金会主办的"中国社区基金会与社会治理研讨会"

和江阴北缪家爱心基金会的助学项目执行地点选择了"全国",前者是承办全国性会议,后者主要是向中国扶贫基金会捐助 3000 只爱心书包、为华西三村录取重点高中和大专以上学生及困难学生 44 人发放助学金,二者实质上很难说是真正的全国性项目。其余项目多分布在广东(79 个)、上海(51 个)、江苏(57 个)、浙江(14 个)、福建(6 个)、陕西(6 个)、重庆(6 个)等地,其中以广东省的项目最多,仅深圳市就有 51 个项目。可见,社区基金会较多、经济实力较强的省份,其执行的社区项目数量也比较多。

就项目受益群体而言,48.7% 的项目指向弱势群体,其中又以老年人、疾患者、残疾人、经济困难者为主;无特定指向的项目占总数的 32.5%,主要包括社区文化活动、经济发展、环境改善、邻里关系建设、公益组织发展等具体项目。以教育系统人员(主要是大、中、小学生)为受益人的项目有 24 个,占总数的 10.3%;以公益从业人员为受益人的项目有 16 个,占总数的 6.8%。

在具体的资助方式上,社区基金会主要通过资助受益人、资助第三方、直接开展项目服务的方式提供资助。其中,直接资助受益人的项目有 112 个,占总数的 47.9%,其次为项目服务(占 35.5%)和资助第三方(占 16.7%)。具体来说,资助受益人主要通过为受益人提供养老金、医疗补助、奖学金、慰问金等方式进行,属于传统的资助方式;项目服务涉及设备购置、基础设施建设、能力建设、文体活动、心理关爱、公益宣传等方式,也有少量环境保护、调查研究、资助出版物等类型的项目服务。资助第三方则主要是提供资金支持以及机构运营方面的能力培训。

不过,直接资助受益人的项目有 112 个,占项目总数的 47.9%,但是直接资助受益人的项目总支出 10164.45 万元,占项目资助总额的 85.2%。也就是说,社区基金会目前的主要资助方式仍然以传统的资助方式开展公益活动,在能力建设和可持续发展方面还有许多工作要做。

表8 项目资助方式、数量及支出金额

资助方式	资助总额 （万元）	资助类别	项目数量 （个）	资助金额 （万元）
项目服务	1269.8	设备购置	5	41.29
		基础设施建设	9	43.15
		能力建设	12	177.51
		文体活动	20	97.72
		心理关爱	8	78.47
		志愿服务	3	21.05
		公益宣传	4	43.35
		环境保护	1	216.36
		会议论坛/展会	5	402.85
		物资调配	2	50.39
		教学活动支持	4	39.75
		其他	10	57.91
资助受益人	10164.45	助学金	16	552.50
		医疗补助金	17	1010.80
		无定向资助	11	683.00
		慰问	27	548.10
		生活保障金	33	7305.00
		技能培训	5	62.75
		表彰	3	2.30
资助第三方	500.58	资金支持	29	473.41
		机构运营	10	27.17
合计	11934.83		234	11934.83

注：数据截止日期为2015年12月31日。

案 例 分 析

Case Analysis

G.4
中国扶贫基金会

——多元化资助模式的探索者

摘　要：　中国扶贫基金会是国内最早开展资助的基金会之一。迄今为
止，中国扶贫基金会探索了多元化的资助模式，包括路径锁
定式资金主导型、开放式资金主导型、购买服务型、连锁加
盟型、网络平台主导联合劝募型等五种资助模式。本案例选
择有代表性的"ME公益创新资助计划"这一重点资助型项
目，从项目信息发布与申请、项目受理与评审、项目执行、
项目监测与结项等方面，对开放式资金主导型资助模式的项
目管理流程进行展示，以期为其他基金会的资助项目管理提
供借鉴和参考。

关键词：　多元化　路径锁定　模式探索　ME创新计划

一 中国扶贫基金会简介

中国扶贫基金会（以下简称"扶贫基金会"）成立于 1989 年，是在民政部注册、由国务院扶贫办主管的全国性扶贫公益组织，是中国扶贫公益领域规模最大、最具影响力的公益组织之一。扶贫基金会以播善减贫，成就他人，让善更有力量为使命；以不断发现并促进解决社会问题为己任，视捐赠人、志愿者和一切爱心人士为解决社会问题的伙伴，不断改革创新，以期构建最值得信任、最值得期待、最值得尊敬的国际公益平台这一机构愿景。针对贫困的主要成因，扶贫基金会致力于健康扶贫、教育扶贫、生计扶贫、救灾扶贫四大业务领域，构建科学完善的项目管理制度，并于 2016 年明确精准扶贫导向，稳步推进四大领域项目实施。

扶贫基金会主要项目结构如表 1 所示。从大类上看，主要有救援项目和倡导项目两个大类。国内救援项目按照健康扶贫、教育扶贫、生计扶贫、救灾扶贫四大领域进行分布，国际项目主要侧重在紧急救援方面。扶贫基金会还通过多方合作举办多元化的公益倡导活动推动公众参与、人人公益。截至 2016 年底，扶贫基金会累计筹措扶贫资金和物资 248.67 亿元，受益贫困人口和灾区民众 2908.72 万人次。

表 1 扶贫基金会主要项目结构

领域	项目（开始年份）	目标	效果（截至 2016 年底）
健康扶贫	母婴平安（2000）	提高贫困地区母婴生命保障和健康水平	2016 年投入款物近 3000 万元,受益 13.4 万人次
	养老项目（2015）	为贫困失能失智老人打造综合养老服务体系	打造雅安公益养老示范项目,编撰《雅安市"十三五"养老服务业发展规划》
	爱加餐（2008）	改善贫困地区儿童营养状况	累计投入 1.85 亿元,覆盖 10 省 74 个偏远山区的县区,提供 3800 余万份营养加餐,建立 1164 所标准化爱心厨房;为全国 56.3 万名儿童提供 68.4 万包蜜儿餐,价值 1.36 亿元

领域	项目 （开始年份）	目标	效果（截至2016年底）
教育扶贫	爱心包裹 （2009）	改善贫困地区小学生综合发展和生活条件	累计接受社会捐赠5.3亿元，惠及31个省、自治区、直辖市，710个县的2.1万余所学校和466.5万名学生
	筑巢行动 （2011）	为贫困地区乡村完小修建学生宿舍	累计筹款1.2亿元，在18省206县援建220所学校宿舍，受益约9.3万人
	新长城 （2002）	为经济困难的高中生、大学生提供经济资助	累计募款约3.4亿元，覆盖全国152所高中和590余所大学，直接受益13万人次
	童伴计划 （2015）	关注留守儿童监护、权益保护和福利保障	募款1188万元，投入800多万元，覆盖四川、贵州200个村，受益儿童10万人，收集并解决儿童需求7000余例
	加油计划 （2016）	助力贫困学生全面发展（整合"儿童发展计划"）	2016年支出约520万元，为17所学校提供爱心厨房，8所学校修建阳光操场，11所学校打造阅读空间，为8150名孩子带去学习生活用品，在51所学校开展"加油课堂"，开展21期夏令营
生计扶贫	中和农信 （1996）	以社会企业形式为中低收入群体提供小额信贷	在18省贫困县、欠发达县或地震灾区县设立212个分支机构，发放贷款166万笔、192亿元，400万名贫困人口受益
	溪桥工程 （2007）	为贫困乡村援建便民桥	累计投入资金4200余万元，在24省163县援建653座便民桥，92万人受益
	公益同行 （2013）	支持NGO探索社会问题的解决方案	投入8867万元，资助270个公益项目
	美丽乡村 （2013）	搭建乡村和外部连接平台，推动乡村可持续发展	惠及4省5县5个贫困村，共计1224户4719人，其中建档立卡贫困户322户1092人
	善品公社 （2015）	以社会企业形式进行电商扶贫	2016年实现线上交易额424万元，带动合作社实现线下交易额1500万元，参与农户人均增收逾700元
救灾扶贫	紧急救援 （2003）	自然灾害紧急救援	累计开展154次救援行动，支出救灾款物15.78亿元，直接受益563万人次，覆盖28省
	灾后重建 （2013）	灾后重建，发展灾区生计	芦山地震（2013.5）和鲁甸地震（2014.8）两个项目接受捐赠款物合计逾4.46亿元，累计支出4.32亿元，累计受益20万人次
国际项目	紧急救援 （2003）	自然灾害紧急救援	在印度尼西亚、菲律宾、缅甸、智利、厄瓜多尔、海地等11国开展人道救援，累计投入4800余万元，帮助5.56万人次。
	苏丹微笑儿童（2014）	为公立小学受饥儿童提供免费早餐	累计投入420万元，受益学校7所，受益儿童3630人
倡导项目	善行者（2014）、善行100（2011）、公益未来（2013）、捐一元（2016）、饥饿24（2014）等，倡导公共参与，推动人人公益		

上述工作得到了相关方面和公众的广泛认同，社会影响力不断提高。2007 年、2013 年在民政部组织的全国基金会等级评审中，均被评为最高等级 5A 级基金会。2016 年 9 月，《慈善法》颁布后，扶贫基金会被民政部首批认定为具有公开募捐资格的慈善组织。

二　扶贫基金会的资助之路

在资助 NGO 方面，扶贫基金会取得了不小的成绩。从 2005 年至 2016 年，扶贫基金会已投入 8867 万元，通过项目支持、能力建设等方式，累计资助 270 个公益项目，覆盖全国 20 余省份的贫困地区，累计受益近 30 万人次。整体来看，扶贫基金会在资助型基金会道路上的发展可以分为三个较为明显的阶段：资助探索阶段、品牌归拢阶段、调整规划阶段。

（一）资助探索阶段

从 2005 年江西 NGO 实施政府村级扶贫规划试点项目开始，扶贫基金会开始在 NGO 资助方面进行探索。2007 年，扶贫基金会正式提出"筹资资助型"战略。玉树地震相关项目实施期间，扶贫基金会资助 NGO 的工作开始进入正轨。如表 2 所示，从 2005 年到 2012 年，扶贫基金会投入了 6000 余万元开展 NGO 资助工作。对于基金会而言，与 NGO 的合作给项目引入了新生力量，增强了项目活力，同时也解决了基金会人力不足的问题，延伸了基金会的执行力。对于 NGO 而言，基金会的资助促进了组织的规范化发展，资金募集能力得以提高，机会也有所增加。

（二）品牌归拢阶段

2013 年雅安地震期间扶贫基金会提出"公益同行"品牌，是扶贫基金会基于汶川、玉树灾后支持 NGO 参与灾后重建的经验而设计的 NGO 合作发展项目。根据震后工作的不同阶段（过渡安置、灾后重建、社区发展），实施合作社区发展陪伴计划、合作社区发展计划等不同项目，旨在探索从灾后

表2　扶贫基金会早期的资助项目情况

资助项目	年份	资助规模	资助对象	工作内容/领域
江西 NGO 实施政府村级扶贫规划试点项目	2005~2007	2100 万元	9 家 NGO	3 个贫困县 22 个贫困村村级规划工作
中国市场发展项目	2005~2007	1340 万元	80 个项目	农村综合发展、科技扶贫、环保、城市贫困、残障服务、卫生与艾滋病防控、灾后重建等
中国慈善导航行动	2009	130 万元	2 家 NGO	汶川地震灾区灾后重建项目
恒大万人行公益招标项目	2009	570 万元	7 家 NGO	特困白内障患者、特困农民工
玉树招投标项目	2010~2011	1369 万元	8 家 NGO,9 个项目	地震灾区生计发展、公益需求调查、物资援助
四川招投标项目	2011~2012	547 万元	23 个项目	地震灾区社区发展

资料来源：根据扶贫基金会提供资料制表。

社区陪伴、社区重建向常态化农村社区发展的 NGO 合作模式。从 2013 年 8 月启动至 2016 年底，公益同行·NGO 发展计划共支持 52 个项目，项目资金支出 1489.9 万元。

为了进一步提升在 NGO 资助方面的品牌和影响力，扶贫基金会陆续将其他 NGO 合作平台例如联合劝募类项目、ME 创新资助计划等都纳入公益同行，采取不同的策略支持 NGO，针对相关社群和社区较为突出的社会问题探索解决方案，初步形成了一个整体的资助品牌（见图 1）。

公益同行——联合劝募	公益同行——ME 创新资助计划	公益同行——加油计划	公益同行——伙伴关系计划
·同公益伙伴共享公募权	·联合爱心企业，支持兼具创新力、有发展潜力及社会影响力的NGO	·中国扶贫基金会根据社会问题，设计出项目解决方案，采购NGO的服务	·为伙伴提供机构发展支持，陪伴合作伙伴机构更有效地推动社会问题的解决

图1　公益同行资助体系

资料来源：《公益同行·NGO 伙伴影响力支持计划研究团队招募公告》，扶贫基金会网站，2017 年 9 月 18 日，http://www.cfpa.org.cn/news/news_detail.aspx?articleid =438，最后访问日期：2017 年 9 月 20 日。

公益同行品牌内各类资助项目总规模已逾7000万元，其中由中国民生银行提供支持的"ME公益创新资助计划"占近1/3。2017年中国民生银行还将继续资助1144万元用于新一轮的"ME公益创新资助计划"。2016年到2018年，"ME公益创新资助计划"累计投入2373万元（见表3）。

表3　公益同行资助体系具体项目情况

项目名称	项目周期	资金来源	资金规模（万元）
芦山公益同行	2013.8～2017.9	加多宝、英特尔、赠与亚洲	2083
鲁甸公益同行	2014.8～2017.12	乐施会、南都	286
贵州社区发展	2014.1～2015.8	公众	102.5
宁夏社区发展	2016.12～2019.12	米苏尔	440
ME公益创新资助计划	2016.1～2018	中国民生银行	2373
公益宝贝	2015～	阿里巴巴集团	1814
合计	—	—	7099.5

资料来源：《公益同行项目2016年度总结》，扶贫基金会网站，2017年4月14日，http://img1.juanzeng.org.cn/gwfiles/file/20170414/20170414194428_8098.pdf，最后访问日期：2017年9月20日。

（三）调整规划阶段

用"公益同行"一个品牌将诸多资助方式"一网打尽"确实有利于提升扶贫基金会在资助工作上的知名度和影响力。但是问题依然存在：哪种方式最能体现扶贫基金会的核心竞争力？哪种资助方式最有效果？是要百花齐放还是一枝独秀？2017年，扶贫基金会将重点解决这些问题，相关研究规划工作正在进行之中。

三　扶贫基金会的五种资助模式

经过10余年的不断探索，扶贫基金会目前并存运行着五种资助模式，如表4所示。

表 4　扶贫基金会主要资助模式

资助模式	典型项目	项目品牌权属
路径锁定式 资金主导型资助	公益同行·灾后 NGO 合作社区发展计划（鲁甸、芦山） 公益同行·农村社区 NGO 合作计划（宁夏、贵州）	基金会、NGO
开放式 资金主导型资助	公益同行·ME 创新资助计划	基金会、出资方、NGO
购买服务型资助	儿童发展计划阅读项目 NGO 招募	基金会
连锁加盟式资助	公益同行·加油计划	基金会
网络平台主导的 联合劝募型资助	公益同行·人人公益、9·9 公益日、公益宝贝联合劝募 计划	基金会、网络平台、NGO

（一）路径锁定式资金主导型资助模式

路径锁定式资金主导型资助一般是由基金会确定项目宏观领域但不限定具体议题，基金会提供资金和部分能力建设支持，支持 NGO 进行自我探索。这是行业内较为普遍、认同度较高的一种资助模式。

但是，扶贫基金会早期的资助探索项目以及早期的公益同行项目中，例如公益同行·灾后 NGO 合作社区发展计划、公益同行·农村社区 NGO 合作计划，项目内容和项目区域具有高度专用性，适用 NGO 范围相对狭窄，绝大多数项目都紧密围绕扶贫基金会的灾后重建以及社区发展实践与经验进行设计和实施，相当于是比较严格限定具体议题与工作区域条件下的资金主导型资助，可以称之为"路径锁定"特征。这种资助模式相当于对 NGO 的参与空间施加了限定。

（二）开放式资金主导型资助模式

相对于路径锁定式资金主导型资助模式，开放式资金主导型资助模式的最大特征是基金会不对项目议题进行限定，而是仅仅列出若干宏观领域，给 NGO 以很大的参与空间。"ME 公益创新资助计划"是典型的开放式资金主导型资助模式。

2015 年，扶贫基金会联合中国民生银行，共同发起"ME 公益创新资助计划"，支持兼具创新力、有发展潜力及社会影响力的组织和项目，关注公益领域的创新实践。ME 公益创新资助计划的资助领域为社区发展、教育支持、卫生健康、环境保护、文化保护，这五个领域实际上涵盖了绝大多数 NGO 的工作范围，实际上相当于不限定领域，因此能大大提高 NGO 参与的广泛性和积极性。2015 年第一期和 2016 年第二期全国有近 800 家公益组织参与申报，41 家获得资助；项目覆盖全国 29 个省、自治区、直辖市，直接受益人群 18 万人，间接受益人群超过 25 万人；活动期间共有近 150 万人参与投票，网络传播覆盖超过 4500 万人。

（三）购买服务型资助模式

我国的公募基金会目前仍是以自我运作项目为主。在运作型项目实施过程中，基金会经常会遇到人员不足、服务链条过短、服务范围过窄等问题。为了解决这些问题，基金会有时会选择购买 NGO 的服务，通过这种方式来对自己的运作型项目进行补缺。被购买的 NGO 服务就成为基金会运作型项目的一个构成部分。这种模式要求 NGO 的业务领域要与基金会的项目领域高度重合，并且 NGO 要具有比较成熟的业务方案。

2016 年 7 月，扶贫基金会发布了儿童发展计划阅读项目 NGO 招募消息，计划招募一家在阅读领域有丰富项目经验的 NGO 作为在贵州威宁地区开展儿童发展计划阅读项目的合作伙伴，开发、实施阅读项目，共同推进贵州威宁贫困地区儿童阅读习惯养成和阅读能力提升。"儿童发展计划阅读项目"是扶贫基金会"儿童发展计划"的一部分，旨在改善贫困地区儿童的阅读现状，培养其阅读习惯、提升阅读能力，进而促进其素质和综合能力提升。经过项目征集、项目初审、实地走访、评审评议等程序，2016 年 8 月，确定广东省担当者行动教育发展中心为贵州威宁儿童发展计划阅读项目的合作伙伴。此外，美丽乡村项目作为一项系统工程，其中的垃圾分类工作扶贫基金会并没有进行过探索，也缺乏相应人力去执行，但公益领域有相关 NGO 在做相关工作，因此可以购买 NGO 服务开展垃圾分类工作，以对美丽乡村项目进行补充。[1]

---

① 来自课题组对扶贫基金会的访谈记录，访谈日期：2017 年 8 月 2 日。

（四）连锁加盟式资助模式

扶贫基金会在灾后重建和社区发展等领域积累了丰富的经验，并设计和执行了许多运作型项目。这类软性发展项目往往需要开展大量的项目管理以及现场督导、沟通等工作，基金会显然会面临人员相对不足的问题，限制项目实施与效果扩大。为了解决这一状况，扶贫基金会招聘 NGO 作为其运作型项目的管理团队，即扶贫基金会制定标准化的管理技术支持整体方案提供给 NGO 去执行。这种模式类似 NGO 加盟基金会的标准化项目连锁，较好地延伸了基金会的执行力。当然，这也要求 NGO 要与扶贫基金会在组织使命、组织文化方面相一致，并且最好邻近项目区域。

例如，"加油计划"是扶贫基金会推出的一项推动贫困地区的农村小学生发展，促进城乡教育公平的公益项目，旨在通过持续性的关爱和支持，为贫困地区的农村小学生提供条件改善、能力提升等方面的支持，助力贫困地区农村小学生全面发展。2017 年 9 月，扶贫基金会发布公告，计划招募一家 NGO 作为四川"加油计划"的执行机构，为"加油计划"的实施提供项目管理及技术督导等支持，具体负责项目学校选拔、组织教师基础培训、走访督导、组织项目观摩交流活动。[①] 与一般的招标公告不同，该公告申请指南列明了详细的工作内容及时间进度，以及明确具体的工作任务书，即扶贫基金会已设计、完成了整体方案，相当于为 NGO 设计和提出了"加盟标准"。而根据招募公告，该项目目标之一就是"培养四川当地社会组织及技术团队掌握加油计划项目模式及技术力量"——即通过连锁加盟式资助延伸扶贫基金会的执行力。

（五）网络平台主导的联合劝募型资助模式

虽然《慈善法》的出台使得"公募"从组织身份降格为行为资格，但

---

① 《四川"加油计划"执行机构招募正式启动》，扶贫基金会网站，2017 年 9 月 15 日，http：//www. cfpa. org. cn/news/news_ detail. aspx？ articleid ＝435，最后访问日期：2017 年 9 月 20 日。

对于普通 NGO 而言仍然具有很高的门槛性。因此公募基金会可以通过让渡部分公募使用权、为 NGO 开放公募渠道的方式对 NGO 进行资助。近几年移动互联网的飞速发展使得此种资助模式的效果得到显著提升，而网络平台在其中的地位和作用（包括规则制定、资源对接、产品运营、技术支持、尽职调查、项目审计等）也被大大增强。

2014 年，扶贫基金会与腾讯公益慈善基金会联合发起"人人公益"项目，利用移动互联网技术为民间公益发起人、机构提供公募筹款支持。截至 2016 年底，人人公益共为 1283 个项目提供公募支持，484 万人次参与爱心捐赠，筹集善款 1.22 亿元。2016 年扶贫基金会与淘宝公益合作开展"公益宝贝"联合劝募计划，共进行了 5 期公益宝贝项目评审，共有 19 个项目获得支持，涉及社区生计发展、教育支持、环境保护等多个领域，截至 2017 年 5 月底，上述 19 个项目全部完成筹款平台的上线和筹款工作，累计募集资金 3882 万元。①

前文提到，这五种资助模式在扶贫基金会中属于并行存在的状态，相互之间的关系定位以及机构层面的整体发展战略尚未成形。但能够明确的一点是，ME 公益创新资助计划是扶贫基金会资助工作的重头戏：一方面，能够帮助扶贫基金会跳出项目地域局限和项目领域局限，提升扶贫基金会资助 NGO 的影响力；另一方面，能够给 NGO 提供切实有力的支持，切实提高 NGO 参与的热情和积极性。同时，考虑到 ME 公益创新资助计划的运作流程最为成熟，对于公募基金会开展资金主导型资助工作，以及潜在的受资助 NGO 群体，都具有重要的借鉴意义。因此，下面着重对 ME 公益创新资助计划的项目管理过程进行分析和总结。

四　ME 公益创新资助计划项目管理流程

ME 公益创新资助计划（以下简称"ME 创新计划"）鼓励 NGO 进行公

---

① 《公益同行项目 2017 年第二季度进展报告》，扶贫基金会网站，2017 年 7 月 14 日，http://img1.juanzeng.org.cn/gwfiles/file/20170714/20170714180309_7056.pdf，最后访问日期：2017 年 9 月 20 日。

益项目创新，以公益项目支持为支点提升 NGO 自身能力，打造 NGO 与社会公众的沟通平台并进行公益倡导。该计划设立 ME 公益创新资助基金，每年一届，2015 年第一届资助 20 个 NGO（中国民生银行成立 20 周年），鼓励其进行资助创新和探索，从第二届起每年增加 1 个资助名额，即资助数量为 20 + N - 1（N 为 M 创新计划的届数），每家资助 50 万元。项目周期一般为 2 年。同时设立 ME 公益创新发展基金，根据评审结果排序情况，顺位资助后面同等数量即（20 + N - 1）的 NGO，每家资助 2 万元。从 2015 年至今，ME 创新计划已经进行了两期。目前第三期正在开放申请过程中。经过三轮的运行与修正，ME 创新计划的项目管理过程已经相对稳定，如图 2 所示。

（一）项目信息发布与申请

1. 信息发布

项目信息在线下和线上两个渠道进行发布。为了扩大影响，ME 创新计划一般选择在慈展会启动仪式上举办正式的项目发布会。同时在扶贫基金会官网、官微以及项目微信公众号"ME 创新计划"等多个线上渠道发布项目申报公告。2016 年第二期 ME 创新计划申报信息发布后，在 25 天左右的申报时间内收到 400 份项目申请。

申报公告发布的内容主要包括申报指南、常见问题解答、项目申请书以及预算表格等。在项目申请书中，需要提供项目计划详细信息（见图 3），组织基本信息（正式登记注册文件扫描件、财税监制票据扫描件、上一年度审计报告或机构财务报表等三项作为附件必须提供等），以及组织财务管理信息。另外，申请机构还需提供关于申报项目的预算表。

2. NGO 申请

NGO 需要在规定时间内提交上述材料，以获得申请资格。同时，申请项目的 NGO 需要满足一定的资质条件。ME 创新计划对 NGO 申请资质的要求具体如下：（1）在中国大陆有关部门正式登记注册一年以上的公益慈善组织，能提供正规的财税监制票据；（2）提供上一年度的审计报告/财务报表；（3）具备规范的财务管理制度和项目管理制度；（4）具有从事所申报项目的经验，并且擅长执行该领域的项目；（5）拥有稳定、成熟的项目执行团队；（6）具有创新精神、开放学习的态度和发展成长的潜力；（7）申报年度内已明确获得上一期资金资助的项目不能申报（项目周期在本期申报公告之前规定时间内结项的机构可继续申报）；（8）一个机构只能申报一个项目。

ME 创新计划也对资助领域进行了说明，具体包括社区发展（重点支持社区公共服务与生计发展）、教育支持（重点支持儿童及青少年的教育问题的改善）、医疗健康（重点支持改善某一类群体身心健康、自立生活、社会融合）、环境保护（重点支持环保实践）、文化保护（重点支持非物质文化的传承、推广与创新）。实际上，这五个领域包括的范围非常广，相当于不限定领域，因此有利于提升 NGO 参与的广泛性和积极性。

（二）项目受理与评审

在五大目标领域的基础上，ME 组委会又进一步根据项目领域把所有申请项目分为社区发展、教育支持以及综合（包括文化保护、环境保护、卫生健康）三组分别独立进行项目评审工作，各组的评审工作之间互不交叉。项目受理与评审包括专业评审和公众投票两部分，专业评审又包括资格审查、项目初审、项目评审三个步骤。评审过程总体坚持保密、回避、严谨的原则，同时适度考虑项目的典型性、代表性及项目的地域性。

1. 资格审查

ME 组委会根据组织成长情况、组织规范化程度、组织能力与经验等方面的硬性指标，例如注册时间是否达一年以上、注册文件等附件是否齐全、资料是否完整、申请项目与资助领域是否匹配等指标对申请机构的申请书进行资格审查。

例如，截至 2015 年 10 月 10 日，第一期 ME 创新计划共计收到 313 家机构的 362 份申请书，其中社区发展 147 份，教育支持 110 份，卫生健康 31 份，文化保护 28 份，环境保护 46 份。经过 ME 组委会的上述资格审查，共

发布项目申请 —— 线下：慈展会启动仪式
线上：官网、官微、项目微信公众号等
前期结项NGO

新申请/结项后申请
硬性资质条件 —— NGO申请
相关文件和材料

申请书 —— 申请书资格审查 —— 正式登记注册文件扫描件
预算表 财税监制票据扫描件
上一年度审计报告或财务报表

通过

评审专家 —— 项目初审 —— 专家网络打分
三个初审组 初审评审会
通过数量≥20%

通过

评审委员会 —— 项目评审 —— 项目打分（评审标准）
三个评审组 评审评议会
通过数量2×（20+N−1）

社会影响力
培训项目评审

通过

传播资源对接

分组答辩 —— 现场答辩
多元化评委

实地走访

网络投票实地走访

占比80%   项目否决权   占比20%

公布获选项目

颁发资助基金 —— 项目启动仪式
项目正式启动

能力建设

项目优化与签约

项目传播

NGO项目季度简报
ME整体季度简报 —— 过程把控
季度/中期交流会

实地走访监测

财务审核与拨款结项

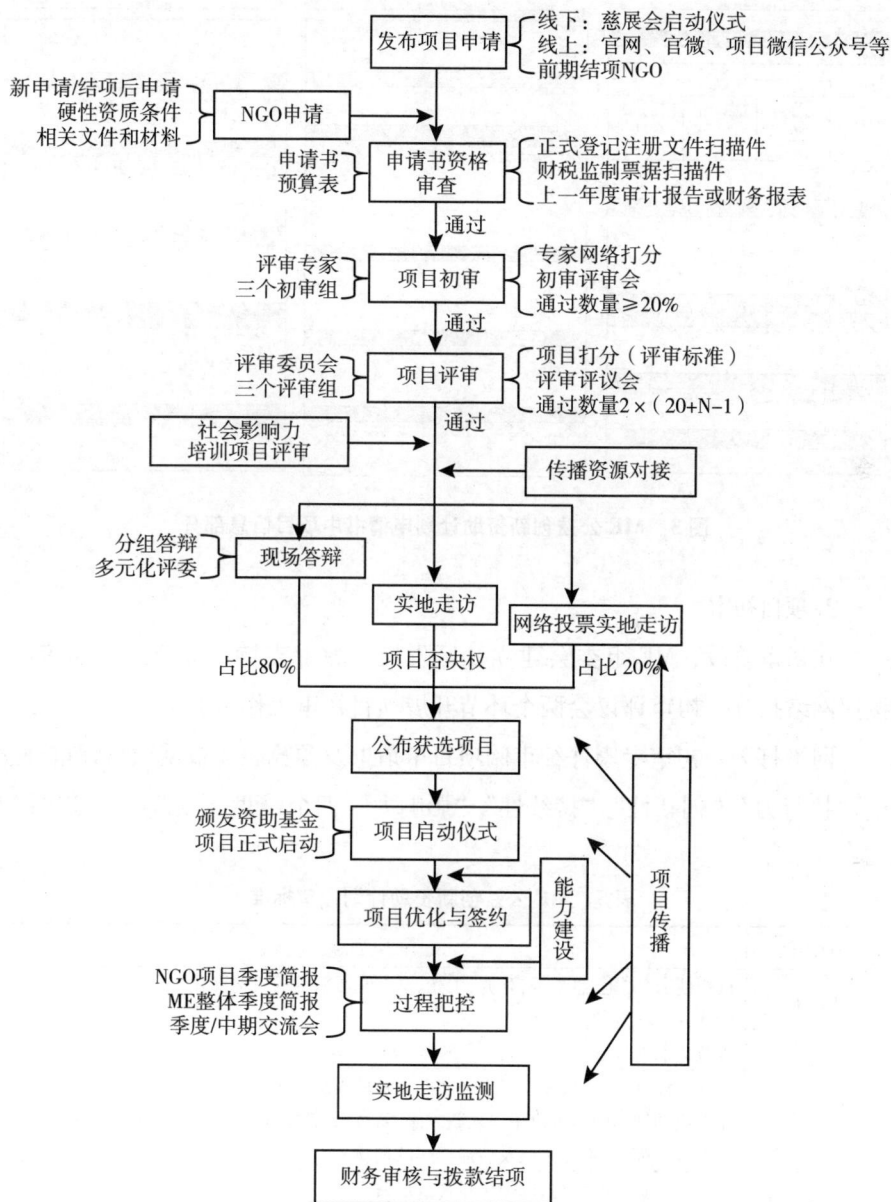

图2　ME公益创新资助计划项目管理流程

有290个项目可进入评审阶段，其中上述五个领域申请书数量的分布分别为114份、90份、25份、22份、39份。

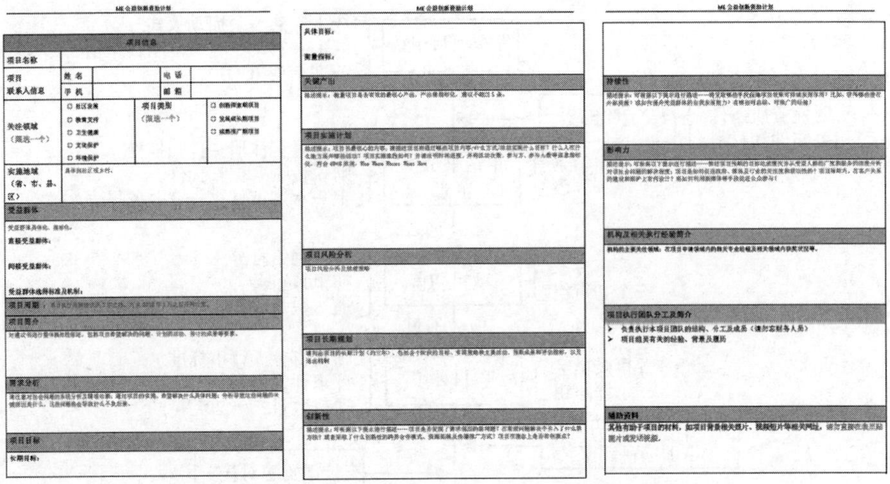

图3　ME公益创新资助计划申请书中项目信息部分

2. 项目初审

在初审阶段，ME组委会建立社区发展、教育支持、综合三个初审组，按照网络打分、初审评议会两个环节开展项目初审工作。

网络打分。初审专家仔细审阅项目申请书及预算表，根据项目评审理念中"执行力""创新性""持续性""影响力"四个维度（见表5）进行初

表5　ME公益创新资助计划评审标准

评审维度	评审理念
执行力 Capacity	机构使命、文化、愿景等;开放、阳光、富有学习精神的机构文化
	团队:稳定、专业的团队
	规范化的财务管理能力
创新性 Innovation	项目关注社会变化,发现需求强烈的新领域或新问题
	在常规领域的问题解决中引入新方法、新技术、新模式
	跨界合作模式、资源拓展及传播推广的创新
持续性 Sustainable	可持续的资源的获得,保障项目持续运营
	受益群体自我发展能力的激发和提升,保障项目发挥持续效益和影响
	项目模式可总结、可推广到不同地区或不同领域
影响力 Impact	目标达成情况及社会问题的解决程度
	政府、媒体及行业的关注度和联动性
	捐赠/支持者关系建设及公众的参与和影响(包括新媒体的应用)

审打分。各维度最高分均为 25 分，项目得分为四项分数加和。得分参考标准为：0~59 分为较差，60~69 分为一般，70~79 分为良，80~89 分为好，90~100 分为优秀。初审专家须在规定时间内完成项目初审表。项目初审分数为组内初审专家独立打分的加和求平均。

初审评议会。ME 组委会组织各组初审专家分别召开初审评议会，按一定比例或数量对各组初审分数排序靠前（2016 年第二期为前 30 名）的项目进行评议。综合评议意见，三组共评选推荐出不少于申报数量 20% 的项目，具体数量每年会有变动。例如，第一期通过审查的 290 个项目申请经过评议，有 83 个项目入围初审，其中社区发展组 32 个、教育支持组 21 个、综合组 30 个（卫生健康项目 10 个、文化保护项目 10 个、环境保护项目 10 个）。

为了避免在不同环节更换专家带来不利影响，从 2016 年第二期开始，规定每个领域均需有 1~2 名专家全程参与项目初审、项目评审、现场答辩三个环节，确保评审标准的连贯性和一致性。

3. 项目评审

初审之后便进入项目评审阶段，ME 组委会建立三个评审组，分别邀请相关专家作为评委组建评审委员会，按照网络打分、评审评议会两个阶段来开展工作。

网络打分。项目评审阶段，评审专家仔细审阅项目申请书及预算表，综合初审意见，根据评审标准（见表 5）进行评审打分，在规定时间内完成项目评审表。项目评审分数为组内评审专家独立打分的加和求平均。

评审评议会。ME 组委会组织各组评审专家分别召开评审评议会，对项目评审分数靠前的项目进行评议。排名靠前项目的数量各组原则上保持一致，总数量一般为资助项目数量的 2 倍，同时资助数量每年增加 1 个，即 $2 \times (20 + N - 1)$ 个项目。

综合评议意见，三组共评选出 $2 \times (20 + N - 1)$ 个入围项目，并公布入围项目名单。仍以第一期 ME 创新计划为例，综合评议意见，共评选出 40 个入围项目，其中社区发展 14 个，教育支持 14 个，综合 12 个。

4. 现场答辩

ME 组委会邀请捐赠方、企业 CSR 负责人、专家评委、公益行业领袖、公益媒体等，对入围项目进行分组现场答辩，根据评审理念及各项目的答辩情况进行打分。项目答辩分数为组内答辩专家的独立打分的加和求平均。答辩得分将占机构最终得分的 80%。进入现场答辩阶段的 NGO 至少能获得 2 万元的 ME 公益创新发展基金。答辩结束后分数不公布。

5. 公众投票

ME 组委会联合项目申请机构组织进行一定时期（一般为一周到一个月不等）的网络展示和面向公众的网络投票。每人仅可为每个项目投出一票，分数根据各领域的投票排名情况计算得出，网络投票分数占到机构最终得分的 20%。第一期 ME 创新计划的 40 家入围机构共计获得 55.9 万票。

在开始网络投票之前，一般要进行两项准备工作。一是扶贫基金会组织进行 2 ~ 3 天的社会影响力培训，内容涉及新媒体运营、社群维护、社会影响力打造、公众筹款互动以及项目管理等方面。二是扶贫基金会对入围项目进行传播资源对接。例如，扶贫基金会在易企秀平台为第一期 40 个入围项目分别征集优秀的 H5 场景，用来进行各机构网络展示和投票，同时动员神秘嘉宾实地探访申报项目。

6. 实地走访

现场答辩后网络投票结束前，ME 组委会将邀请评审专家抽查部分项目进行实地走访核查。在实地走访中进行机构尽职调查，如项目申报与项目点实际情况差异较大或机构无法通过尽职调查，ME 组委会拥有项目的否决权。

7. 公布获选项目

综合现场答辩及网络投票综合得分（第一期比例为 7:3，第二期比例为 8:2），为入围公益项目进行排名。排名前 50% 的项目为 ME 创新计划最终获选项目，每家 NGO 将获得 50 万元的 ME 公益创新资助基金资助。入围但未获选的排名后 50% 的项目，每家 NGO 将各得到 2 万元的 ME 公益创新发展基金作为机构发展基金。

之后，扶贫基金会联合相关方面择时举办资助仪式，为获选的 NGO 颁发 ME 公益创新资助基金，标志着 ME 资助项目正式启动。

（三）项目执行

1. 项目优化与签约

获选项目确定之后，扶贫基金会要与 NGO 进行 2～3 个月的项目沟通工作。之前的一系列过程评选出来的实际上是项目机构和项目方向。还需要进行项目逻辑的打磨、预算审核等，项目设计和优化工作。当项目书和项目沟通都确定之后，财务部门和监测部门一起介入，召开项目沟通协调会，扶贫基金会确认项目内容、详细项目预算、项目实施标准和要求，然后与获奖 NGO 陆续签署合作协议。

2. 能力建设

在项目优化和执行过程中，扶贫基金会还开展各类培训以满足 NGO 多方面的能力建设需求。例如，第一期 ME 项目在启动仪式之后，邀请专家开展能力建设和需求调研工作坊，充分挖掘 NGO 需求，制订合理的能力支持计划，提升项目执行效果，达成 ME 创新计划 NGO 资助的集体影响力。此外，还开展了项目管理、财务管理及项目传播推广等培训，明确扶贫基金会的相关要求。

3. 项目传播

ME 创新计划的目标之一是打造出公益项目的社会影响，因此非常重视项目传播工作。ME 创新计划项目的传播途径主要有四种：（1）项目评审阶段的网络展示与投票环节。这是项目传播的第一个环节，每次都吸引几十万名网民参与。（2）NGO 开展项目传播。进入项目执行期后，NGO 往往会利用自媒体和一些传统媒体开展 ME 项目传播，定时发布项目进展。例如，截至 2016 年 12 月底，NGO 发布此类文章共计 400 余篇。（3）扶贫基金会利用自媒体进行宣传推广。2016 年扶贫基金会公众号和 ME 创新计划公众号发布相关文章共计 27 篇。（4）扶贫基金会组织媒体开展深度报道。扶贫基金会会结合项目执行情况，联系媒体记者，对 ME 项目进行深度报道。2016

年共计有4篇深度报道。①

此外，扶贫基金会还制定了ME创新计划的统一传播标准，要求NGO在执行项目过程中统一品牌标识（见图4），扩大项目传播效果，提升项目影响力。

图4　ME公益创新资助计划标识

（四）项目监测与结项

1. 过程把控

进入项目执行期后，扶贫基金会及时跟进项目进展，与NGO每季度进行沟通反馈，NGO每季度提交项目进展简报。项目组召开季度沟通会，向相关部门反馈意见；整理出ME项目的整体进展简报，并向捐赠方、NGO、会内同事发送。

2. 实地走访监测

项目中期，项目组、财务部、监测部会联合对项目进展过程开展参与

---

① 《公益同行项目2016年度总结》，扶贫基金会网站，2017年4月14日，http://img1. juanzeng. org. cn/gwfiles/file/20170414/20170414194428 _ 8098. pdf，最后访问日期：2017年9月20日。

式监测，并举办项目中期交流分享会，发现问题及时纠错，控制项目风险，确保项目目标的实现。扶贫基金会从 2016 年 6 月底开始启动 ME 创新计划的 NGO 实地走访工作。通过实地走访和参与活动，与项目负责人和项目团队充分沟通，了解项目进展情况及执行过程中出现的问题，对于机构管理及财务管理情况进行核查，并给出相关可行建议。截至 2016 年 12 月，已对一期 ME 项目 20 家 NGO 中的 17 家进行了实地监测。例如，2016 年 7 月 20 日，扶贫基金会对为乐志愿服务与研究中心进行项目实地监测，参与夏令营出征仪式，实地走访营地，了解项目进展及效果，并提出优化意见。

3. 财务审核与拨款结项

项目中期，扶贫基金会组织财务部和监测部联合开展一次实地的财务审核，根据监测情况进行中期拨款。结项后若有特殊情况会再次进行实地财务审核。首次拨款在签约后进行。50 万元项目款中，首次拨款、中期拨款和结项后拨款的比例一般按照 4∶4∶2 进行，可以视情况协商微调。

项目周期一般为 1~2 年，完成项目提交材料通过相关审核后即可结项。若出现特殊情况，签约、拨款、中期、结项等各项工作可以顺延，根据实际情况进行。结项前一般不再安排实地走访，除非出现特殊情况。未结项机构不能申请下次资助。

截至 2017 年第二季度，第一期 ME 创新计划中，20 家 2 万元机构发展经费已全部拨付，结项 16 家，20 个 50 万元资助项目累计拨付资金 706.67 万元，完成结项 2 项。第二期 ME 创新计划中，21 家 2 万元机构发展经费已全部拨付，21 个 50 万元资助项目已签约 20 个，累计拨付资金 430 万元。①

---

① 《公益同行项目 2017 年第二季度进展报告》，扶贫基金会网站，2017 年 7 月 14 日，http：//img1. juanzeng. org. cn/gwfiles/file/20170714/20170714180309 _ 7056. pdf，最后访问日期：2017 年 9 月 20 日。

五　总结与思考

（一）在资助道路上勇于探索

从 2005 年开始，扶贫基金会在 NGO 资助方面的探索已经有 12 个年头。前期的资助主要集中在救灾、扶贫等扶贫基金会一直深耕的领域。但是，救灾、扶贫相关项目不可避免附带着领域和地域的限制，而且项目效果测量也存在一定的难度。因而扶贫基金会虽然投入大量资源，开展了大量工作，但是资助的品牌和影响力并没有在行业中显著树立。[①]

为了进行突破，除了借助淘宝、腾讯等网络平台向 NGO 开放公募权之外，扶贫基金会还不断进行着尝试和探索。第一，在 2013 年提出"公益同行"，将其作为扶贫基金会资助项目的整体品牌进行运营和推广。第二，借助 ME 创新计划拓展资助领域，从原有的救灾、扶贫等专业领域扩展至社区发展、教育支持、医疗健康、环境保护、文化保护等大领域，在很大程度上解决了"路径锁定"问题及其不利影响。第三，针对其优势所在的扶贫领域，开发出具有连锁加盟性质的"公益同行·加油计划"，进行自身经验的标准化输出。

实际上，在前文提到的五种资助模式之外，扶贫基金会在 2017 年 4 月又提出"伙伴关系"来替代"资助关系"，[②] 具体包括构建伙伴数据库（合作关系评价与分级）、合作伙伴分级支持（联合筹款、机构成长支持、品牌推广支持）、区域伙伴开发（与各区域枢纽型组织建立长期关系）、影响力建设（开发伙伴案例、合作举办会议论坛）等。这实际上是从资助模式层面对前述五种模式进行了重构。

---

① 《公益同行项目2016年度总结》，扶贫基金会网站，2017 年 4 月 14 日，http：//img1. juanzeng. org. cn/gwfiles/file/20170414/20170414194428_ 8098. pdf，最后访问日期：2017 年 9 月 20 日。

② 来自课题组对扶贫基金会的访谈记录，访谈日期：2017 年 8 月 2 日。

（二）根据形势灵活调整以改善管理流程

扶贫基金会在 NGO 资助工作中的另一个特点是根据实际问题对管理流程不断进行改善。仍以 ME 创新计划为例，第二届 ME 创新计划不仅在资助的项目领域上更加聚焦，而且项目本身也进行了多方面的优化。在资助领域方面，第二届 ME 创新计划在五大公益领域基础上进行方向聚焦，每个领域选取重点支持方向和议题；在评审流程方面，根据第一届经验，第二届在各领域均有 1~2 名评审专家全程参与评审，确保评审专家对入围项目的深入了解，确保评审标准的连贯性及一致性；在评选标准方面，明确将项目分为创新期、成长期和成熟期项目，在强调评审标准的基础上，优先支持创新期项目。经过持续改善，ME 公益创新的引领性、创新性和撬动性作用更为显著。

G.5

中华少年儿童慈善救助基金会

——基于开放公募权的资助型基金会案例

摘　要：　中华少年儿童慈善救助基金会在成立伊始就将"资助型"作为战略方针之一。随后，创立"童缘"资助品牌，并逐步采取资金主导型、基金会主导的联合劝募型、网络平台主导的联合劝募型、准购买服务型等四种资助模式，资助民间公益组织发展。本案例从项目申请与审核、项目执行与实施、项目监督与评估、项目到期处理等几个环节，着重梳理了基于开放公募权的两类联合劝募资助模式的项目管理过程，以期为公募基金会的类似项目的管理提供借鉴和参考。

关键词：　公募权　联合劝募　资助模式　童缘　公益宝贝

中华少年儿童慈善救助基金会（以下简称"儿慈会"）是在民政部注册的全国性公募基金会，2016 年成为被民政部首批授予"慈善组织登记证书"和"慈善组织公开募捐资格证书"的 16 家全国性慈善基金会之一。在积极运作"9958"、"爱心家园"等一些行业知名自主项目的同时，儿慈会也在积极贯彻"资助型"这一在组织成立之初即已明确的战略方针，采取多种方式资助民间公益组织发展。本报告将以儿慈会为例，对其在资助型基金会方面的过程管理实践进行总结和分析，在总结经验的同时为其他基金会提供借鉴和参考。

一 儿慈会简介

中华少年儿童慈善救助基金会正式成立于 2009 年 9 月 10 日,原始基金数额为人民币 2000 万元,来源于捐赠,是在民政部注册的全国性公募基金会,也是第一家由民间发起的公募基金会,业务主管单位为民政部。儿慈会的业务范围是:对困难少年儿童实施生存、医疗、心理、技能和成长救助;创办"儿童村",建立"少儿服务之家",设立学习"自强奋进奖",开辟"慈善救助通道";对少年儿童问题进行调查研究;开展海内外少年儿童慈善救助交流活动;在国内外募集慈善救助资金和物资;以资助和能力建设等方式支持民间慈善公益组织实施少年儿童服务项目。儿慈会的战略要素如表 1 所示,其中公信力、全透明、资助型、民间性是较为突出的关键词。

表 1 儿慈会战略要素

战略要素	内 容
愿景	让全国少年儿童在同一片蓝天下健康成长
使命	募集社会资金,开辟民间救助渠道,救助困难少年儿童
理念	以慈为怀,从善如流,呵护未来,促进和谐
精神	人人助我,我助人人
方针	民间性,资助型,合作办,全透明
救助对象	社会上无人监管抚养的孤儿、流浪儿童、辍学学生、问题少年和其他有特殊困难的少年儿童
救助类型	生存救助、医疗救助、心理救助、技能救助、成长救助

儿慈会成立之初即确立了"民间性、资助型、合作办、全透明"的基本方针。民间性:做到真正扎根于民间,在公益领域实现民间化的操作方式;资助型:用募集资金来支持民间公益组织特别是基层项目的发展;合作办:和 NGO 一同合作,把基金会搭建成合作平台,把优秀项目固化在平台上,实现可持续发展;全透明:透明是资助或公众筹款的前提,2010 年官网上线,每一笔善款信息实时展现,2013 年官网改版,增加捐赠数据信息。

2016 年，儿慈会募集善款 3.37 亿元，比上年增长 77%，救助 160 余万名困境少年儿童，在基金会中心网的中基透明指数 FIT 评选中以满分成绩并列第一；2016 年腾讯 "9·9 公益日"活动中，三天时间有 132 万人次捐款共计 8970 万元，在全国基金会中排名第一；从成立至 2016 年底，儿慈会累计接收善款 9.2 亿元，除企业外通过儿慈会官网的个人捐款达 4.5 万人次，累计救助全国 30 个省、自治区、直辖市的困境少年儿童 250 余万人。[①] 截至 2017 年 7 月 12 日，儿慈会筹集善款总额突破 11 亿元，其中个人捐赠占总捐款额的 62%，企业捐赠占总捐款额的 38%。[②]

上述成绩也获得了社会的高度认可，儿慈会先后获得民政部授予的"中国慈善推动者奖"和"中华慈善奖"等，儿慈会理事长兼秘书长王林荣获"影响·中国公益 100 人"、"2016 年度公益人物"等殊荣。

二 儿慈会发展历程

儿慈会从成立至今，经历了四个发展阶段。

第一阶段：资助打响品牌。2011 年，在国际资金断裂的大背景下，为了在短期内打造基金会的行业品牌，作为一家新生基金会，儿慈会明确以资助起步，在 2011 年 10 月至 2012 年 7 月投入近 3000 万元推出三期"童缘"儿童公益慈善资助项目，支持民间公益组织开展各种类型的弱势儿童救助活动，向"资助型基金会"迈出坚实步伐。该项目三期累计资助 205 家民间公益组织，并由于在资助型道路上的成功实践和积极探索，于 2012 年 4 月荣获民政部颁发的"第七届中华慈善奖"。

第二阶段：在事件中逆转。2012 年底，在行业内刚刚树立名气的儿慈

---

① 《中华儿慈会 2016 年度报告》，儿慈会网站，2017 年 3 月 9 日，http：//www. ccafc. org. cn/templates/T_ Common/index. aspx？nodeid = 315，最后访问日期：2017 年 8 月 20 日。
② 《中华儿慈会募集善款总额突破 11 亿元！》，儿慈会网站，2017 年 7 月 21 日，http：//www. ccafc. org. cn/templates/T_ Common/index. aspx？nodeid = 125&page = ContentPage&contentid = 10042，最后访问日期：2017 年 8 月 20 日。

会遭遇了一场"小数点事件"的公关危机①，引发公众强烈关注，机构公信力和信息透明度受到质疑。儿慈会采取核查事实、发布致歉声明、与爆料人面对面对质、召开新闻发布会、公布相关账目细目等方式积极应对，2～3周之后形势发生逆转，儿慈会的名气和人气迅速提升，日均筹款额从20万元迅速提升到45万元。

第三阶段：内部管理改革。"小数点事件"暴露了儿慈会的内部管理问题，于是2013年和2014年成为儿慈会的"管理年"。在对所有项目进行走访、整顿和流程化梳理的基础上，2014年5月完成了第二届理事会改选和组织架构改革，由"机关型"管理模式变革为"市场化"管理模式，设立综合管理、合作发展、项目管理三个总部，同时实施个人指标责任制。

第四阶段：快速发展。得益于组织品牌、公众认知的提升，尤其是经过内部组织架构改革，组织绩效显著提升，儿慈会进入发展快速通道（见图1）：2014年募款9400余万元，2015年募款约1.9亿元，2016年募款达3.37亿元。

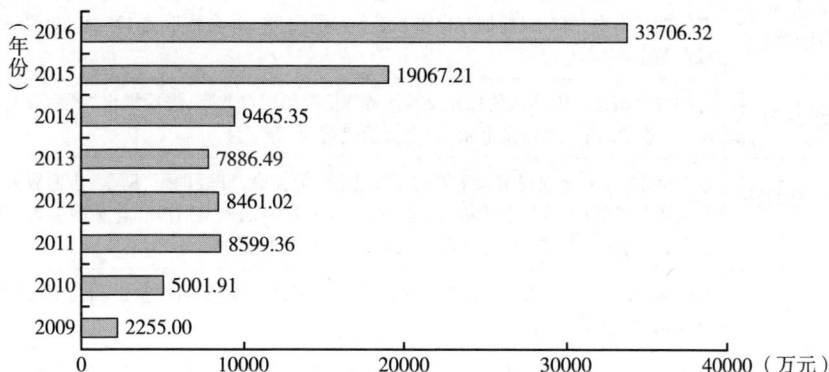

图1　儿慈会年度募款情况

资料来源：《中华儿慈会2016年度报告》，儿慈会网站，2017年3月9日，http://www.ccafc.org.cn/templates/T_Common/index.aspx? nodeid=315，最后访问日期：2017年8月20日。

---

① 儿慈会被曝2011年度报告的财务报表中银行短期理财累计发生额为47.5亿元，且该巨额资金账目前后不匹，被质疑洗钱。后查明系财务人员工作失误将4.75亿元写成47.5亿元。

三 儿慈会项目概况

儿慈会的项目主要包括自主项目、专项基金、合作项目等三大类。实际上，在自主项目中，童缘资助中心侧重资助型项目，而其余的自主项目多数是运作型项目。因此，将童缘项目列为第四类将更为合适。

（一）自主项目

自主项目主要包括9958儿童紧急救助中心、爱心家园救助中心、益童成长中心、《读者》光明行动、起点工程、回家的希望、瞳爱救助中心、童缘资助中心（见表2）。

表2　儿慈会自主项目简介

项目	简介
9958儿童紧急救助中心	2012年7月设立，国内第一条儿童紧急救助热线400-006-9958，保障困境病患儿群体的基本生存权，目前拥有合作医疗专家顾问98名、合作医院125家、专项病种救助基金34个
益童成长中心	专项救助偏远贫困地区的孤儿及其他特殊情况的困境儿童，先后推出"震后孤儿救助"、"益童助学"、"益童书屋"、"老兵后代救助"等项目
爱心家园救助中心	以"帮助少年儿童获得健康平等的童年生活"为使命，开展助医、助学、志愿服务等公益项目，2011年12月以来共筹集善款8800余万元，救助血液病与肿瘤患儿1200余名，一对一资助贫困学生340余人次，支教学校10余所
回家的希望	2011年10月成立，致力于救助打拐被解救的困难儿童，从后端救助和前中端防拐反拐两方面开展工作
起点工程	定位于0~6岁儿童早期教育领域，重点关注农村贫困地区的学龄前留守儿童
《读者》光明行动	2013年6月设立，为贫困家庭4~12岁儿童免费检查视力，并对其中的弱视儿童提供免费入院治疗，由儿慈会、《读者》杂志社和北京光彩明天儿童眼科医院共同发起。截至2016年底，共收到善款1286万元，义诊8万人，救助1446人
瞳爱救助中心	为农村、山区、少数民族等贫困地区的少年儿童进行专业眼科检查，联合相关机构，对眼病患儿开展救助
童缘资助中心	资助型、支持型项目，旨在支持民间公益组织发展，以更好地开展困境儿童救助工作，包括童缘资助项目、童缘联合劝募计划、童缘企业合作等

例如，9958 儿童紧急救助中心（以下简称"9958 救助中心"）设立了国内第一条儿童紧急救助热线，具有求助、志愿者加入和捐赠功能。以热线为基础，9958 救助中心致力于保障中国困境病患儿群体的基本生存权，整合集信息咨询、慈善募款和医疗救助为一体的救助服务体系。截至 2016 年底，9958 救助中心共计筹款 2.2 亿元，救助贫困患儿 1.8 万人次，支出救助款 1.5 亿元。2015 年，9958 救助中心荣获"第九届中华慈善奖最具影响力项目"称号。

（二）专项基金

100 万元以上的大额捐赠可以在儿慈会设立专项基金。专项基金是指，捐赠人以支持少年儿童慈善救助事业为目的，在儿慈会的基本账户下，设立专项基金科目，按照捐赠者的意愿，专款专用，按照儿慈会专项基金管理办法开展救助工作的救助项目。截至 2017 年 3 月底，儿慈会正式立项并在实施期的专项基金有 33 个（见表 3）。

表 3　儿慈会专项基金统计

序号	项目名称	序号	项目名称	序号	项目名称
1	自立奋进专项基金	12	助学西部专项基金	23	蓝天瑞德专项基金
2	星星雨专项基金	13	眺望星光专项基金	24	以爱童行专项基金
3	少儿健康专项基金	14	微笑行动专项基金	25	跳动未来大学生创业培训计划专项基金
4	太阳村专项基金	15	祝福宝贝专项基金	26	安童生专项基金
5	西部儿童救助专项基金	16	红伞儿童专项基金	27	上学路上专项基金
6	青爱工程专项基金	17	一米阳光专项基金	28	福天下平安专项基金
7	大病医保专项基金	18	天使的梦专项基金	29	体育明星艺动教育专项基金
8	天使之家专项基金	19	合伙公益专项基金	30	儿童少年健康发展专项基金
9	i 乐成长专项基金	20	温馨之家专项基金	31	"非遗"文化传承专项基金
10	爱健康专项基金	21	凤凰网公益专项基金	32	庭天使－护童助学计划专项基金
11	众爱专项基金	22	一颗鸡蛋工程专项基金	33	优胜心联网教育专项基金

儿慈会的专项基金分独立基金和公共基金两种形式。独立基金属于捐赠人基金，起点额度为 500 万元。例如，自立奋进专项基金属于独立基金，由

江西省建设工程有限公司捐赠人民币 500 万元成立，旨在对贫困学生进行资助和奖励，提供免费技能培训和助学奖学金，圆孩子们的上学梦，鼓励好学奋进、自立自强。首届自立奋进奖学金共救助学生 122 名，其中大学生 11 名、拟出国留学学生 11 名、初高中生 100 名。公共基金是指公益人员共同发起建立的、接受社会资助的专项基金，起点金额为 100 万元。星星雨专项基金、太阳村专项基金等就属于公共基金，由公益组织和儿慈会合作开展联合募款，共同管理和运营。

与直接捐赠相比，专项基金是捐赠人可以深度参与公益慈善事业的一种形式，捐赠人可以在领域选择、项目设计、实施参与、过程控制等方面都进行参与，同时也满足了捐赠人的捐赠需求。儿慈会则侧重在立项流程把控、项目公益属性把握、全过程监督、善款使用与管理等方面发挥作用。前几年以企业设立专项基金为主流，近两年非公募基金会和社团在儿慈会设立专项基金呈明显增加趋势。①

（三）合作项目

合作项目与专项基金类似，是指捐赠人以支持少年儿童慈善救助事业为目的，在儿慈会的基本账户下，设立合作项目科目，按照捐赠者的意愿，专款专用，按照儿慈会合作项目管理办法开展救助工作的救助项目。20 万元以上的捐赠可以在儿慈会设立合作项目。截至 2017 年 5 月底，儿慈会正式立项并在实施期的合作项目有 32 个（见表 4）。

例如，"新一千零一夜"项目用每天一个睡前故事，陪伴孤独离家的农村住校生在校的每一个夜晚。该项目由北京歌路营教育咨询中心（工商注册）开发设计，并与儿慈会等公募基金会开展合作，共同为"新一千零一夜"项目开展宣传与募集资金等活动。截至 2015 年 6 月，项目已经覆盖了全国 18 个省份 70 个区县 484 所农村学校，有超过 9 万名住校孩子每天收听温暖的睡前故事。目前，儿慈会官网显示，该项目已募集善款近 288 万元，已支出善款 186 万元。

---

① 来自课题组对儿慈会的访谈记录，访谈日期：2017 年 8 月 1 日。

表4　儿慈会合作项目统计

序号	项目名称	序号	项目名称	序号	项目名称
1	给孩子加个菜	12	绽放未来	23	七彩课堂
2	真爱明天助学计划	13	"愿景"贫困儿童援助计划	24	天港公益橙计划
3	青鸟种子	14	春晖博爱弱势儿童抚育教育	25	希望援助工程
4	长江公益计划	15	快乐小陶子	26	儿童保护项目
5	侠友心太极梦	16	儿童食品安全	27	集福残障儿童帮扶计划
6	春雨行动	17	小爱也温暖	28	爱百福视障儿童救助
7	"塔什米"关爱农村留守儿童	18	朴质心童	29	用爱发声
8	慈弘悦读成长计划	19	希望之履	30	网秦少年派
9	龙飞儿童救助	20	海南乡村教育	31	PC 计划
10	守望幸福	21	拉勾勾儿	32	儿童健身项目
11	新一千零一夜	22	用爱补心		

（四）童缘项目

"资助型"是儿慈会成立以来一直坚持的基本方针之一，童缘则是儿慈会的最主要的资助平台，童缘的发展反映了儿慈会所走过的资助之路。

2010 年 11 月，成立仅 1 年的儿慈会拿出 500 万元善款进行资助型救助项目探索，资助北京、湖南、福建、甘肃、青海、西藏等地的 9 家民间公益组织开展困难少年儿童救助项目（天使妈妈、太阳村、星星雨、瓷娃娃等榜上有名）。在总结经验的基础上，2011 年 10 月，儿慈会正式推出了"童缘"资助项目并持续三期，旨在通过资助全国各地符合儿慈会创立宗旨的有资质和实力、有运作能力和公信力的民间公益组织，推动民间公益慈善事业的发展。这是国内首个由公募基金会主办的面向全国范围内招标的持续性的资助活动。2016 年 5 月，童缘又资助了 10 家公益组织的留守儿童项目，资助金额共计 19 万元，预计直接受益的留守儿童人数逾 1.5 万人。①

---

① 《中华儿慈会童缘项目 2016 年工作总结》，儿慈会网站，2017 年 1 月 22 日，http://www.ccafc.org.cn/upload/editor/file/20170122/20170122114630_4741.docx，最后访问日期：2017 年 8 月 20 日。

2013 年 9 月，儿慈会发布了"童缘联合劝募计划"，童缘开始转型进入联合劝募阶段，通过开放公募权的方式为儿童领域 NGO 提供联合募款支持与服务。自发布以来，筹款额逐年增强，已经支持了 58 家公益组织开展联合劝募，目前有联动项目成员 18 个（见表5）。

表5　儿慈会童缘联合劝募计划项目及合作机构统计

序号	项目名称	项目内容	联合机构
1	贫困抗体血友病儿童专项救助项目	对贫困儿童血友病患者进行治疗费用救助	北京血友之家罕见病关爱中心
2	未来国	以志愿服务方式为流动儿童提供生活教育体验、游戏化学习体验，消除教育单一化影响	北京东隅儿童济困服务中心
3	小熊微捐	为贫困地区儿童之家募集二手玩教具，为贫困地区学校购买跑鞋、书包、文具等	海南快克药业有限公司
4	星缘守护	对自闭症儿童的特殊教育和关怀	下城区孤独症儿童康复中心
5	留守儿童的蓝信封	为留守儿童提供心理陪伴服务	广州市海珠区蓝信封留守儿童关爱中心
6	微爱大善让天使回归	帮助困境儿童改善生活和学习环境	泗水县微公益协会
7	以音为画，筑梦童声	给流动儿童提供高质量的艺术教育	北京音画梦想社会工作事务所
8	有爱有未来	对城市外来务工者子女（流动儿童）帮扶援助	北京外企志愿者协会
9	吾心为爱	为贫苦乡村募集旧衣物、图书和二手电脑	快递哥窦立国
10	不同色彩·同样美丽	让大龄自闭症儿童走出课堂，增加社会交往	苍南县星睿自闭症培训中心
11	新教育童书馆	为乡村孩子建设新教育童书馆	江苏昌明教育基金会
12	禾趣计划	乡村儿童社区教育	北京农禾之家咨询服务中心
13	团圆之屋	在留守儿童集中学校开展与父母交流活动	河南省福兴儿童公益基金会
14	亿天使儿童成长计划	组织儿童开展公益活动，树立正确公益理念	北京中科亿天使文化传媒有限公司
15	绿荫计划	预防儿童伤害	北京广联志成咨询服务有限公司
16	老区自闭症儿童教育支援项目	用移动课堂开展自闭症儿童教育	九江心语心特教机构
17	星宝贝计划	为自闭症儿童提供关爱救助与社会引导	临沂爱之旅儿童发展中心
18	血铅儿童救助	为血铅儿童提供医疗救助与法律维权	北京市丰台区源头爱好者环境研究所

2014年2月，原"童缘资助型项目"更名为"童缘资助中心"，在做好资助型项目和联合劝募计划的同时，加大公益创新步伐，开展了童缘公益集市社区行、童缘好孩子、"童缘－公益携手行"系列沙龙、童缘资助型项目培训、童缘中国MVP最有价值公益项目评选、"益童出发"公益趣跑、大数据筹款等一系列儿童公益活动。

四　儿慈会的四种资助模式

儿慈会的资助模式在成立初期以传统的资金主导型资助为主。2013年，儿慈会开始探索联合劝募型资助并迅速发展，即利用开放公募权为民间NGO提供募款支持与服务。同时，淘宝等网络平台也开始和公募基金会合作共同为民间NGO提供募款支持与服务。除此之外，儿慈会9958项目还尝试开展了少量的类似购买服务的资助。四种主要的资助模式如表6所示。

表6　儿慈会主要资助模式

资助模式	典型项目	项目品牌权属
资金主导型资助	2010~2011资助型试点项目	NGO
	2011~2012童缘一期、二期、三期项目/2016童缘留守儿童项目	儿慈会、NGO
基金会主导联合劝募型资助	童缘联合劝募计划	儿慈会、NGO
网络平台主导联合劝募型资助	公益宝贝联合募捐计划	儿慈会、网络平台、NGO
准购买服务型资助	9958源爱计划（2016）	儿慈会

（一）资金主导型资助模式

这种模式是指基金会通过招标等方式选择目标公益组织或其公益项目，通过直接给予资金的方式对公益组织进行扶持或合作，同时也会有针对性地为公益组织附带提供一些能力建设支持服务。这是基金会最传统和最广泛应用的资助模式。

早期的童缘资助项目即采取了这种资助模式。例如，2011年10月、

2012年2月、2012年7月童缘开展了三期儿童公益慈善项目资助，累计资助近3000万元，先后资助了205家民间公益组织的儿童救助项目（每个项目获得资金5万元至20万元不等），直接受益儿童近15万人。项目依照基金会管理、公益组织运作、第三方监督相结合的模式开展工作，重点资助一线社区的民间公益组织，受资助机构涵盖了民办非企业单位、工商注册公益组织、妇联等群团组织以及未注册的志愿者团体。每期项目中，西部及贫困地区项目占70%，县级以下项目占70%，新资助的机构项目占70%。在上述资助项目的基础上，儿慈会创立了童缘公益慈善联盟，旨在基于童缘搭建一个民间公益组织开展救助活动、募集善款、交流救助经验、分享信息的平台，提高民间公益组织的互助能力。

（二）基金会主导联合劝募型资助模式

这种模式是指公募基金会让渡公募权的部分使用权给民间NGO，为其开放公募渠道、提供资源对接机会和开展相应能力建设支持，即从资金主导型的输血模式发展为让民间NGO可以自我造血的联合劝募资助模式。在这个过程中，具有公募权的基金会占据主导位置，在领域选择、规则制定、项目筛选、进程控制等方面具有较大的话语权。民间NGO则可以进入公募渠道，从而可以进入更大的资源空间。通过"童缘联合劝募计划"，NGO可以获得相对稳定的捐款，部分解决了资金瓶颈问题，同时也在一定程度上掌握了资金筹集的主动权。

2013年9月，儿慈会发布了"童缘联合劝募计划"，童缘开始转型进入联合劝募阶段。童缘联合劝募计划（以下简称"童缘联劝计划"）是"资助型"方针的一种新的实践探索，通过O2O的模式为儿童领域NGO提供联合募款支持与服务，线上宣传和募款，线下链接公益资源，并辅以多种公益活动开展募款及宣传，是一个融合了资金支持、募款协助、资源对接、能力培训的综合服务平台。童缘联劝计划重点支持在技能、教育、环保、心理、社区等领域开展针对少年儿童（18岁以下）的公益项目，同时也积极开通新浪微公益、腾讯公益、支付宝e公益平台等网络筹款渠道。自发布以来，童缘联劝已经支持了 58 家公益组织开展联合劝募，筹款额逐年增加。2013年，童缘资助中心联合 14 家 NGO 募款 99 万元，2014 年为 33 家和 293 万元，2015 年为 40 家和 671 万元。

（三）网络平台主导联合劝募型资助模式

网络平台主导的联合劝募型资助模式与上一个模式基本是类似的，都是以开放公募权为基础。但是由于淘宝、腾讯等第三方网络平台往往具有巨大的流量优势，因此在此资助模式中，网络平台往往起到主导作用，包括规则制定、资源对接、产品运营、技术支持、尽职调查、项目审计等方面。基金会则主要在公募权开放、项目和 NGO 的筛选和培训、项目过程控制等方面发挥作用。

例如，淘宝公益联合儿慈会等公募基金会于 2016 年正式启动"公益宝贝联合募捐计划"。通过淘宝"公益宝贝"筹款平台为广大不具有公募资格的 NGO 提供募款支持，并通过过程与结果管理提升 NGO 在项目设计与管理、资金预算与执行、文案创作与宣传以及网络筹款等方面的能力。2017年上半年，在儿慈会网络平台筹款 TOP10 项目中，公益宝贝联合募捐计划位于 9958 源爱计划和爱心家园之后，位列第三。

（四）准购买服务型资助模式

在童缘资助中心和网络平台联募筹款之外，儿慈会 9958 项目也开始探索资助之路。2016 年 6 月，儿慈会推出 9958 救助中心的首个资助型项目"9958 源爱计划"。"9958 源爱计划"致力于推动民间儿童医疗急救平台的发展和整合，旨在选拔出"意外伤害贫困儿童急救"领域中公益理念与时俱进、项目执行力强的公益组织。"9958 源爱计划"将为入选项目提供资金支持、资源拓展、战略指导、团队管理、品牌活动等多方面支持，第一期启动资助资金 200 万元。南阳市志愿者联合会、湖北恩施义工联合会和深圳慈善公益网等机构成为第一期获资助者，每家机构拨款 15 万元。

儿童安全是一项系统工程。9958 救助中心主要针对中期的筹款救治、医疗通道疏通环节，以便让孩子尽快得到治疗，但无法兼顾前期的安全预防知识普及以及后期的心理援建、心理疏导等服务。南阳市志愿者联合会和湖北恩施义工联合会侧重儿童安全教育倡导，深圳慈善公益网的优势是儿童心理援建。因此，"源爱计划"通过引入NGO来打通意外伤害困境儿童救助的纵向通道，弥补9958救助中心的短板。同时，上述三家机构之前多数都是9958资助中心的共同执行机构。从这两个意义上而言，"9958源爱计划"具有一些购买NGO服务的特征，称之为准购买服务型资助模式。

综上所述，在儿慈会的发展过程中，资金主导型资助模式正在成为过去式，准购买服务型资助模式的资助范围过于狭窄，与公募权相关联的两类联合劝募资助模式，包括童缘联劝计划和公益宝贝联合募捐计划，则是儿慈会主流的资助模式。下面将对童缘联劝计划和公益宝贝联合募捐计划的过程管理进行详细分析。

五 童缘联劝计划项目管理流程

本部分将详细展示童缘联劝计划的项目管理流程。儿慈会制定了《童缘联合劝募计划执行手册》，对童缘联劝项目管理做出了详细规定。相关管理流程如图2所示，由童缘资助中心主导。

1. 项目申请与审核

童缘联劝计划的目的是帮助民间公益组织进行项目筹款和公益宣传，整合社会资源以扶助有创造力和影响力的公益项目。童缘联劝计划重点支持技能、教育、环保、心理、社区等领域开展的针对少年儿童（18岁以下）的公益项目。通过加入童缘联劝计划，民间公益组织可以获得公开募捐机会、宣传推广支持以及培训交流支持。

申请加入童缘联劝计划的具体流程如下。

（1）项目初审：申请方发送项目计划书（含项目预算）至童缘资助中心电子邮箱，项目计划书不限定格式，由童缘资助中心判断项目领域与项目内容是否符合童缘联劝计划合作要求。

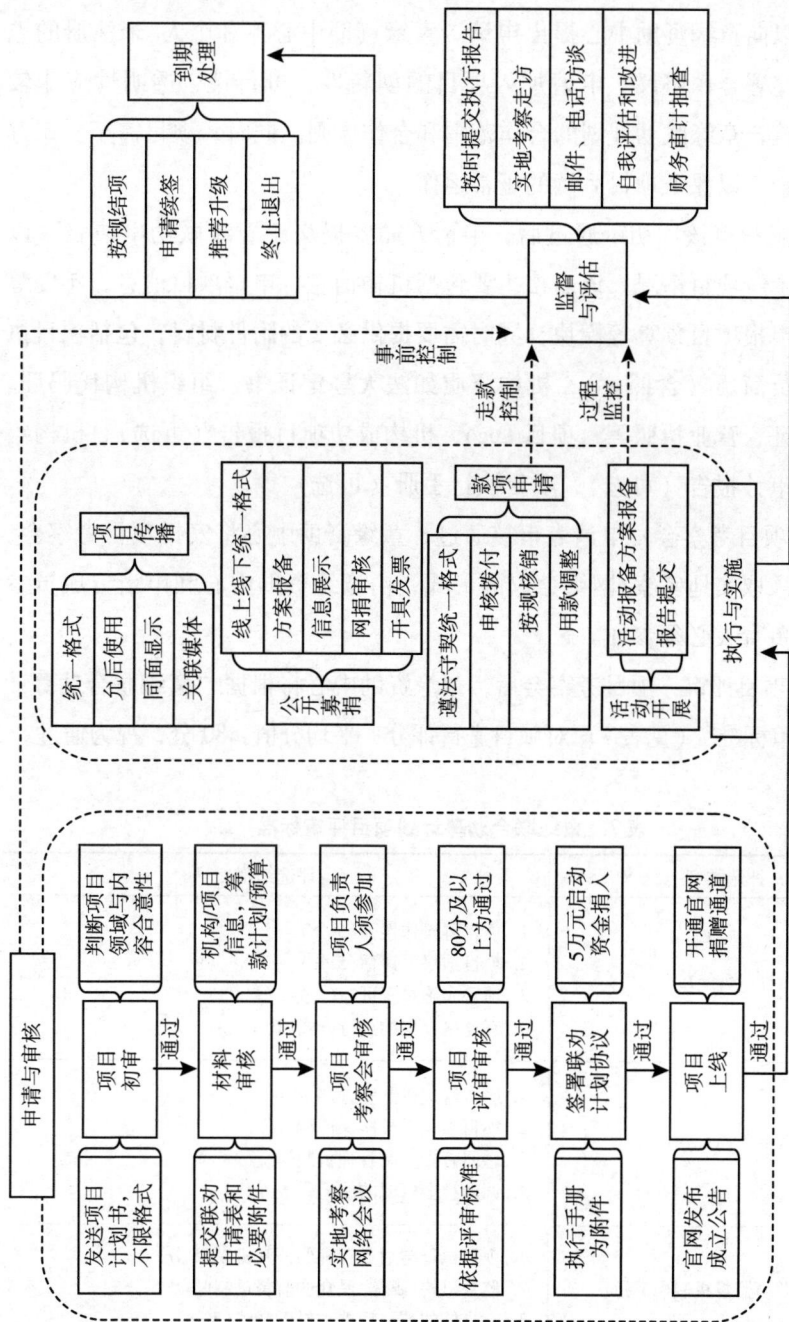

图 2 儿慈会联劝项目管理流程

资料来源：根据《童缘联合劝募计划执行手册》整理。

申请方应具备基本资质。凡在民政部门/工商部门登记注册的民间公益组织均可以向童缘资助中心提出申请。童缘资助中心不和个人/未注册的志愿者团队签署合作协议。申请加入项目的创新性、可行性、透明性应比较强，必须符合童缘联动计划的合作范围和合作原则。同时，项目需至少5万元启动资金，以保证项目后续的正常运作。

（2）材料审核：初审通过后，申请方需要提交"童缘联动申请表"以便进一步了解项目情况。该表格主要包括机构信息、申报项目信息、年度筹款计划、申报项目预算等模块，同时需要提供必要的附件材料，包括项目执行团队人员简历（含照片），机构资质如法人登记证书、组织机构代码证、税务登记证、营业执照等，项目Logo，机构成功项目报告（可选），机构年度报告或审计报告（可选），项目执行手册（可选）等。

（3）项目考察会：申请表审核通过，童缘资助中心将安排项目考察会，根据情况采取实地考察/网络会议的形式，由童缘资助中心和申请方成员参加，项目负责人必须参加。

（4）项目评审：项目考察会后，童缘资助中心将根据"童缘联合劝募计划项目评审标准"（见表7）对项目进行评分，平均分值≥80分，视为通过。

表7　童缘联合劝募计划项目评审标准

评选类别	评选细则
项目可行性(15分)	1. 项目可操作性强(5分) 2. 项目结果可评估(5分) 3. 项目实施过程可控(3分) 4. 有详尽具体的执行方案(2分)
项目执行能力(15分)	1. 团队管理机制完善(4分) 2. 项目参与人员能保证(4分) 3. 志愿者参与和管理机制健全(3分) 4. 调动社会资源的能力(4分)
透明公开与监督机制(15分)	1. 项目执行与财务管理的公开机制(5分) 2. 监督机构、媒体、民众的监督机制健全(5分) 3. 有良好的项目反馈和投诉系统(5分)

评选类别	评选细则
项目创意(20分)	1. 创意点鲜明(5分) 2. 能解决社会基本问题(10分) 3. 有新闻价值(5分)
项目可持续性(20分)	1. 项目可持续开展(5分) 2. 项目可复制和推广(5分) 3. 项目可以带动其他资源一起投入(5分) 4. 项目能建立良好的募捐渠道和社会参与(5分)
社会效应(15分)	1. 项目受益范围(4分) 2. 媒体参与度(4分) 3. 对民众有良好的影响和推动意义(4分) 4. 对政府政策、法律制定有良好的示范意义(3分)

（5）签署协议：双方签署《童缘联合劝募计划协议》，童缘联合劝募计划执行手册作为协议附件是协议有效组成部分。签署协议后，在协议规定的期限内，申请方将项目启动资金5万元捐入童缘资助中心账户，项目正式启动。合作方成为"童缘联劝伙伴"，双方合作的项目为"童缘联劝项目"（项目正式启动后根据需要可举办项目启动仪式）。

（6）项目上线：童缘资助中心在官网发布项目成立公告，并为童缘联劝项目开通项目官网捐赠通道。项目正式加入童缘资助中心，可以按协议要求开展项目募款及救助活动。

2. 项目执行与实施

童缘联劝协议期限为一年，协议期满根据项目执行情况，双方同意可续签。协议期内，合作伙伴可以开展推广传播、公开募款、申请资金、实施具体活动、开具捐赠发票等活动。

（1）项目传播。协议期间，所有童缘联劝项目名称对外保持格式一致，即"中华儿慈会童缘联劝项目——×××"，不能直接以"中华儿慈会某某项目"的名称出现。"中华儿慈会"或"童缘"名称和标识须经童缘资助中心书面同意后联劝项目方可使用，且与童缘联劝伙伴在同等页面或画面上显示。此外，童缘联劝项目可通过童缘资助中心及中华儿慈会自媒体和合作媒体进行宣传推广。

（2）公开募捐。童缘联劝项目可以多种方式开展公开募捐，包括在公共场所设置募捐箱，举办面向社会公众的义演、义卖、慈善晚会等，通过媒体发布募捐信息，等等。必须提前 20 天将募捐方案提交童缘资助中心，募捐方案包括募捐目的、起止时间和地域、活动负责人姓名和办公地址、接受捐赠方式、银行账户、受益人、募得款物用途、募捐成本、剩余财产的处理等。同时，应当在显著位置公布募捐组织名称、公开募捐资格证书、募捐方案、联系方式、募捐信息查询方法等信息。

需要注意的是，通过互联网开展公开募捐，须将项目文案提交给童缘资助中心审核，审核通过，由童缘资助中心提交给儿慈会平台运营部上线，项目上线后，童缘联劝伙伴须按项目计划和预算开展工作，并定期更新项目进展。

此外，童缘联劝伙伴须定期为捐赠人开具捐赠发票，开具流程如下：填写"捐赠发票开具模板"发送给童缘资助中心；发票开具后，童缘联劝伙伴可自取或由童缘资助中心邮寄；童缘联劝伙伴若需要为捐赠人发放感谢信/捐赠证书，可向童缘资助中心申请。

（3）款项申请。童缘联劝伙伴申请款项前，须向童缘资助中心提交"童缘联合劝募计划项目经费审批备案表"进行备案。申请款项时，须向童缘资助中心提交"童缘联合劝募计划项目拨款申请表"，审核通过后拨付款项。项目借款须在三个月内核销完毕，核销时须提供正规发票（要符合《童缘联合劝募计划项目款发票要求》）。若过期未核销，童缘资助中心将暂停所有项目款项的拨付，直到借款全部核销完毕为止。

（4）具体活动开展。开展活动要遵守法律法规，根据项目计划书和项目预算开展具体活动，严格按照《童缘联合劝募计划协议》要求使用项目资金，按时向童缘资助中心提交项目执行报告。项目款使用时，在资金总额不超出批准预算的前提下，童缘资助中心接受每个预算细项 15% 以内的调整。若超出，童缘联劝伙伴应该事先以书面形式向童缘资助中心提出申请，申请通过后方可进行调整。否则，童缘资助中心保留追回/暂停拨付款项的权利。

3. 项目监督与评估

童缘联劝项目的监督与评估主要包括如下方式。

（1）事前控制。在签署协议之前，通过严格把控项目领域与内容，以及初审、材料审核、考察会、评审会等一系列流程来对项目进行事前监督。

（2）走款控制，即财务监管。童缘联劝项目没有自己的财务权，其每一笔支出都需要童缘项目官员进行过付，从儿慈会财务申请款项和核销。

（3）过程监控。首先是签署协议之后的一系列合同、文件和流程能够起到相应的监督作用；其次是通过日常活动报备制进行监督，包括募捐、宣传、倡导等活动，严格执行民政部报备规定，最晚15天之前报备，大型活动儿慈会都会派人参加；再次是项目还需要定期提交项目执行报告，包括半年报告和年终报告；最后是童缘联劝伙伴需要定期在官方网站等自媒体平台公示项目进展、善款/物资的捐赠与支出情况，接受公众监督。

（4）考察访谈。童缘资助中心每年至少一次进行实地项目考察及不定期邮件、电话访谈。

（5）自我评估。童缘联劝伙伴在项目执行过程中应注意收集项目的相关数据，时时关注捐赠人和受助人对项目的满意程度，根据"童缘联合劝募计划项目评估指标一览"，从项目概况、直接受益情况、间接受益情况、救助情况、志愿者投入、资源整合等六个方面，开展自我评估和改进。

（6）财务审计。由于童缘联劝项目额度一般较小，财务审计（以及第三方评估）并未常态化开展。但儿慈会对所有童缘联劝项目保留财务审计抽查的权利。

上述各种监督方式中，事前控制、财务走款控制和过程监控是最主要的方式。

4. 到期处理

（1）结项：项目协议期满，童缘联劝伙伴可向童缘资助中心提出结项/续签申请。若结项，须核销所有借款，向童缘资助中心提交项目结项申请和项目结项报告（加盖童缘联劝机构公章），审核通过后，若有余款，双方确定余款使用用途，在规定期限内以直接报销的形式使用完毕，童缘资助中心关闭捐赠通道，在官网发出项目终止公告。

（2）续签：须向童缘资助中心发邮件说明，童缘资助中心审核通过后双方续签，续签条件为童缘联劝项目账户余款不低于5万元。

（3）推荐升级：童缘联劝项目结项后，根据余款情况，可由童缘资助中心向项目管理总部推荐，按合作项目/专项基金设立流程提交立项申请，成为中华儿慈会合作项目（余款≥20万元）或者专项基金（余款≥100万元）。

（4）终止：如果童缘联劝项目在协议期内出现异常情况，童缘资助中心可以单方面终止协议，童缘联劝伙伴和童缘资助中心协商确定已募集资金的使用。异常情况包括：使用除儿慈会以外的账户以儿慈会/童缘名义进行募捐，未能根据协议要求使用资金，项目执行计划发生重大改变而未经童缘资助中心同意，项目启动两个月内未开展具体的救助与募款活动，提交虚假内容的项目执行报告/财务报告/原始单据，拒绝配合财务审计，项目活动质量异常低下，机构/项目人员做出严重危害自身机构、儿慈会或社会公德的行为或向外界发表恶意中伤儿慈会的言论，机构/项目人员以儿慈会或"童缘"名义从事商业活动及接受个人金钱及物资赠送，项目地区不安全或存在其他使项目不能实施的外在因素。

六 公益宝贝联合募捐计划管理流程

淘宝公益联合儿慈会等三家公募基金会于2016年正式启动"公益宝贝联合募捐计划"，通过"公益宝贝"① 筹款平台（以下简称"公益宝贝"）为非公募类公益组织的公益项目提供募款支持。其中，淘宝负责提供公益宝贝产品运营和技术支持，儿慈会负责发掘和优选公益项目，协助制订网络筹

---

① 公益宝贝是指淘宝网上带有♥标志的宝贝。卖家在上架宝贝的时候自愿参与公益宝贝计划并设置一定的捐赠比例或额度，在宝贝成交之后，会捐赠一定数目的金额给指定的公益项目，用于相关公益事业。

款计划和目标，并组织评审会进行项目评审。评审通过的项目阿里巴巴会安排第三方机构，对发布筹款需求的公益机构进行尽职调查，通过之后项目就可进入公益宝贝平台开展筹款工作。具体流程如图3所示。

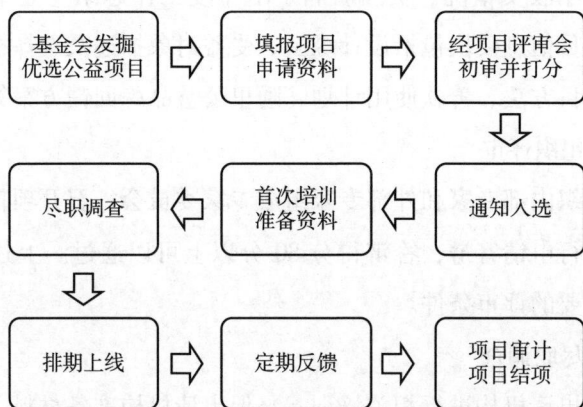

```
┌──────────┐      ┌──────────┐      ┌──────────┐
│ 基金会发掘 │ ⇒    │ 填报项目   │ ⇒    │ 经项目评审会│
│ 优选公益项目│      │ 申请资料   │      │ 初审并打分  │
└──────────┘      └──────────┘      └──────────┘
                                          ⇓
┌──────────┐      ┌──────────┐      ┌──────────┐
│ 尽职调查   │ ⇐    │ 首次培训   │ ⇐    │ 通知入选   │
│          │      │ 准备资料   │      │          │
└──────────┘      └──────────┘      └──────────┘
     ⇓
┌──────────┐      ┌──────────┐      ┌──────────┐
│ 排期上线   │ ⇒    │ 定期反馈   │ ⇒    │ 项目审计   │
│          │      │          │      │ 项目结项   │
└──────────┘      └──────────┘      └──────────┘
```

图3　儿慈会公益宝贝联合募捐计划工作流程

1. 公益组织申报

公益组织的申报条件如下：资质齐备（机构登记注册证、税务登记证、组织机构代码证、发票购领簿），有经验从事所申请的项目；项目合法、合理，有公益性（儿童项目）；项目设计符合网络筹款特性；筹款目标选择限时筹款或限额筹款；项目管理费用、运营成本合理，受众面广；同一标的不可向不同捐赠方或平台重复申请资助；如涉及向海外机构捐赠，需要有合理的风险监管把控方案；能够接受淘宝委派的第三方评估机构的尽职调查，以及儿慈会的财务审计；为便于公益宝贝的页面设置及与卖家的沟通，公益项目需注册有本机构的淘宝公益网店，并且工作日客服在线时间不少于八小时；儿慈会自主运营项目、所有的专项基金，以及其他具有公募资质的公益机构发起的公益项目，不可入选。

公益组织需要签署《公益宝贝声明书》，并提交"公益宝贝捐助方向公益项目申请表"。《公益宝贝声明书》，内容涵盖信息公开、社会监督、善款使用进度、尽职调查、第三方审计、项目清退、善款托管等方面。例如，声明书中提出，"筹款接受后半年，公益项目的支出应该达到该项目募款总额的70%"。"公益宝贝捐助方向公益项目申请表"包括组织基本信息、项目信息、项目执行团队、反馈承诺等模块，还要提交项目宣传图片、媒体报道列表、过去三年收支情况、资质材料、上年度工作总结、上年度财务报告等。其中，项目信息模块包括设计缘由、受益对象描述及选择机制、项目目标和理念、项目方法、善款使用计划、阿里公益品牌回馈方案等内容。

2. 基金会组织评审

儿慈会组织内部专家和外部专家组成专家委员会，召开项目评审会，公益组织需要进行申请答辩，答辩得分80分以上可以通过。上述申报条件同时也构成了主要的评审条件。

3. 第三方尽职调查

儿慈会对申请机构进行相关培训，督促申请机构准备材料，淘宝指派第三方机构对公益项目发起方的资质和公益项目运营能力进行尽职调查，并反馈结果。

4. 上线募款与拨款

尽职调查通过后，签署《淘宝公益宝贝联合募捐计划合作协议》，儿慈会设立专项账户进行所募资金管理，帮助申请机构完成项目上线，上线表单材料如表8所示。

表8　公益宝贝上线表单材料

公益项目名称	
筹款目标	□限时筹款，截至年月日□限额筹款(万元)
公募支付宝	必须是公募基金会的支付宝账号
网店宝贝链接	用于"直接捐赠"的链接，必须是公募基金会网店里的宝贝
项目介绍链接	发布于 gongyi. bbs. taobao. com，项目介绍帖
项目介绍	不超过140字，项目描述中必须含有"项目由×××机构实施执行"字样

项目拨款分为三个阶段。

（1）项目前期30%：项目上线后，筹款额满预算金额的30%时，第一次拨款预算金额的 30%，打入 NGO 账户里。需要填写项目拨款申请表。

（2）项目中期 60%：筹款额满预算金额的 100% 时，第二次拨款预算金额的 60%。需要提交项目中期报告并审核通过，以及项目通过第三方审计。中期报告主要汇报项目实施进展、问题与改进计划、本阶段财务状况等内容。

（3）项目结项 10%：第三次拨款预算金额的 10%。有三个前提条件：提交项目结项报告并审核通过；再一次进行第三方审计及评估且通过；按时每月提交项目进展报告。结项报告包括项目综述、项目活动评估、项目管理、成果展示以及财务支出报表等内容。每一次拨款时预留 5% 作为管理费用。

5. 执行与定期反馈

执行机构要依据项目计划和预算认真开展活动，同时要定期（每月）反馈项目进展情况，具体包括：捐赠额度、捐赠次数、捐赠商家数量基本统计（包括月度统计和日均统计）、捐赠额度和捐赠次数相对较多的商家名单，以及项目具体进展和动态。[1] 项目执行过程中，要利用自媒体（官网、微信、微博等）进行项目传播，并且须明确标识"阿里巴巴公益及淘宝天猫爱心商家"进行传播。

6. 项目结项

项目执行完毕后，除向儿慈会平台运营部提交结项报告外，儿慈会将对项目进行财务审计，淘宝将指派第三方机构对项目的审计结果进行审核和确认。

七　总结与思考

1. 进阶资助体系助推 NGO 成长

儿慈会规定，童缘联劝项目在协议期结束后，根据余款情况可由童缘资助中心推荐，童缘联劝伙伴向儿慈会项目管理总部申请成为儿慈会合作项目

---

[1]　参见《"公益宝贝"彩虹之家特殊儿童艺术疗育项目 2017 年 6 月项目反馈》，淘宝论坛，2017 年 7 月 14 日，https：//gongyi. bbs. taobao. com/detail. html？spm = a210m. 7763730. 0. 0. 18 d6e29888tWLa&postId = 7875418，最后访问日期：2017 年 8 月 20 日。

（余款≥20 万元）或者专项基金（余款 ≥100 万元）。实际上，儿慈会童缘项目、合作项目、专项基金这样的产品布局，呈现了显著的"进阶资助"特征，如图 4 所示。

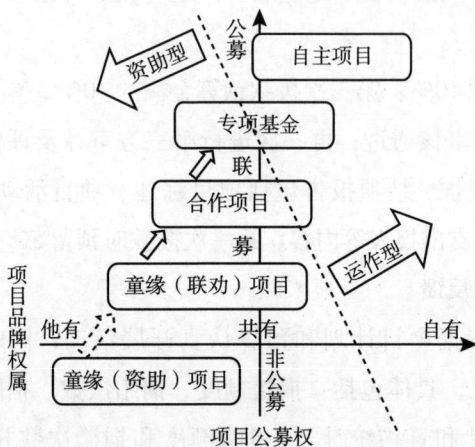

图 4 儿慈会项目体系及进阶资助模式

从童缘联劝项目到合作项目，再到专项基金，公募权的让渡力度逐渐加大。童缘联劝项目中，合作 NGO 获得了最基本的公募渠道，但财务权基本没有，所有款项都要童缘项目官员过付。合作项目和专项基金则更进一步，有了分账户，具有了一定的财务权。只要额度不高（合作项目 3 万元以下，专项基金 5 万元以下），符合自己的立项领域，可直接签字，财务部直接拨款，不需要再通过项目部。相应的，NGO 的实力也逐级提升，组织逐步成长。①

合作项目本身就来源于童缘项目：

合作项目最初就是从童缘联劝开始的。有些童缘资助项目非常优秀，已有一定区域募款能力，但缺乏有公信力的账号或渠道，资助结束

_____

① 当然这个过程中，NGO 也向儿慈会让渡了部分的项目品牌的所有权，如图 4 中横坐标所示。

之后停掉非常可惜。于是一些优秀的童缘项目提出能否在儿慈会立个项目，但是没有那么多钱，立不了专项基金。于是就有了合作项目，门槛20万元（当时童缘的上限）。①

甚至：

> 这几年我们基本上有一半的项目都是从（童缘）资助项目一步一步走来的。例如新一千零一夜（合作项目）、太阳村（专项基金，目前年筹款1000万元）、星星雨（专项基金，目前年筹款200万元）等。②

通过进阶资助助推NGO成长，被儿慈会视为最引以为傲的事情：

> 当时很多NGO特别愿意加入童缘联劝，（童缘联劝）是很受欢迎的。但是现在很多项目很快就可以募集到20万元，所以就慢慢成长为合作项目，也有很多项目募集到100万元我们就把它变成专项基金。项目在我们平台上的这种成长，是现在儿慈会最重要的领域，也就是培植NGO，从只是管基金会要钱，到慢慢知道怎么去募款，到慢慢募到更多的款这么一个整个儿的转变过程。而基金会在里面起到的最重要的作用就是把平台搭得非常完整。③

2. 财务控制为最主要的监管手段

基金会如何实施有效控制是资助型项目的核心问题。在这个方面，儿慈会主要采取的是财务控制的办法。

在联合劝募型项目中，募集的所有款项都要进入儿慈会的财务账户，NGO并没有独立的财务权。童缘联劝计划项目的每一笔用款都需要童缘项

---

① 来自课题组对儿慈会的访谈记录，访谈日期：2017年8月1日。
② 来自课题组对儿慈会的访谈记录，访谈日期：2017年8月1日。
③ 来自课题组对儿慈会的访谈记录，访谈日期：2017年8月1日。

目官员去过付。即使童缘联劝计划项目升级为合作项目和专项基金，也只是在儿慈会财务账户下设立子账户，可以拥有 3 万~5 万元的资金使用权（自行签字即可申请用款，财务部直接拨款，不需要再通过项目部），但仍然需要从儿慈会的财务走账。也就是说，NGO 花的每一分钱都要从儿慈会财务上走账。如果是大额用款，还有更严格的用款审批流程。项目相关的出款、项目报告核算、项目审计等职能都在财务部。

在财务控制之外，儿慈会还辅以事前的法务程序控制和事中的日常活动报备控制。首先，项目正式确立之前的法务程序，包括签署相关协议、文件、合同等，均由项目管理总部严格把控。其次，是项目的日常活动报备制，包括募捐、宣传、倡导等活动，严格执行相关报备规定，按时提交活动报告。

财务控制能够成为主要的项目控制手段，有两个原因。第一，如前所述，所有募集资金均进入儿慈会的财务账户，用款也都要经由儿慈会财务过付，这实质上是 NGO 出让了对预期所募善款的独立财务权以换取公募渠道，因而财务控制在联合劝募型资助模式中具有天然优势。第二，儿慈会的主要领域为困境儿童救助，所资助 NGO 的项目内容相对简单，资金用途相对具体，效果观察相对容易，对于太复杂和高耗费的事中控制和事后控制并不是特别契合。

浙江敦和基金会

——有情怀的聚焦型资助基金会案例

摘　要：　浙江敦和慈善基金会是一家特色鲜明的非公募基金会。比较
　　　　　而言，敦和基金会是真正意义的资助型基金会，自己不运作
　　　　　项目。敦和基金会聚焦国学传承领域，主要采取资金主导型
　　　　　资助模式支持公益组织发展。基于长期发展视角下的可持续
　　　　　资助理念和情怀，敦和基金会摸索出包括项目设计与开发、
　　　　　项目信息发布与申请、项目受理评审与签订合同、项目监测
　　　　　与评估等在内的一套较为完整的项目开发和管理模式。本案
　　　　　例着重对此进行分析，以期为那些定位为资助型的基金会提
　　　　　供借鉴和参考。

关键词：　资助型基金会　聚焦型资助　可持续资助　情怀　项目设计

　　近年来中国基金会的数量和资产增长较快，截至 2017 年 7 月 27 日，中国基金会数量已经达到 6067 家，基金会净资产在 2016 年底达到 1319 亿元。但是，中国基金会行业的发展无论是从数量上还是资金量上都还远远不足，难以匹配公益行业乃至整个经济社会领域的发展需求，尤其是资助型基金会数量太少，其在公益领域的支柱性作用尚未充分体现。①

　　浙江敦和慈善基金会（以下简称"敦和基金会"）是一家特色鲜明的资助型基金会。在公益行业内，从事扶贫、济困、医疗、环保等领域的机构不

---

① 《贾西津：基金会就应该是给钱的，未来会更纯粹》，善达网，2017 年 8 月 2 日，http：//www.shanda960.com/shandaguan/article/12293，最后访问日期：2017 年 8 月 6 日。

胜枚举，但聚焦国学传承领域的基金会却极为罕见。敦和基金会在这方面做出了有益的尝试。本报告对敦和基金会发展过程、为何要做资助型基金会、如何选择资助对象、怎样进行项目的全过程管理等方面进行分析，在总结经验的同时为其他基金会提供借鉴和参考。

一 基金会简介

敦和基金会为地方性非公募基金会，2012 年 5 月成立，由敦和资产管理有限公司董事长叶庆均发起，原始基金数额为人民币 2000 万元，业务主管单位为浙江省民政厅。敦和基金会是一家资助型基金会，以"弘扬中华文化，促进人类和谐"为使命，秉持"尊道贵德"的价值观，在国学传承、慈善文化、公益支持三大领域开展资助；以国学传承为中心，国学引领公益，公益贯彻国学；各资助领域相互支持，协同发展，相得益彰。

成立至今，敦和基金会先后运作实施"种子基金"、"活水计划"、"优才计划"、"竹林计划"、"敦和雅集"、"全球华人国学大典"、共建北京师范大学跨文化研究院等品牌项目，先后联合发起成立中国资助者圆桌论坛、中国公益筹款人联盟、深圳国际公益学院，并与国内一流院校、优秀学者合作开展文化、公益等领域的学术研究，先后举办"道·医生命科学峰会"、首届公共智慧与社会发展阳光论坛、首届中国跨语际生命传播思想峰会、中国慈善文化论坛等。

这些项目既支持了中国文化公益慈善事业的发展，也形成了敦和基金会在业界的独特声誉和机构形象。敦和基金会先后获评"2015 中国基金会评价榜 – 金桔奖"国内基金会第 3 名、"责任中国"公益盛典公益组织奖、第十三届中国慈善榜（2016）非公募基金会 TOP15。

二 战略聚焦过程

敦和基金会的资助领域非常独特，主要聚焦在国学传承、公益支持以及两者交叉的慈善文化三大公益领域，且逐渐明确以国学传承为中心。具体而言，即以国学引领公益，以公益贯彻国学；资助焦点锁定文化领域，即弘扬国学；次焦点为国学与公益的重叠区域，即慈善文化；同时兼顾公益领域即公益支持。

敦和基金会上述资助战略是在不断地探索和沉淀的过程中逐渐明确的。成立初期的前两年是学习和探索阶段。发起敦和基金会是发起人回馈社会、热心公益的一种选择。但对于敦和基金会应该做什么、怎么做并不特别清楚。敦和基金会当时积极走访国内比较知名的同行如南都基金会、基金会中心网等，了解行业基本情况和实践运作，了解到公益行业基础建设特别是处于上游的资助型基金会非常缺乏，因此2013年初敦和基金会明确定位为资助型基金会。但当时的资助非常具有开放性，领域基本没有设限，教育、环保等各个领域的各类项目都有，绝大多数都属于公益支持领域。

进入2014年和2015年，敦和基金会的战略逐渐明确，资助领域逐渐聚焦。这主要受几个因素的影响。第一，经过了解和总结前期运行情况，敦和基金会认为与其"撒胡椒面"式资助很多项目，不如把资金交给同行（其他基金会和社会组织），让他们能够更安心地做事情，能够更好地发挥资金的效益，也有利于完善行业链条和生态；第二，上述做法非常符合发起人"有限资金发挥最大效益"的资金使用惯性；第三，发起人源于自身经历和思考对传统文化有较强的偏好，认为单纯从外围入手无法根本性解决社会问题，只有通过文化改变人的理念进而改变人的行为才是解决社会问题的必然和根本之道。文化为本，公益为用，二者相辅相成。文化是精深的公益项目，公益项目彰显着文化的使命。由此，2014年3月敦和基金会明确公益行业支持以及中华文化传承为基金会的两个资助方向。

2015年6月，敦和基金会进一步明确了战略规划，提出了"尊道贵德"的价值观，以及"弘扬中华文化，促进人类和谐"的使命，在国学传承和公益支持两个领域的基础上，开始探索并开辟慈善文化领域。在慈善文化领域，一方面，通过论坛、研究、培训等项目形式，去支持公益文化领域的专家学者和研究机构，加强基础理论研究和实证深入研究，深度挖掘前沿科学与传统文化研究；另一方面，倡导公益伦理、规则和文化，提升公益从业者的身心修养和价值自信，为公益行业的发展提供思想动力和文化支持，实现传统文化和现代公益的融合贯通。经过半年多的探索，到 2016 年初，慈善文化领域相关项目逐渐成形，三大资助领域得以确立。

目前，敦和基金会的资助战略还在微调过程中，一方面，加强项目开发力度，继续探索和扩大国学传承、慈善文化领域的资助实践；另一方面，结合项目周期逐步缩小公益支持的体量，逐渐形成"一体（国学传承）两翼（慈善文化和公益支持）"的资助格局，助力敦和基金会朝着"百年基金会"的目标稳步前进。

三 资助项目概况

2013 年敦和基金会资助项目 31 个，资助总额 936.87 万元；2014 年资助总额已达 9447 万元；2015 年共资助项目 123 个（国学传承类项目 28 个，公益支持类项目 95 个），项目审批金额为 128163177 元，2015 年已经拨付项目资金 98025862 元。截至 2017 年 4 月 30 日，敦和基金会共资助项目 370 个，资助金额达 3.472 亿元。其中国学传承项目 71 个，慈善文化项目 27 个，公益支持项目 272 个。① 2016 年敦和基金会资助的部分项目如表 1 所示。

表 1 基金会 2016 年部分资助项目及合作机构统计

序号	项目名称	合作伙伴
1	人类阴阳观念与太极图全球比较研究	厦门科尔信电子科技有限公司
2	儒家文化复新系列研究(第四期)	公域合力管理咨询(北京)有限责任公司
3	绍兴市上虞区永和镇乐和家园建设项目	北京地球村环境教育中心
4	侠友太极书院书籍出版	北京侠友心舍文化艺术交流中心

---

① 《敦和基金会五周年：资助 370 个项目 3.47 亿元》，新华网，2017 年 5 月 8 日，http://news.xinhuanet.com/gongyi/2017-05/08/c_129594767.htm，最后访问日期：2017 年 8 月 6 日。

序号	项目名称	合作伙伴
5	《对称论(精缩版)》出版印刷项目	湖南泰铭印刷包装有限公司
6	昆曲艺术传承	江苏省苏州昆剧院
7	古典通识教育公益课程	上海杨浦区同兴古典文化书院
8	章黄国学微信公众平台建设	北京华鼎书院文化发展有限公司
9	贫困及留守儿童国学教育	武威市明德传统文化推广中心
10	中国首届国际道教文化前沿论坛	岳阳市道教协会
11	汉传佛经传译国际学术研讨会	中国敦煌石窟保护研究基金会
12	青少年儒学大使孵化工程	南通市北濠东村社区孔子思想研习社
13	家·春秋——口述历史计划第三季	北京市永源公益基金会
14	多元文化系统集成研究与应用图册出版	北京信达安教育科技有限公司
15	儒学与社会建设研究平台	北京洪道堂文化发展有限公司
16	儒家网媒体平台运营	南通市北濠东村社区孔子思想研习社
17	中国文化遗产友好使者行动2016	兰州文化使者文化交流中心
18	心物理学重大理论研究	北京和合安华咨询服务有限公司
19	爷爷奶奶一堂课	成都市和川公益发展中心
20	北京大学公共传播与社会发展研究中心机构支持	北京大学公共传播与社会发展研究中心
21	"六艺"社区教育课程开发	北京地球村环境教育中心
22	初九学舍机构建设	梁溪区同人教育咨询工作室
23	第六届生命物理学论坛	中国女医师协会
24	传统文化师资培育	广东省蓝态幸福文化公益基金会
25	益童学社区传统文化推广计划	合肥市庐阳区益童学文化发展中心
26	凤凰网"致敬国学:全球华人国学大典"	北京天盈九州网络技术有限公司
27	共建北京师范大学跨文化研究院	北京师范大学教育基金会
28	2016敦和种子基金计划	20家传统文化类公益组织
29	中国基金会研究基础数据库	合肥市华益儿童服务中心
30	社会组织人力资源开发与管理研究	首都师范大学
31	慈善蓝皮书2016撰写和出版	无锡灵山慈善基金会
32	2016年世界智慧日论坛	北京妙吉祥传统文化传播中心
33	公益线上资料库(益库)	北京公旻汇咨询公司
34	中国传统公益探索与发现	北京市丰台区源头爱好者环境研究所
35	中国青年慈善学人2016"敦和·竹林计划"	中国慈善联合会
36	"慈善与商业"——第九次中华慈善百人论坛	宁波鄞州银行公益基金会
37	中国慈善文化论坛(2016)	中国慈善联合会
38	《中国第三部门研究(第11卷、第12卷)》出版	上海交通大学
39	NGO 2.0新媒体工作坊及整体推广支持	深圳市图鸥公益事业发展中心

序号	项目名称	合作伙伴
40	心舒抑郁症防治系统	上海心舒网络科技有限公司
41	社创之星 2016 年度支持	创见（北京）文化传播有限公司
42	社会企业无息贷款项目——成都花甲年华	成都花甲年华老年人护理服务有限公司
43	孙冶方经济科学奖及研究交流项目	孙冶方经济科学基金会
44	绍兴市上虞区永和镇项家桥村春节慰老	上虞区永和镇项家桥村股份经济合作社
45	2016 中国公益筹款人联盟	北京瑞森德管理顾问有限公司
46	北京市银杏公益基金会	北京市银杏公益基金会
47	上海交大金融投资校友专项发展基金	上海交通大学教育发展基金会
48	中国社会企业与社会投资论坛项目	上海市浦东新区实践管理研究会
49	修远基金会文化纵横杂志	北京修远经济与社会研究基金会
50	2016 活水计划·浙江	杭州市上城区博信公益发展服务中心
51	2016 杭二中敦和奖	浙江省杭州第二中学
52	2016～2017 年度桥畔计划	北京市西部阳光农村发展基金会
53	小云助贫机构发展支持	勐腊小云助贫中心
54	功臣关爱远征英雄	北京志远功臣关爱基金会
55	敦和社会影响力投资线下评审咨询会	上海聚善助残公益发展中心
56	2016～2017 年度敦和社会投资运作	上海聚善助残公益发展中心
57	2016 劲草公益优才计划	北京市企业家环保基金会
58	2016 年度北京尚善公益基金会发展计划	北京尚善公益基金会
59	2016 杭州市上城区教育发展项目	杭州市上城区教育发展基金会
60	童秋凤肝移植救助项目	淳安县慈善总会
61	合木创新平台计划	广州市恭明社会组织发展中心
62	抱朴泽惠东村道路修缮项目	宁波市鄞州区横街镇东村股份经济合作社
63	海豚公益心理热线	杭州滴水公益服务中心
64	《基金资助工作基础指导大全》翻译出版	福建省正荣公益基金会
65	入学集结号	北京市西城区我们的家园残疾人服务中心
66	2017 年互联网思想者大会	北京财讯智达广告有限公司
67	浙江省慈善联合会成立注资	浙江省慈善联合会
68	博雅图书室项目	深圳市博雅文化研究基金会

（一）国学传承领域

2015 年敦和基金会确定以弘扬和践行中华优秀传统文化为主要业务方向的发展战略，聚焦于国学传承领域开展资助工作，致力于加强对中华文化源头及本质的传承与探索，以现代创新方法解读、传播国学经典，深度挖掘前沿科学与传统文化研究，以各种生动活泼的应用体验来切实推动国学传承。例如，2016 年，遵循"探源性挖掘、传播性弘扬、原创性研究、体悟性实践"这四个方向性战略部署，敦和基金会持续、深入资助国学领域，通过与凤凰网、岳麓书院联合主办"致敬国学：第二届全球华人国学大典"，以"互联网＋国学"的传播方式，推动国学研究与传播的健康发展；通过与北京师范大学共同创建北京师范大学跨文化研究院，以中国文化为母体，与国际学术界合作，与东西方其他一流高校的汉学机构合作，共同推动世界跨文化对话系统的建立。

"致敬国学：第二届全球华人国学大典"这一大型文化公益推广活动以"致敬国学、亲近国学、重建斯文"为主题，开展论坛、峰会、国乐节、颁奖盛典等系列活动，同时通过视频、图文直播方式，与网友进行分享互动，为全球华人呈现国学思想盛宴。经过四个多月的提名和评选，2016 年 10 月 29 日晚，"致敬国学：第二届全球华人国学大典"颁奖盛典在湖南大学礼堂举行，现场揭晓了全球华人国学终身成就奖、国学成果奖、国学传播奖三大类 37 个奖项。

（二）慈善文化领域

在弘扬和践行中华优秀传统文化的同时，敦和基金会探索如何用传统文化来更好地促进公益慈善事业的发展。2016 年初，敦和基金会开拓了慈善文化领域的资助项目，基于中国传统文化的价值观，促进本土话语体系、理论研究乃至应用工具开发。通过论坛、研究、课程等项目形式，支持公益文化领域的专家学者、智库和学术新秀，加强基础理论研究和实证深入研究，倡导公益伦理、规则和文化，提升公益价值自信和专业能力，为公益行业的发展提供源源不竭的动力。为此，敦和基金会与合作伙伴相继推出了"中国传统公益探索与发现"项目、资助公益慈善青年学人的"竹林计划"、"中国传统文化与公益理念的发展趋势研究"等精品项目，让传统文化为现代慈善插上隐形的翅膀。

"敦和·竹林计划"旨在支持我国青年学术人才开展慈善理论与实践研究，包括研究成果奖励计划、研究项目资助计划、研究成果出版资助计划、国际会议支持计划四部分。全国40岁以下的青年学人包括高等学校、研究机构的在校硕士生、博士生、学者以及符合条件的慈善组织从业者、媒体从业者等均可申请，在海外学习或工作的中国青年学人亦可申请。经过专家评审委员会的严格筛选和评定，迄今为止，"竹林计划2016"已对25篇慈善研究成果给予了奖励，并资助了60名青年学人开展慈善课题研究，资金投入近百万元。"竹林计划"从研究到参加会议到成果出版、成果奖励、搭建交流平台，全方位支持。

（三）公益支持领域

敦和基金会成立的五年来，资助时间最久、项目数量最多的还是公益支持领域的项目。敦和基金会尊重每一个项目的特征、意义，不局限于资助项目本身，而是把资助理念融入每一个项目设计，用资源的杠杆效应最大化地推动社会进步。针对公益机构专业人才缺乏的问题，实施了"公益优才计划"，通过资助设立专才专岗等形式，帮助成长期公益组织吸引并留住专业人才，提高机构职业化和专业化程度；针对很多初创期的社区公益组织资金来源单一的问题，推出"活水计划"，旨在助其解决机构发展费用不足的难题，促进其关注并实现机构收入来源多元化，助力初创社区公益组织健康发展。

"敦和公益优才计划"由敦和基金会发起，北京市银杏公益基金会、深圳壹基金公益基金会、北京市企业家环保基金会、成都市慈善总会、北京市西部阳光农村发展基金会共同执行。瞄准成长期公益组织的普遍发展短板，面向传播、筹款等专业方向，通过资助设立专才专岗等形式提供支持。2016年，"敦和公益优才计划"注重对业务和团队的梳理，通过五家枢纽机构支持了69家公益组织招聘优才专岗。

"敦和公益活水计划"（浙江项目称"活水计划·浙江"）由敦和基金会发起，博信公益共同执行。立足浙江，面向初创期公益组织，提供10

万元以内的非限定性资金支持，组织培训交流、游学参访等能力建设活动，推动浙江公益发展，促进社会进步。2016 年，在引导公益组织关注筹款多元化的基础之上，项目进一步清晰了资助策略和目标对象，强调公益组织的社会问题导向，并尝试针对受助机构实际需求提供能力建设支持，如搭建互助网络、组织线下工作坊、举办台湾公益游学等，帮助入选机构开阔视野、增强横向交流和自我反思，以促进其更好地开展社会服务。截至 2016 年 12 月 31 日，2016～2017 年度"活水计划·浙江"拟资助总额 70 万元，其中与 8 家公益组织确定合作，与 2 家公益组织达成合作意向。

四 基金会资助项目的开发与管理模式

经过几年的不断探索和调整，敦和基金会摸索出了一条较为完整的项目开发和管理模式，其主要管理过程包括项目设计与开发—项目组初审—秘书处中审—项目组实地调研—专家评委会终审—信息发布—流程立项、合同签订、拨款—动态走访—阶段性跟进及拨款—项目评估、结项、信息披露等，如图 1 所示。

（一）项目设计与开发

项目设计与开发是最能体现基金会思想和特色的地方之一。首先，项目的研发设计要体现基金会的核心思想，符合基金会的战略领域。例如，敦和基金会 2015 年发展战略明确提出开辟慈善文化资助领域之后，经过半年多的积极摸索、讨论、调研，"敦和·竹林计划"被开发出来，支持我国青年学术人才开展慈善理论与实践研究，并设定慈善文化方向项目数量的最低比例。

其次，项目官员在项目开发与设计中起到最重要的作用。项目官员与实践一线接触较多，对社会问题和社会需求的敏锐度和判断力相对突出，所以原始的项目创意一般来自项目官员。而后项目官员可以继续走访专家学者以及实践

```
                              基金会思想&资助战略
                                      │
        ┌──────────────┬──────────────┼──────────────┬──────────────┐
        │              │              │              │              │
   ┌─────────┐   ┌──────────┐   ┌─────────┐   ┌─────────┐   ┌─────────┐
   │申请人    │   │项目官员   │   │基金会    │   │寻找合适  │   │联合发起  │
   │自由申请  │   │产生创意   │   │自主开发  │   │承接机构  │   │或合作    │
   │         │   ├──────────┤   │         │   ├─────────┤   │         │
   │         │   │走访学界   │   │         │   │内部论证  │   │         │
   │         │   │业界专家   │   │         │   │与决策    │   │         │
   └─────────┘   └──────────┘   └─────────┘   └─────────┘   └─────────┘
                                      │
                 ┌──────────┐   ┌─────────┐
                 │猎寻/推荐/ │   │发布项目  │
                 │申报       │   │招募公告  │
                 └──────────┘   └─────────┘
                                      │
                 ┌──────────┐   ┌─────────┐   ┌─────────┐
                 │组织信息   │   │资料      │   │申请书    │
                 │项目计划   │   │初评      │   │4.0版     │
                 │财务预算   │   │         │   │         │
                 └──────────┘   └─────────┘   └─────────┘
                                   通过
                 ┌──────────┐   ┌─────────┐
                 │实地调研   │   │中期评审  │
                 └──────────┘   └─────────┘
                   通过            通过
                                      │
                 ┌──────────┐   ┌─────────┐
                 │专家评委会 │ → │对外公布  │
                 │终审       │   │评审结果  │
                 └──────────┘   └─────────┘
                   通过            通过
                                      │
                              ┌─────────┐
                              │签署协议  │
                              │首次拨款  │
                              │评审      │
                              └─────────┘
                                      │
                              ┌─────────┐   ┌─────────┐
                              │阶段性    │   │项目阶段  │
                              │拨款跟进  │   │总结汇报  │
                              │         │   ├─────────┤
                              │         │   │下一步    │
                              │         │   │优化计划  │
                              └─────────┘   └─────────┘
                 ┌──────────┐                ┌─────────┐
                 │动态       │   达成合意     │基金会    │
                 │走访       │                │参与意见  │
                 └──────────┘                └─────────┘
                              ┌─────────┐
                              │继续拨款  │
                              └─────────┘
                                      │
                              ┌─────────┐
                              │结项/评估 │
                              │信息披露  │
                              └─────────┘
```

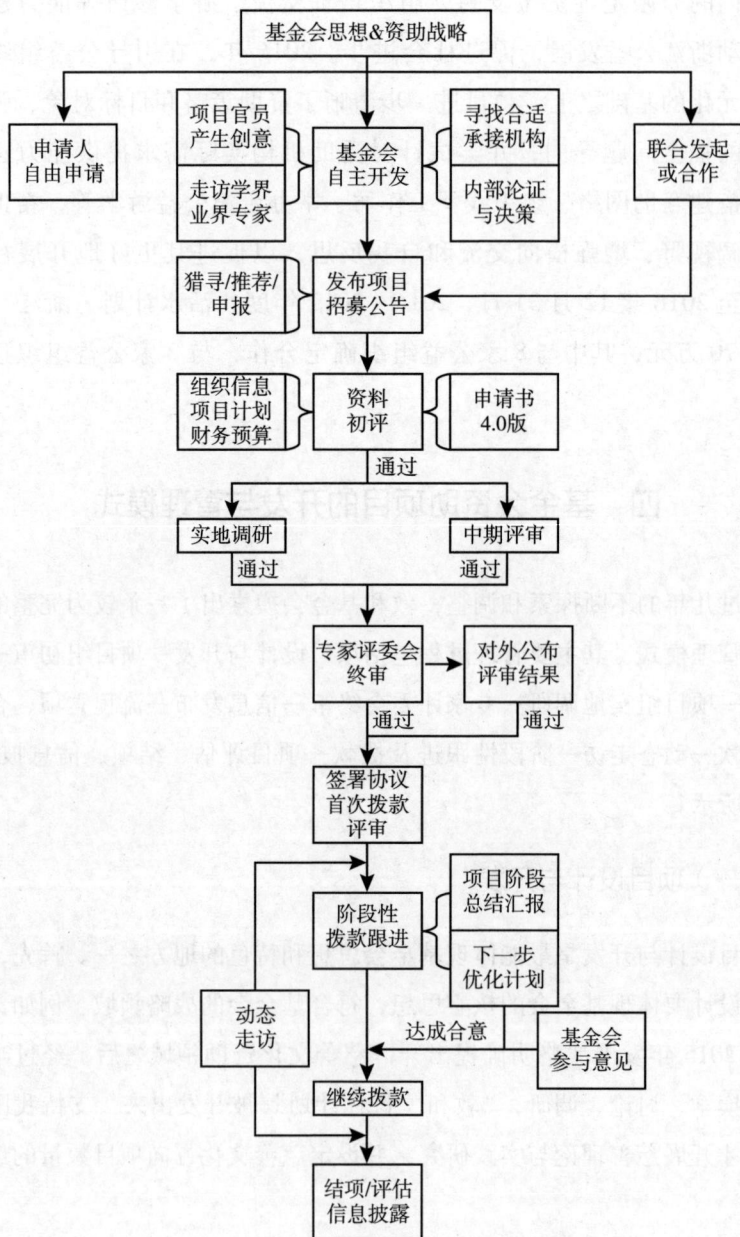

图1　敦和基金会项目研发和管理一般流程

资料来源：根据访谈整理。

专业人士进一步凝练明确项目创意,并积极与潜在的合作方或承接方进行接洽和反复沟通并达成合意,明确项目创意的时间、节奏、金额等。在这个过程中,项目官员的社会关系网络就显得尤为重要,同时也需要进一步从社会影响力、资源、号召力、公信力背书等方面对合作机构进行多方比较筛选。然后进行基金会内部论证,财务、法务、人力、研发、各部门集体讨论,集体决策。最后,根据项目所需资助额度由不同的管理层级做出最终决策。

(二)项目信息发布与申请

敦和基金会的项目资助信息一般通过线上发布的形式进行。例如,2016年9月1日,2016年度"敦和种子基金计划"启动,通过敦和基金会官方微信、微博、网站及凤凰网、儒家网等渠道对外发布招募公告。在获取潜在资助对象的途径方面,敦和基金会"用三条腿走路":早期阶段敦和基金会更多的是扮演"媒人"角色,有机构来申请项目,觉得大致符合条件就进行资助;现在则逐步拓展扮演"猎人"角色,即根据项目特点主动寻找合作伙伴;同时也欢迎推荐。"推荐制"是指邀请基金会秘书处员工、基金会理事、合作伙伴、领域专家推荐组织参与项目。当然,主动猎寻和推荐仅仅是扩大项目候选组织的方式,相关组织仍然需按照项目实施流程在招募期内提交申请表,后续流程均与公开招募的组织一致。

针对不同的项目,敦和基金会发布了不同的申请书模板。图2是2017年"敦和种子基金计划"申请表。根据申请表,需要填写的信息主要包括组织基本信息(包括核心成员、治理信息、主要项目、工作成效、组织三年发展目标等)、项目计划详细信息、近两年财务收支情况、项目预算明细等内容。而"竹林计划"研究项目资助计划申请书与基本的课题申请书类似,主要包括课题名称、申报人及团队基本信息、课题国内外研究现状述评及研究意义、研究的主要内容、基本思路和方法、重点难点、主要观点及创新之处、预期成果(将提出的建议或创新的理论)、研究条件和保证、项目预算(包括但不限于资料费、差旅费、劳务费、会议费等)等内容。

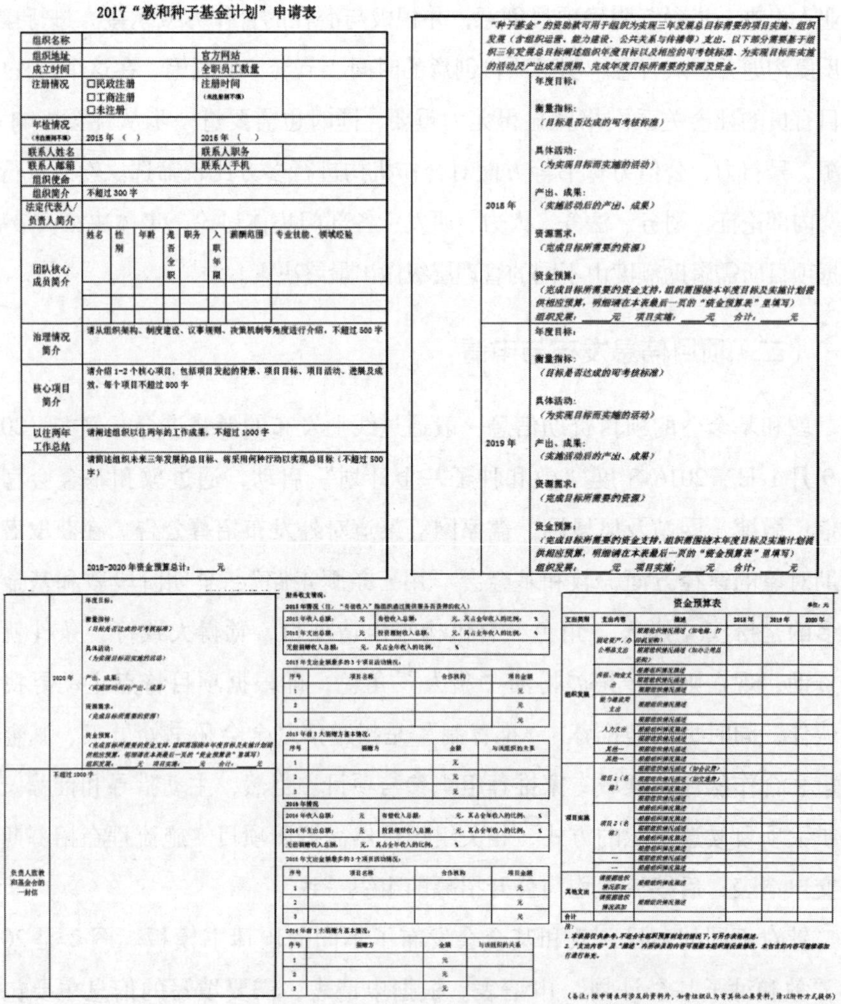

2017“敦和种子基金计划”申请表

组织名称			
组织地址		官方网站	
成立时间		全职员工数量	
注册情况	□民政注册 □工商注册 □未注册	注册时间	
年检情况	2015 年（ ）	2016 年（ ）	
联系人姓名		联系人职务	
联系人邮箱		联系人手机	
组织使命			
组织简介	不超过 300 字		
法定代表人/负责人简介			
团队核心成员简介	姓名、性别、年龄、是否全职、职务、入职年限、薪酬范围、专业技能、领域经验		
治理情况简介	请从组织架构、制度建设、议事规则、决策机制等角度进行介绍，不超过 500 字		
核心项目简介	请介绍 1-2 个核心项目，包括项目发起的背景、项目目标、项目活动、进展及成效，每个项目不超过 800 字		
以往两年工作总结	请阐述组织以往两年的工作成果，不超过 1000 字		
	请简述组织未来三年发展的总目标、将采用何种行动以实现总目标（不超过 500 字） 2018-2020 年资金预算总计：____元		

“种子基金”的资助款可用于组织为实现三年发展总目标需要的项目实施、组织发展（含组织运营、能力建设、公共关系与传播等）支出，以下部分需要基于组织三年发展总目标阐述组织年度目标以及相应的可考核标准、为实现目标而实施的活动及产出成果预期、完成年度目标所需要的资源及资金。

2018 年	年度目标： 衡量指标：（目标是否达成的可考核标准） 具体活动：（为实现目标而实施的活动） 产出、成果：（实施活动后的产出、成果） 资源需求：（完成目标所需要的资源） 资金预算：（完成目标所需要的资金支持，组织需围绕本年度目标及实施计划提供相应预算，明细请在本表最后一页的“资金预算表”里填写） 组织发展：____元　项目实施：____元　合计：____元
2019 年	年度目标： 衡量指标：（目标是否达成的可考核标准） 具体活动：（为实现目标而实施的活动） 产出、成果：（实施活动后的产出、成果） 资源需求：（完成目标所需要的资源） 资金预算：（完成目标所需要的资金支持，组织需围绕本年度目标及实施计划提供相应预算，明细请在本表最后一页的“资金预算表”里填写） 组织发展：____元　项目实施：____元　合计：____元

图 2　2017 年“敦和种子基金计划”申请表

（三）项目受理、评审与签订合同

由于敦和基金会的资助往往针对行业软肋或组织短板，跟组织需求契合度比较高，因此资助信息发布后的申请往往非常踊跃。例如，2016 年新的“敦和种子基金计划”9 月 1 日发布招募公告，立即受到了文化领域和公益领域的高度关注，项目公告累计有十几万人次的阅读量，截至 2016 年 9 月

30 日共收到了 363 份有效申请，申请组织地域、类型呈多样化。因此，必须通过严谨和有效的评审把最有潜力的资助对象挑选出来。2016 年"敦和种子基金计划"中，20 家组织通过评审获得资助，评审通过比例为 5.51%。

项目受理审批与合同签订过程中涉及的主要工作有以下几方面。

1. 资料初评

项目申请书中需要交代组织的必要信息以供基金会对组织能力进行审核和判断。仍以敦和种子基金计划申请书为例，这些信息主要包括：（1）组织基本信息和核心团队基本情况；（2）组织治理信息，包括组织架构、制度建设、议事规则、决策机制等；（3）组织主要项目情况，包括项目发起背景、项目目标、项目活动、进展及成效等；（4）组织以往两年的工作成果总结；（5）组织三年发展目标；（6）组织近两年财务收支情况；（7）组织负责人致敦和基金会的一封信。需要注意的是，有的项目不一定要求组织正式注册。例如，尚未正式注册的组织原则上可以申请"敦和种子基金计划"，但必须开展国学传承至少两年；入选后需要对接正式注册的公益组织，完成协议签署。

同时，申请书中也要列明详细的项目计划，包括基于组织三年发展总目标阐述组织年度目标以及相应的可考核标准，为实现目标而实施的活动及产出成果预期，完成年度目标所需要的资源及资金等。除了信息详细的申请书，如有必要还要审核机构资质等证明材料，以及组织提交的自认为必要的其他资料。

需要注意的是，与其他基金会往往仅仅支持项目实施成本不同，敦和基金会多是非限定性资助，除了支持公益项目实施，还侧重持续支持行政办公经费和工作人员薪酬，以支持组织可持续发展。

2. 项目评审

为了更好地了解资助对象，在资料初评通过以后，敦和基金会还安排了实地调研与走访环节。通过走访对潜在对象进行综合性的考察和评估，以期在书面材料之外获得更为真实的组织体验，为项目评审提供佐证。例如，2016 年 10 月 16 日，敦和基金会秘书处全体员工奔赴全国各地，对通过"2016 敦和种子基金计划"初选的 30 家公益组织进行为期半个月的实地调研考察。

之后便进入秘书处的中期评审环节。这实际上是在进行多个部门参与的内部论证工作。每月固定一次或两次项目评审会议,项目官员汇报预算情况及实施计划,多个部门集体发表意见,做出决定。例如,2016 年 11 月 14 日,敦和基金会召开"2016 敦和种子基金计划"中评会,秘书处全体员工对通过初评的 30 家公益组织进行综合打分,最终选出 25 家公益组织参加终评。当然,上会之前项目组已经就相关问题跟潜在对象进行过反复沟通并形成合意。

通过中期评审与实地考察之后,基金会组织召开专家评审会,通过研判资料、现场答辩、封闭讨论等多种形式最终确定入围资助名单,并公布相关信息。例如,2016 年 11 月 26 日至 27 日,敦和基金会召开"2016 敦和种子基金计划"终评会,由湖南大学岳麓书院教授、院长肖永明,北京大学副教授、非营利组织法研究中心执行主任金锦萍,腾讯公益慈善基金会执行秘书长窦瑞刚,凤凰网国学频道主编柳理,儒家网总编任重及以中国人民大学教授、中国公益创新研究院院长康晓光为代表的敦和基金会部分理事和监事组成专家评委会,听取了入围的 25 家公益组织代表的现场陈述,并进行了评审和投票,最终确定了 20 家入选组织(见表 2)。

表 2 "2016 敦和种子基金计划"入选机构一览

序号	机构	序号	机构
1	北京君和天地文化发展有限公司	11	山东尼山乡村儒学义工团
2	北京《原道》辑刊编辑部	12	上海复恩社会组织法律服务中心
3	北京怡谖溯源文化有限公司	13	山西省朔州市国学研究会
4	成都益人公益事业发展中心	14	陕西《问道》丛书编辑部
5	广东省茂名市青年耕读体验中心	15	陕西允中文教院
6	广东省山海源慈善基金会	16	深圳市孔圣堂儒家文化交流中心
7	广西忻城县公益资源协调中心	17	太原北辰国学教育学校
8	河北省社会工作促进会	18	苇杭书院
9	南京十方缘老人心灵呵护中心	19	云南士恒教育基金会
10	青岛市市北区孝悌社会工作服务中心	20	浙江省慈善义工协会

3. 合同签订

对于通过评审的合同，敦和基金会将与申请者签订项目合作协议，协议内容与其他基金会大体相同，主要涉及项目基本情况、项目资金管理方案及使用计划、签约方的权利义务、项目宣传与资助方的名誉保证、信息披露、法律责任与争议处理方式、其他资金来源等方面的内容。签订合同后拨付首期资金。在项目实施过程中，敦和基金会会进行阶段性跟进，依据项目实施情况（阶段总结汇报）和双方达成合意后的下一步工作计划进行后续拨款。例如，中国青年慈善学人"竹林计划"项目资助在评审结束后拨付70%，项目完成并通过结项评审后拨付剩余的30%。

（四）项目监测与评估

项目官员会定期走访或参与到项目活动中，同时也实行阶段汇报制度以及结项评估制度。例如，"敦和种子基金计划"资助期限为3年，每年都要提交总结汇报材料，以及下一年度实施计划，从中了解项目实施中存在的问题，以及下一年度的调整和变动情况。敦和基金会会提出相关的对策建议，并尽力与对方达成合意，之后再下拨第二期资助款。

敦和基金会目前以自我评估为主，采用第三方评估相对较少。例如，2016年，"敦和公益优才计划"注重对业务和团队的梳理，通过五家枢纽机构支持了69家公益组织招聘优才专岗。为更好地评估项目成效，2016年敦和基金会聘请上海映绿公益事业发展中心作为独立第三方，梳理和分析研究项目执行过程，调整和优化项目实施和动态管理。敦和基金会认为第三方评估独立客观，但同时也有一些不足。第一，第三方评估往往要单独立项，预算和经费经常和项目经费以及基金会管理费用发生交叉，不易理顺；第二，第三方评估多数属于事后评估，而且有时可能由于缺乏实践经历会影响评估结果有效性；第三，仅有第三方评估视角相对单一，不够多元。

相对而言，敦和基金会更为重视前端评估，主要通过申请表格的科学设计（敦和种子基金计划申请表格就是基于组织变革理论进行设计），在前端尽量多开展调研、论证、评审等工作，以及上会前的反复沟通和实地考察等工作来保证项目的可操作性和有效性。一方面，公益行业不可控因素较多，需要留给合作伙伴一定的自主空间，留给项目官员一定的创新和机动空间；同时，敦和基金会所聚焦的传统文化项目（艺术类、非物质文化遗产等）以及公益支持项目（行业基础设施建设、公益研究等）的效果需要七八年甚至更长时间才能体现，不方便做短期绩效特别是短期量化评估。

因此，敦和基金会不提倡按照短期绩效指标来僵硬实施项目，应该寻找创新空间和遵循原则保持可控之间的平衡点，但这并不意味着评估不重要。2017 年初，执行理事长兼秘书长陈越光在敦和基金会第二届理事会第一次会议表示，寻找合理评估方法，加大评估投入，把评估做到极致，是敦和基金会下一步着重要做的事之一。[①] 评估应该更加多元，让项目官员、合作伙伴和第三方来共同开展评估，应该更加着眼于合作伙伴的长期可持续发展。

项目结项意味着资助周期的结束，但项目提供的非资金支持部分仍会继续向合作伙伴开放。以"敦和种子基金计划"为例，3 年资助周期结束后，"种子基金"的合作伙伴也依然是项目所服务的对象，项目所提供的非资金支持部分（国学知识培训、政策解读、组织发展支持、社会资源拓展）继续面向所有"种子基金"的合作伙伴开放。如果合作机构的项目确实需要进行大的调整，敦和基金会也会积极协商，看能否进一步提升项目或归入某个新的项目领域。因此，敦和基金会与合作机构维持了较好的长期关系。

五　总结与思考

虽然敦和基金会成立才仅仅 5 年，但通过前述系列举措打造了鲜明的资助特色，彰显了一家较为纯粹的资助型基金会的独特理念与情怀。

（一）体现发起人思想，资助战略聚焦在国学传承及相关公益领域

资助体现发起人思想，是资助型基金会的重要特征。由于效果的长期性

---

① 《陈越光：敦和要做百年基金会 核心资助四类国学项目》，凤凰网，2017 年 1 月 4 日，http://guoxue.ifeng.com/a/20170104/50520070_0.shtml，最后访问日期：2017 年 8 月 6 日。

和难测性，文化领域尤其是国学传承领域一直是基金会资助的冷门领域。但敦和基金会发起人源于自身经历和思考对传统文化有较强的偏好，认为通过传统文化改变人的理念进而改变人的行为，要比单纯从外围入手更能从根本上解决社会问题。基于发起人的上述思想，敦和基金会采取了一系列举措加以贯彻。例如，敦和基金会明确组织战略，将国学传承作为资助的核心领域；将原属于公益支持领域的"敦和种子基金计划"调整至国学传承领域，只要是弘扬和践行中华优秀传统文化的公益组织与研究机构，或以中华文化为内核的公益组织，都可以申请；打造国学传承和公益支持相交叉的慈善文化领域，设计开发"竹林计划"等项目。

（二）紧密结合基金会资产管理优势实施资助

资助型基金会的另一个特征是强大的资金管理与运营能力。除了发起人团队的持续注资之外，不菲的资产管理收益也助推了资助型基金会资助总额的持续提升。但是整体来看，目前国内公益行业普遍的募款能力有限，金融能力不足，专业服务成本相对过高，加之对投资风险的过度看重和制度管控，使得公益行业广泛存在着资本使用效率不高、过分依赖募款的现象，特别是基金会投资理财情况非常差。据民政部《基金会发展蓝皮书》发布的数据，2012 年，全国 2794 家基金会中有 2088 家投资收益为零，还有很多基金会投资收益甚至为负。进行投资的基金会，平均收益率只有 3%。如果基金会行业净资产收益率能提高 1 个百分点，则相当于为公益行业增加了10 多亿元的资源，意义非常重大。①

而受发起人团队影响，敦和基金会具有明显的金融市场与资产管理优势，② 并基于这一优势进行项目资助。2014 年，敦和基金会与民政部、基金会中心网等机构合作，启动"中国基金会投资理财能力建设"项目，提升

---

① 《敦和基金会 2014 年年报》，敦和基金会网站，2015 年 4 月 14 日，http：//www. dunhefoundation. org/information01 Detail. aspx？type＝28，最后访问日期：2017 年 8 月 6 日。
② 《敦和：开启资本与公益和谐共舞新篇章》，第一财经网，2015 年 5 月 10 日，http：// www. yicai. com/news/4615923. html，最后访问日期：2017 年 8 月 6 日。

基金会领导人投资理财的意识、知识和能力，提高基金会行业的投资理财收入。2015年4月，敦和基金会委托基金会中心网开展"中国基金会资产管理倡导项目"，在基金会行业内倡导"慈善金融"等理念和行为，即运用金融思维与方法提升资本利用能力，逐步形成健康合理的资本结构，更好地为社会服务。同时，2014年和2015年两届的"敦和种子基金计划"在帮助解决行政办公费用和机构发展费用的同时，还针对基金会无原始资金的问题，给受资助的每家基金会300万元本金，敦和基金会借助理事会的专业理财能力帮其理财，让钱生钱，5年之后收回本金。2015年接受资助的基金会见表3。中国慈善联合会副会长、希望工程创始人徐永光先生这样评价"敦和种子基金计划"：敦和基金会如此大规模对NGO型基金会进行资助合作，必定会成为公益界的重大事件受到关注，此事务必办好，不仅对于敦和基金会意义重大，而且对于行业发展的创新和引领价值亦不能低估。[①]

表3 "2015敦和种子基金计划"入选基金会一览

序号	机构	序号	机构
1	北京桂馨慈善基金会	6	广东省蓝态幸福文化公益基金会
2	北京爱它动物保护公益基金会	7	广东省绿芽乡村妇女发展基金会
3	福建省同心慈善基金会	8	广东省千禾社区公益基金会
4	福建省正荣公益基金会	9	陕西纯山教育基金会
5	广东省麦田教育基金会	10	深圳市红树林湿地保护基金会

（三）坚持长期发展视角下的可持续资助理念

首先，敦和基金会致力于从根本上解决社会问题，即以国学为核心，通过理念改变引致行为改变。

其次，敦和基金会注重寻找组织发展短板进行资助。敦和基金会不赞成资助者全包全揽，不希望机构由基金会"包养或绑定"，而是针对组织的短

---

① 《敦和基金会2014年年报》，敦和基金会网站，2015年4月14日，http://www.dunhefoundation.org/information01Detail.aspx？type＝28，最后访问日期：2017年8月6日。

缺模块做针对性资助，资助后帮助组织撬动其他资源，提高组织自我生存发展的可能性。[1] "敦和种子基金计划"侧重对成长期公益组织进行 3 年持续资助，用于公益项目实施以及行政办公经费和工作人员薪酬等发展短板；"敦和公益优才计划"瞄准成长期公益组织的普遍发展短板，面向传播、筹款等专业方向，通过资助设立专才专岗等形式提供支持；"敦和公益活水计划"面向初创期公益组织提供 10 万元以内的非限定性资金支持，组织培训交流、游学参访等能力建设活动。

再次，敦和基金会注重通过资助开展公益行业的生态营造。一方面，敦和基金会发起和参与了"中国基金会论坛"、"资助者圆桌论坛"、"公益筹款人联盟"、"中国基金会基础研究数据库"等多项行业基础建设工作，并借助开发和实施"竹林计划"项目推动行业基础理论研究工作；另一方面，敦和基金会也注意寻找和培育资助型基金会的第二梯队，即位于资助型基金会和资助对象之间、承接基金会资助业务的较为成熟的枢纽性机构。敦和基金会发起的"敦和公益优才计划"在 2016 年通过北京市银杏公益基金会、深圳壹基金公益基金会、北京市企业家环保基金会、成都市慈善总会、北京市西部阳光农村发展基金会 5 家枢纽机构支持了 69 家公益组织招聘优才专岗。目前，第二梯队层级的机构主体非常缺乏，导致资助型基金会常常陷于项目层面事务之中而迷失自我，"从炒房变成房东"。[2] 如果这一层级发育良好，资助型基金会就可以回归于上游的资产运作、生态引导、社会倡导等"本职工作"。

最后，敦和基金会在项目管理理念上更为侧重项目的长期社会影响，不局限于短期绩效。在项目管理方面，敦和基金会构建了比较完善的软硬件体系。敦和基金会制定了《项目管理手册》和项目选择、立项、执行、授权、监督、评估、请示报备等一系列相关流程；敦和基金会内部建有 OA 管理系统，人事、审批、风控、财务、法务等事项都包含在内，同时项目管理信息

---

[1]　来自课题组对敦和基金会的访谈记录，访谈日期：2017 年 7 月 14 日。

[2]　来自课题组对敦和基金会的访谈记录，访谈日期：2017 年 7 月 14 日。

系统正在开发升级,而侧重于 IT 技术、数据管理和评估的研发部也正在组建。尽管如此,敦和基金会还是更多地关注到了理念层面上工具理性与价值理性的平衡。敦和基金会表示,公益行业不缺项目管理的具体操作流程(缺的是理念),在这个方面可以多利用网络获取国内外相关材料,或者直接接触,开展同行交流——针对操作技术细节方面的困惑特别有效。① 敦和基金会不赞成各种管理手册越写越厚,公益行业不可控因素很多,社会环境变化也快,要给项目官员以及合作伙伴一定的空间和机动性。在项目监测和评估方面敦和基金会也持有类似的理念,在坚持原则、坚持底线、坚持立场的前提下弱化评估的短期特征。目前的评估多数侧重短期绩效评估,容易产生两个不利的效果:一是会导致合作伙伴没有自主空间,会为了达成指标而刻意行事;二是让项目官员没有创新和机动空间,作茧自缚。因此,敦和基金会更愿意在更长的时间内来看待项目的价值。在敦和基金会的诸多项目中,不乏很多资助周期长、成果见效慢的项目,敦和基金会却"耐得住寂寞",最大限度地给予支持。对此,北京大学法学院非营利组织法研究中心主任金锦萍这样评价敦和基金会:"敦和基金会有一种比较长远的情怀和视野,懂得从未来看今天。"②

资助型基金会的实质是通过公益服务机构间接供给公益资金给目标市场,这是基金会在"原教旨"意义上的供给方式。③ 从这个意义上讲,敦和基金会对此贯彻得更为纯粹、更有特色。因此,从这个角度来看,相较于项目管理过程方面,敦和基金会更有启示意义的是其比较纯粹而独特的资助情怀和组织定位。

---

① 来自课题组对敦和基金会的访谈记录,访谈日期:2017 年 7 月 14 日。
② 《敦和基金会五周年:资助 370 个项目 3.47 亿元》,新华网,2017 年 5 月 8 日,http://news. xinhuanet. com/gongyi/2017 –05/08/c_ 129594767. htm,最后访问日期:2017 年 8 月 6 日。
③ 刘海龙:《论非公募基金会的公益供给功能:分类、供给方式与最优决策》,《中国非营利评论》2011 年第 1 期,第 1~29 页。

福建省正荣公益基金会

——非限定性、小额资助型基金会案例

摘　要：　本报告介绍了福建省正荣公益基金会开展资助的发展历程与典型项目，分阶段对其资助管理模式进行了总结。福建省正荣公益基金会的项目资助以"非限定性、小额资助"为主要特征，并在创办资助联盟、发挥区域平台型公益组织力量等方面做出了有益探索。

关键词：　非限定性资助　小额资助　资助联盟　区域性平台型公益组织

2014年12月18日，国务院《关于促进慈善事业健康发展的指导意见》明确提出倡导和支持"募用分离"，这促使更多的基金会开始向资助型基金会转型。

本报告将介绍以"非限定性、小额资助"为特征的福建省正荣公益基金会，对其为何要做资助型基金会、如何选择资助对象、怎样进行项目的全过程管理、经历了何种转型等方面进行分析，在总结经验的同时为其他基金会提供借鉴和参考。

一　福建省正荣公益基金会简介

福建省正荣公益基金会（以下简称"正荣基金会"）由正荣集团捐资于2013年3月成立，原始基金200万元，是一家以支持公益创新为使命，关

注民间公益支持为目标的非公募基金会。正荣基金会以"高效、透明、国际化"的运作理念，致力于搭建专业透明的综合性跨界公益平台，实现资源的高效整合，构建良性公益生态系统。

自成立至今，正荣基金会收获了来自社会各界的认可：当选第八届中国非公募基金会发展论坛轮值主席，入选 2015 福布斯中国慈善基金会透明榜第 12 名，连续三年位列基金会中心网透明指数榜第 1 名，项目荣获责任中国 2014·公益行动奖（入围）、第三届中国社会创新奖·优胜奖等。2013～2016 年累计获得正荣集团之外的社会捐赠 840 多万元。

二 开展资助的动因与资助项目概况

虽然正荣基金会成立只有 4 年，但他们已经在资助领域走在了行业前列，如发起"桥畔计划"，支持教育类草根公益组织的行政费用；发起"和平台"，联合平台型组织支持了 200 多家初创期公益组织等。

目前，正荣基金会运作的资助型项目涉及城市社区营造、公益行业推动、社会企业创新三大领域，主要有：你好社区——城市社区营造项目、禾平台——社区基金会支持项目、早安市集——社会企业创新项目、和众筹——平台型公益筹款项目、正荣微公益——创新型公益实验项目、武汉力量 & 正荣专项救灾——专项型公益基金项目等。

以 2016 年为例，正荣基金会通过 42 个合作伙伴进行资助，共计 349.86 万元，占正荣基金会项目总支出的 45.97%。[①] 具体合作伙伴、资助项目及金额见表 1。

如此广泛的项目资助并不是一开始就规划出来的，这一方面是在与草根公益组织的接触中，针对最真实迫切的需求所做出的回应；另一方面与资助人的成长经历有着密不可分的关系。据正荣基金会秘书长徐婧介绍：

---

① 2016 年福建省正荣公益基金会项目总支出为 761.1 万元。参见《福建省正荣公益基金会2016 年度报告》，http://www.zhenrogy.org/infomation.asp? cid = 15。

表1　正荣基金会 2016 年资助项目及合作伙伴一览

类别	合作伙伴	资助金额（元）	用途
和平台	福州美和公益事业发展中心	153000	福建和平台
	陕西纯山公益事业服务中心	222338	陕西和平台
	南昌益心益意公益服务中心	158000	江西和平台
	宁夏青年社会创新发展中心	189500	宁夏和平台
	安徽益和公益服务中心	191390	安徽和平台
	有人杂志	170807	有人和平台
	合一绿学院	233750	成蹊和平台
	ISD（爱山东）公益创新空间	151005	山东和平台
	贵阳市乌当区汇能公益支持发展中心	90000	贵州和平台
	长春心语志愿者协会	161000	吉林和平台
你好社区	上海农好农夫市集	30000	上海农好农夫市集
正荣微公益	商务印书馆	30000	《基金资助工作指导大全》编译
	吴婧	30000	嵩口手艺传承提升计划
	壹起社会研究中心	69576.96	雨滴讲堂
	一初教育	30000	MOMENTUM 社会创新大赛
	远近	30000	空中手艺教室
	广东人文学会	30000	长沙 807 社区创新实验室
	青岛家园民间手工艺文化交流中心	30000	移动的织布房
	打嗝文化	29976	楼道传递爱
	武汉市武昌区为先社工服务中心	30000	青少年情欲展现与艺术介入
武汉力量	南漳蓝天救援队	41480	防灾减灾，从我做起
	荆门市心理学会	46000	重灾区留守儿童心灵成长之旅
	荆门市义务工作者联合会	5000	灾区留守儿童需求评估
	武汉恩派社会创新发展中心	55170	青年创变者培养计划
正荣专项救灾基金	成都授渔发展中心、徐州市恩典公益发展中心	29741	阜宁龙卷风灾害区儿童救援服务项目
	长沙市岳麓区大爱无疆公益文化促进会	11650	湖南省娄底市新化县洪灾紧急援助项目
	安庆市全人社会工作发展中心	21132	安庆市洪灾区儿童抗逆力训练营
	创绿中心	30000	闽清镇坂东镇饮水恢复监测机制设计项目
	鳄鱼屿自然体验中心	19000	厦门鳄鱼屿"莫拉蒂"台风灾后重建项目

2016 年资助项目列表

续表

类别	合作伙伴	资助金额（元）	用途
和众筹	陕西仁爱儿童援助中心	100000	爱助失依女童
	陕西益邦人才服务中心	65000	助残障青年就业自强
	潍坊萤火虫公益助学发展中心	100000	为乡村娃筹建绘本馆
	济南市基爱社会工作服务中心	54300	爷爷奶奶别忘回家路
	宁夏大武口区妇女儿童发展中心	96600	筑力宁夏困境儿童
	东阳妇女儿童发展中心	99871.8	10 岁孤儿当妈妈
	潍坊市鸢都义工服务中心	100000	留守老人盼爱心民宿
	宁国市义工联合会	63840	爱助失独老人
	重庆市渝北区天爱残疾人康复培训中心	100000	带孩子走出自闭围墙
	陕西卓恩康复中心	100000	助脑瘫患儿重拾教育
	重庆仁爱社会工作服务中心	99526	爱助贫困空巢老人
	赤峰市知了残障人社会服务中心	100000	助力残障人创就业
	白银市社会助残协会	100000	圆梦残友无障碍出行

资料来源：正荣基金会秘书处向课题组提供，截止日期为 2017 年 6 月 13 日。

这其实是缘分，我们刚好接触到草根公益组织，感受到了它们的力量和需要。缘分之一是我们的理事长曾做过西部阳光的支教志愿者，发现很多教育类公益组织在萌生，它们有生命力，在当地发挥着越来越重要的作用，而外界对它们的支持大多是项目资金，它们缺少行政经费、发展经费，很难成长和发展壮大。

缘分之二是我们项目高级官员吴军军，他之前在福建省环保协会接触到很多的草根公益组织，他发现，社会活力和公共价值在这些草根机构中蕴藏着，它们等待着激发。福建省正荣公益基金会就是要做这样的激发者。①

---

① 来自课题组对福建省正荣公益基金会团队的访谈记录，访谈日期：2017 年 6 月 8 日。

三 正荣基金会的资助之路

（一）正荣基金会的资助历程

以正荣基金会的成立、成长为标志，正荣公益的资助之路经历了三个主要发展阶段。

一是传统慈善捐赠阶段。此阶段从 1998 年持续到 2013 年，是正荣基金会的前身阶段。正荣基金会的发起方是正荣集团，这是一家以房地产综合开发为主、资产经营与资本运作并举的大型房地产开发企业集团。早期，正荣集团做公益的形式是通过中国青少年基金会、中国红十字会、中华慈善总会等官方背景的公益慈善机构进行传统的慈善捐赠，比如，捐建希望小学、捐助贫困学生就学、捐助白内障复明工程等。到 2010 年，正荣集团设置了企业 CSR 岗位，在传统慈善捐赠之外，单独划拨出一笔预算，用于民间公益支持，并由此发起了"桥畔计划"和"爱故乡计划"。随着几个项目逐渐成熟，2012 年下半年，正荣集团开始筹备成立基金会，到 2013 年 3 月正荣基金会正式成立。

二是单纯的公益资助阶段。新成立的正荣基金会并没有自己的品牌项目，主要是资助其他公益组织和机构。例如，早期的主打项目"桥畔计划"是与北京市西部阳光农村发展基金联合会合作，支持初创期草根教育公益组织；"爱故乡计划"则是与中国人民大学乡村建设中心联合发起，通过与晏阳初平民教育发展中心、国仁城乡科技等单位的合作，资助社区大学、归农书院、发现故乡之美、爱故乡生态联盟等活动。2014 年，正荣基金会发起"正荣微公益"，搭建开放性小额资助公益平台、推动多元公益力量成长。

三是混合资助阶段，主要特征是公益资助与项目开发并重。在单纯公益资助阶段，项目的蓬勃发展彰显了正荣基金会初生的活力，但正荣基金会却面临着可持续发展方面的潜在危机和挑战。为了争取独立运作的空间，获得独立完整的决定权和自主权，正荣基金会与正荣集团约定：脱离正荣集团管理体系，签订三年的捐赠协议。单一的捐赠方、三年的捐赠承诺，如何维持可持续发展？在此背景下，单纯的公益资助之路显然是走不通的。"我们需要提升自己的专业能力，开发出有价值有影响力，能够被社会认可的公益项目产品，来吸引捐赠方进行服务购买或联合资助。"① 由此，正荣基金会走上了从公益资助转向开发和运作公益项目的探索之路，先后创造出"和平台"、"禾平台"等一系列公益项目品牌。

（二）早期资助之路的典型案例：桥畔计划

2011 年，正荣公益改变了简单捐赠的方式，开始支持民间力量探索更有效的教育问题解决方式，同年与北京西部阳光农村发展基金会联合发起"桥畔计划"，专门支持初创期教育公益组织的成长。

"因为我们发现，在很多地方，已经出现了民间教育公益组织的萌芽，它们以各自的行动，发挥着重大的作用和价值，也展现了它们在地的优势和生命力。但是对于整个公益生态来说，各种资源都倾向于寻找已经成熟的项目或机构，较少有意愿在初创期进行投入和支持的资助。于是，有资源有能力的机构就越来越有资源，而一些成立不久还没有时间证明自己的机构则举步维艰，难以发展。我们发起"桥畔计划"的初衷，就是为了打破这种怪圈，以'育苗'代替'收货'。我们希望通过'桥畔计划'为它们提供一年到三年的非限定经费小额资助、搭建学习交流平台、连接外部资源等，陪伴初创期的教育公益组织走过这一段发展蜕变的路程。"②

到 2015 年，"桥畔计划"已经支持了 70 多家初创期的教育公益组织，获得了良好的业界口碑，资助方也由最初只有正荣一家出资，每年几十万元的资金量，到撬动了四五家基金会联合出资，每年大概 200 万元的资金量。而对于正荣基金会来说，当"桥畔计划"发展为一个成熟的项目，有了系统的、有效的工作思路，多元的、可持续的资金渠道后，就选择逐步撤出，把有限的资源放到更需要的地方。

---

① 《徐婧：正荣基金会在摆脱传统资助形式上的创新与冒险》，公益大爆炸，2016 年 9 月 5 日，https://mp.weixin.qq.com/s/WAitkuFj8G7JWWKrqIvadg，最后访问日期：2017 年 6 月 29 日。
② 来自课题组对福建省正荣公益基金会团队的访谈记录，访谈日期：2017 年 6 月 8 日。

（三）不断创新、升级的资助之路：和平台

"和平台"的前身是 2013 年发起的"正荣微公益"。该项目获浙江敦和慈善基金会（以下简称敦和基金会）支持，通过提供小额灵活资金、培训及咨询，搭建学习和交流平台等支持，推动多元公益力量生长和跨界公益参与。"正荣微公益"实施的项目包括提供平台型公益机构支持、创新性公益项目的支持、公益青年成长支持、为企业定制公益服务四大类型。

在"正荣微公益"的基础上，2014 年，敦和基金会参与联合资助，共同发起"和平台"，专注于与平台型组织的合作；2015 年，正荣基金会联合敦和基金会、南都公益基金会共同投入资金 230 万元将"和平台"打造成全国性公益天使投资平台，旨在推动国内二、三线城市的初创期公益组织成长。"和平台"携手区域平台型组织为其区域内初创期公益组织提供各种支持，涵盖小额资助、公益咨询、人才培养以及资源对接等。2015 年，"和平台"与 9 个省级平台型公益组织合作（其中 6 家为深入合作，3 家为尝试性合作），以及 2 家领域性公益组织合作（环保、残障领域），直接合作资金规模总额达 149.37 万元；其中，"和平台"通过领域性合作伙伴——合一绿学院和一加一残障人集团，共支持初创期 NGO 共计 112 个，包括支持全国性针对公益青年发起的优秀公益项目 79 个，平均支持额度为 3000 元；福建、江西、安徽等 6 个地区的 33 个初创期 NGO，平均支持额度为 1.4 万元。[①] 2016 年，"和平台"联合福建、江西、安徽、陕西、宁夏、吉林、贵州、山东等地的 8 家平台型机构以及环保、残障领域的 2 家平台型组织，撬动社会资金近 100 万元共同支持区域或领域内的初创型公益组织。[②]

平台型资助不仅可以服务更多的草根组织，而且能够更好地契合它们的需求。"我们发现光靠基金会直接对接草根组织，一年做十几家已经'撑

---

① 福建省正荣公益基金会 2015 年度报告。
② 福建省正荣公益基金会 2015 年度报告。

死'了，可是这样能支持到的数量还是很有限的。我们发现有些组织本来是做培训、做咨询的，它们对当地的公益资源、环境也更为了解，更加知道当地草根组织的实际需求；而在一线城市的大基金会则很难去发现它们，即使发现了也无法取得信任。我们通过支持这类平台型的组织，再让它们支持当地的草根机构，则可以帮到更多。"①

2017年，作为"和平台"的升级版，聚焦社区基金会和区域平台型公益机构的"禾平台"破壳而出。"禾平台"同样以在地化、多元化为理念，通过提供非限定性经费和社区基金会领导型人才培养方式，推动中国社区基金会的专业化发展，将项目范围进一步聚焦，让现代公益价值观可以回归到这些年轻的社区基金会中，以实现社区善变。为了更好地筹集资金，"禾平台"引入"和众筹"，携手合作伙伴开展"社区慈善"众筹配捐活动。

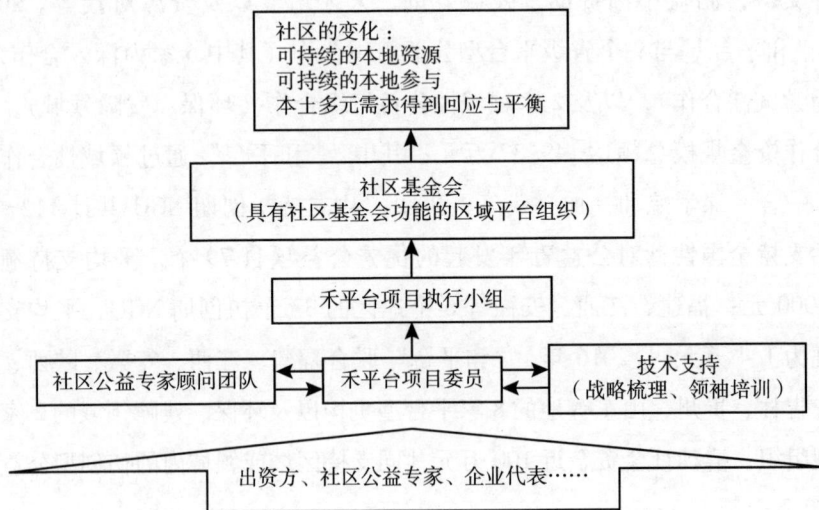

图1 "禾平台"项目执行框架

---

① 《福建省正荣公益基金会：咱们就支持草根，咋地——NGOCN》，发布日期：2015年9月10日，http：//www.zhenrogy.org/news_view.asp? aid = 1242，最后访问日期：2017年7月1日。

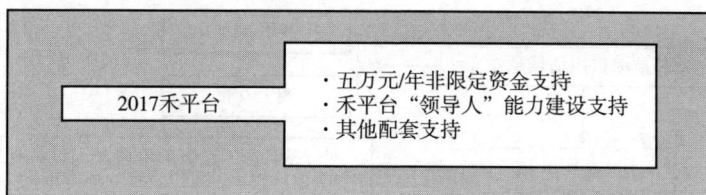

图 2　"禾平台"的资助类型

四　正荣基金会资助项目的管理模式

在过去的几年里，正荣基金会探索出了一条完整的项目资助管理模式，其主要管理过程包括线上、线下发布项目申请信息—项目专员初审—机构走访—项目立项、走审批流程—合同签订、拨款—网络平台信息跟进发布—项目助理跟进微公益伙伴的执行计划—第二次拨款跟进—项目评估与结项—项目信息对外披露等。流程化的项目管理模式取得了较好的效果，图 3 以正荣微公益为例展示了公益项目的审批管理流程。

（一）项目信息发布与申请

正荣基金会的项目资助信息一般通过线上、线下发布的形式进行。在早期阶段，正荣基金会主要通过推荐制和自己出去寻找合作伙伴的方式进行，推荐制和走访制可以提升对机构的了解程度与信任水平，降低项目风险，但随着资助规模的扩大，其弊端逐步显现出来。从"和平台"的创立开始，正荣基金会逐步开始实行公开招标的方式进行。负责人吴军军指出："下一步我们会采取一个公开申请的方式，列一些条件出来，让大家来申请，同时也欢迎推荐。"①

---

①　《和平台：对话福建省正荣公益基金会项目官员吴军军》，NGO 发展交流网，2015 年 11 月 3 日，http：//www.yidianzixun.com/home？ page = article&id = 0BAT1Ymf，最后访问日期：2017 年 7 月 1 日。

```
┌──────────────────────┐         ┌──────────────┐
│ 微公益项目申请信息发布 │────────▶│   线下发布    │
└──────────────────────┘    │    └──────────────┘
          │                 │    ┌──────────────┐
          │                 └───▶│   线上发布    │
          ▼                      └──────────────┘
┌──────────────────┐      ┌──────────────────────────────┐
│   项目专员初审    │─────▶│ 对一些比较有把握的申请方，如果   │
└──────────────────┘      │ 资金也比较小，可以直接立项走审批 │
          │                └──────────────────────────────┘
          ▼
┌──────────────────────────┐
│ 机构走访（对象：重点机构、  │
│ 疑问机构；要出访谈记录）    │
└──────────────────────────┘
          │
          ▼
┌──────────────────────────────┐
│ 立项、走审批流程（立项书、项目执行 │
│ 方案、预算表、项目考核表、第一次申 │
│ 请的机构还需提供机构相关证书电子件、│
│ 相关项目执行案例图文）          │
└──────────────────────────────┘
          │
          ▼
┌──────────────────────┐         ┌──────────────────┐
│ 合同签订、拨款（建立微公益 │───────▶│   微公益支持证书   │
│ 伙伴微信群、发票）        │    │    └──────────────────┘
└──────────────────────┘    │    ┌──────────────────────┐
          │                 └───▶│ 网络平台信息跟进发布   │
          ▼                      └──────────────────────┘
┌────────────────────────────────────────────────┐
│ 项目助理跟进微公益伙伴的执行计划（对方将每月具体     │
│ 执行表和相关活动图片、新闻报道等发基金会存档），     │
│ 工作人员根据需求可进行走访或参与项目活动            │
└────────────────────────────────────────────────┘
          │
          ▼
┌────────────────────────────────────────┐
│ 第二次拨款跟进（微公益实行两次拨款制度，拨  │
│ 款前对方发之前支出财务表给基金会，会计依据  │
│ 项目内容进行审核，第二次款项的发票）       │
└────────────────────────────────────────┘
          │
          ▼
┌──────────────────────────────┐      ┌──────────────────┐
│ 项目结项（项目自评报告、财务总支出表、│─────▶│ 项目信息对外披露   │
│ 考核结果表、项目活动图文资料）      │      └──────────────────┘
└──────────────────────────────┘
```

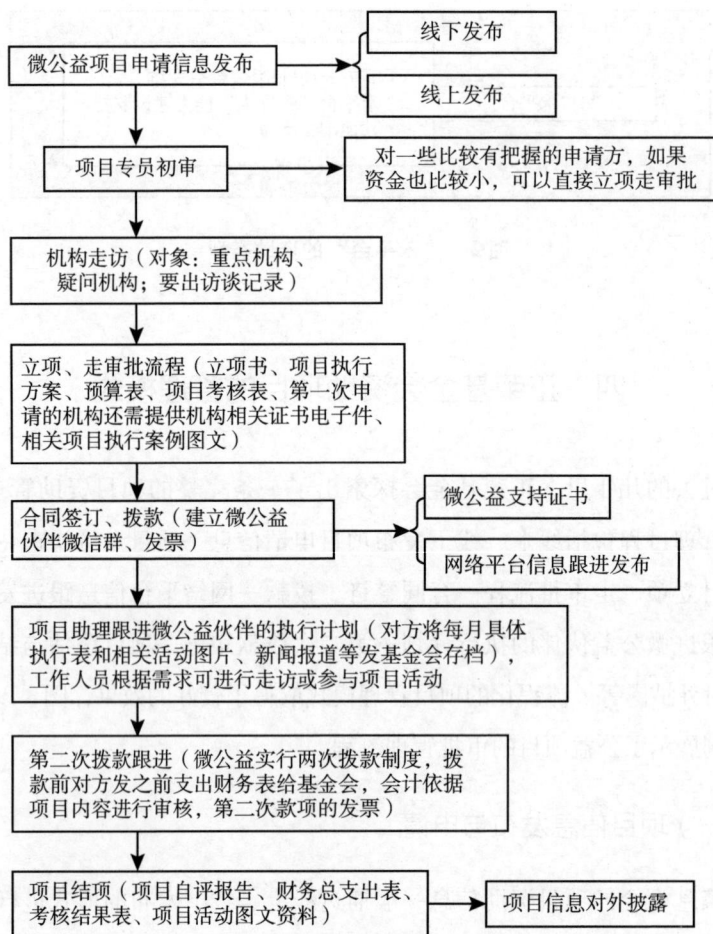

图 3　正荣基金会微公益项目审批管理流程

目前，正荣基金会发布的项目申请信息包括对平台型组织的资助和草根组织的资助两种类型，不同类型的机构/项目申请的条件、标准不同。例如，要想成为区域平台型组织，基础的标准是：平台机构一定要至少 1 个专职工作人员，机构业务规模在 20 万元以上，以前做过支持草根组织的相关工作。对平台型机构选择初创期草根组织，也有明确的标准：机构成立在 3 年之内；专职人员 2 个以下；机构有具体业务，但业务方向不是特别清晰；收入来源单一；年收入在 20 万元以下等。

　　无论是与平台型机构还是草根组织合作，正荣基金会都发布了统一的项目申请书模板（表2展示"和平台"平台型机构项目申请书的主要内容；表3是常年开放申请的"正荣专项救灾项目"的申请书）。根据申请书，需要填写的信息主要包括组织基本信息、项目基本信息、需求调查及问题诊断反馈、项目概述（项目目标、方法等）、项目实施计划（阶段性目标、活动计划、团队分工、所需资源、风险控制、预期结果，以及可衡量指标等）、项目可能出现的风险及应对方式、项目预算及明细等内容。2017年，作为"和平台"的升级版，聚焦于社区基金会和区域型平台组织的"禾平台"正式上线，正荣基金会公布了项目申请所需的机构发展计划书模板和申请人简历模板。①

表2　"和平台"平台型机构项目申请书

拟申请事项 （√）	本机构非限定性经费	初创期公益组织小额资助	
申请组织:_____			
申　请　人:_____			
申请时间:_____			
第一部分:机构概要			
1. 机构概况总览:			
机构负责人		联系电话	
联系地址			
是否注册		注册类型	
专职人数		男女比例	
是否有残障员工		残障员工数量	
机构兼职员工数		机构是否有传播专岗	
财务是否公开		信息公开渠道有哪些	
上一年筹资总额		目前机构余额	
上一年贵机构的资金来源分别是哪些?			
机构团队介绍			

---

① 正荣公益基金会：《禾平台项目申请》，http：//www.zhenrogy.org/project.asp？cid＝102，最后访问日期：2017年7月4日。

机构核心项目简介(项目名称、项目简介、负责人)			
作为平台机构的支持策略描述。			
请简要阐述目前贵机构的劣势。			

2. 初创期公益组织支持与发展经费申请者选填

申请额度(万元)	
贵机构与和平台项目合作的出发点和中短期的目标分别是什么?	
贵机构在 2015 年推动地区公益行业发展和支持小伙伴发展方面都做了哪些工作?	
请自我描述和评价一下贵机构在上一年度进行的支持性工作的绩效和成果。	
2016 年,对于申请的初创期公益组织支持与发展经费您将如何使用,请简要描述? 并请附上详细的费用预算表。	
2016 年对于所资助的伙伴如何陪伴和支持他们成长(如建立学习网络,工作坊等),并附上详细的费用预算表。	
2016 年贵机构对地区/行业支持的总策略是什么?想要达成的改变目标分别有哪些?	
贵机构将采取何种策略达到小额杠杆效应或撬动本土资源呢?	
其他您认为重要的事项说明	
备注:请附件提交小额资助项目具体执行计划和项目管理节点时间表。	

3. 本机构非限定性经费申请者选填

申请额度(万元)	
计划资金使用范围简述(详细费用预算表请附件提交)	
简述:为何做上述计划?	
总结 2015 年、2016 年贵机构重点突破的发展难点是什么?	
2016 年贵机构的发展目标是什么	
贵机构 2016 年在影响发展目标的达成上面临的风险是什么?	
贵机构会怎样应对上述风险?	
机构项目执行成员未来一年是否有学习计划或方向,如果有请简述。	

注: 1. 如果您想让我们更加详细了解你们机构的信息, 可以将你们机构的理事会、治理架构以及相关的工作简报作为附件发给我们。

2. 如果贵机构有对你们所在地区/行业的公益组织发展或人才现状调研和观察报告, 可以作为相关的附件发给我们。

表3 救灾专项基金项目申请书

组织基本信息			
组织名称			
登记号码		成立时间	
组织负责人姓名		组织负责人职务	
地址		网站/微博/微信	
组织类别	□社团 □社会服务机构(原民办非企业单位) □大学、研究所或事业单位批准成立的非营利组织 □工商注册的非营利组织 □人民团体 □农民经济技术协会 □其他(请具体说明:)		
核心业务名称			
机构使命			
机构核心价值观			
机构简短介绍			
项目基本信息			
申请项目名称		项目实施地点	
项目负责人		电话	
电子邮箱		微信	
项目团队简介			
项目实施期限			
申请资助额度			
合作伙伴(已确定和拟邀请的请注明区分)			

需求调查及问题诊断反馈(你们用了什么样的调查方法,发现了什么的问题,并给出相关的数据支持)

项目概述(请用200字左右阐述你们准备做什么,并想达成什么样的目标,并说明为何你们的方法有效)

项目实施节点计划(阶段性目标、活动计划、团队分工、所需资源、风险控制、预期结果,以及可衡量指标等)

项目可能出现的风险以及应对方式介绍

项目预算及明细(表格可以灵活调整)

项目内容	单价(元)	数量	总价(元)	向正荣申请(元)	其他渠道申请(元)	自有资金(元)	备注说明

注：项目申请书发送邮箱 zrjz@ zhenro. com。

项目书发送成功后，最好打办公室电话 0591－88200953 与基金会工作人员确认。

正荣专项救灾项目为集体评审项目，我们收到申请书以后将会在 1～2 日内举行项目讨论，并将结果告知相关申请人或单位。

当出现救灾规模较大，申请人较多的时候，可能会影响到我们的反馈进度，请您耐心等候，并烦请致电办公室电话进行询问。

（二）项目审批与签订合同

并非所有符合以上条件的机构都可以获取资助，选择最有潜力、需求最强烈的机构进行资助是正荣基金会的重要资助标准。例如，2013 年"桥畔计划"支持机构招募共收到 124 份申请，审批通过的机构只有 27 家。项目审批与合同签订过程中涉及的主要工作如下。

1. 材料审核

项目审批过程中，首先涉及的是机构资质等需要核查的证明材料，包括：机构的法人登记证书、章程、立项书或项目申请书、之前项目活动的总结报告、活动照片、发票等。注意事项如下。

（1）项目活动的内容要符合 NGO 章程中的宗旨和业务范围；

（2）立项书或项目申请书内容应包含项目的公益性目的、项目计划、项目预算等；

（3）项目总结报告内容应包含项目执行情况、资金使用情况、效果评估等；

（4）不得仅支持行政办公费用，捐赠款项用途应为执行公益项目。①

2. 机构走访

与非限定性资助的特征相关，调研与机构走访是正荣基金会资助流程中的重要一环："我们要求的项目申请书相对简单，因为很多机构处于初创期，它写不好；另外，项目申请书写得规范并不意味着项目真能做好……所以我们会更重视'人'的因素，而不仅仅看纸质的项目申请书。"② 即便是在区域型平台机构的选择过程中，"福建省正荣公益基金会也会通过走访了解机构领导人的一些背景，是否为当地人，从业经历等；评估机构团队成员特别是机构领袖的整体素质以及稳定性；机构在当地的口碑、影响力以及资源协调能力等。这样的评估是一个综合性评估，不会被局限在具体的数据指标上。"③

3. 项目评审

正荣基金会项目官员在收到项目申请书一个月之内会与申请者联系，如果申请初审通过，项目官员将会与申请者及时沟通并对相关项目给予建议。项目审核委员会将对项目申请书进行复审并做出决定，对于较大规模和资助金额的项目，基金会还组织专家评审，通过阅读项目部收集的资料、对申请人面试、专家进行封闭讨论，最终确定和公示入围资助项目的最终名单。

4. 合同签订

对于通过评审的项目，正荣基金会将与申请者签订项目合作协议，协议主要涉及项目名称、项目概要、项目实施地、项目周期、项目资金管理方案、项目进展及资金使用情况的监督检查、签约方的权利义务、项目宣传与资助方的名誉保证、信息披露、法律责任与争议处理方式、其他资金来源等

---

① 《基金会业务活动规范指引》，福建省正荣公益基金会向课题组提供。

② 来自课题组对福建省正荣公益基金会团队的访谈记录，访谈日期：2017 年 6 月 8 日。

③ 《正荣、敦和、南都联合发起"禾平台"，推动二三线城市的公益发展》，中国发展简报网站，http://www.chinadevelopmentbrief.org.cn/news-18083.html，最后访问日期：2017 年 7 月 1 日。

方面的内容。

其中，合同规定甲方（福建省正荣公益基金会）分两期将资金拨付给乙方（申请者），分别按照70%、30%的比例拨款，在合同正式签订生效后于5个工作日内将第一期项目费用拨付至乙方账户；在项目结束后，收到乙方提交的项目周期报告、项目财务报表、相关培训活动的记录、图片等资料，并通过甲方的评估后，在5个工作日内将第二期项目费用拨付至乙方账户。

在项目进展及资金使用情况方面，合同规定甲方有权指派专人对项目的实施进度和财务账目进行部分或全部检查。甲方有权审查乙方保存的（包括但不限于）以下信息：现金日记账、项目开支情况报告表、财务原始凭证等。

（三）项目监测

正荣基金会的项目监测采取线上和线下结合的方式进行。

线上活动主要是在合同签订之后建立伙伴微信群，通过网络平台及时跟进信息；定期收集项目合作伙伴每月的具体执行表和相关活动图片、新闻报道等信息。

线下活动主要包括项目官员定期走访或参与到项目活动中。例如，在"和平台"项目中，"项目官员平常也会定期走访平台组织，了解它们采用的小额资助策略，看看它们把资金资助出去之后是否有相关配套资源支持。我们也会访谈被支持的初创期机构，了解它们的感受以及它们在小额资助之下是否有所变化。上半年走访一圈，下半年走访一圈，一个月走访两家左右。年中还会安排至少一次平台组织的主题学习会。"①

此外，正荣基金会资助的项目实行年度汇报制，项目负责人需向秘书处提交年度项目报告，具体内容包括：项目进展情况、资金使用状况、遇到的

---

① 《正荣、敦和、南都联合发起"禾平台"，推动二三线城市的公益发展》，中国发展简报网站，http://www.chinadevelopmentbrief.org.cn/news-18083.html，最后访问日期：2017年7月1日。

问题及解决方案等。项目负责人应按照正荣基金会的项目中期/总结报告撰写要求按期提交项目中期/总结报告，接受正荣基金会的监督。

（四）项目评估与结项

项目完成后，合作伙伴须及时作出项目经费的决算报告，提交正荣基金会项目官员审核，正荣基金会将视具体情况决定是否进行审计。

对于预算、决算不符的项目，如有结余，应按投入比例如数退还正荣基金会；如有超支，原则上由项目执行团队自负；如因项目完成质量明显未达到预期标准，须进一步修改完善的，其费用由项目执行团队承担；对确因预算不足而需追加资助的项目，视效益前景的好坏，由项目部报请正荣基金会讨论决定后酌情处理。

项目结束后，尾款拨付前，项目管理部须对项目完成质量进行评估，原则上按项目执行机构和项目负责人共同协商的项目评估方案进行，同时应对服务对象及相关方的反馈进行全面评估；必要时，由正荣基金会邀请第三方进行评估。

值得注意的是，与对项目的资助不同，对人和组织资助的效果往往难以在短期内显现，尤其是涉及初创期 NGO，资助的风险更大。因此，正荣基金会注重对项目的过程管理，在最终评估时不设成功率。"在一次学习会上，赠予亚洲的肖蓉老师说，资助初创期 NGO，有 10% 的成功率就不错了。我们没有设定成功率，但要求平台型组织从事的每一笔资助都要做到明明白白：为什么支持这些机构？你能给这些机构提供什么支持？一年当中你是否已经用尽资源和方法来支持它们？只要做到这一点，不管你支持的初创期 NGO 之后是否团队散了、业务无以为继，都没关系。因为这不是一个平台型组织能保证的事情。"①

---

① 《正荣、敦和、南都联合发起"禾平台"，推动二三线城市的公益发展》，中国发展简报网站，http://www.chinadevelopmentbrief.org.cn/news - 18083.html，最后访问日期：2017 年 7 月 1 日。

五 总结

虽然正荣基金会在不同阶段资助的项目重心并不相同，但在管理模式上呈现出一系列共性特征，主要表现如下。

（一）以非限定性、小额资助为主要特征

非限定性资助不设置资金的使用方式，为广大初创机构提供行政经费、项目研发、人力资源建设、组织管理、机构发展基金等方面的支持，无论是在早期的"桥畔计划"项目时期，还是在微公益、"和平台"、"禾平台"时期，正荣基金会的资助均以此为特征。

第一，非限定性的优势。小额资助的资金是有限的，但非限定性资助瞄准的是机构支持，期待通过机构的良性运转发挥更大的价值杠杆去创造更大的社会价值。因此，其资助的原则是做需求最急和最具有价值点的支持，至于资助的方式，既可以从人员的成本补助入手，也可以从人员的学习经费补助入手。"从一个点切入，但必须要去做整体观察，而不是满足于一个点做得很好就可以了。有时候一线的草根组织会觉得你资助他一个点，他就跟你交代一个点，拼命说怎么好，怎么努力完成，但作为资助者不能限于一个点。"[1] 人是所有事情的根本，而组织是一群人一起实现共同目标的载体，非限定性资助可以弥补项目资助的弊端，更好地发挥资助的效果。

第二，"小额"的优势。小额资助可以避免"把鸡蛋放在一个篮子里"，最大限度地降低项目的风险，尤其在机构发展初期，小额资助还承担着筛选机构、测试项目的重任。"我们以前见过很多类似的案例，有一些初创期 NGO 你明明觉得很好，但最后团队就是散了，并不如你预期的

---

① 吴军军：《和平台：做最接地气的公益天使投资平台》，https：//mp. weixin. qq. com/s/84EPUPEYFj7dz340IZrxlw，最后访问日期：2017 年 7 月 1 日。

发展速度。"① 针对这些风险，除了发展区域型平台组织，发挥在地优势，及时沟通之外，最好的方法之一就是采取小额资助的形式，先发展"探索性合作伙伴"，再发展"常规性合作伙伴"。

正是采取了小额资助的形式，正荣基金会对项目官员进行充分授权，给予项目官员足够的权限和试错的空间，"大项目、小总部"是其管理亮点之一。正荣基金会根据项目官员不同的经验、资历和能力来设置不同的权限（一般为 2 万 ~5 万元），把控风险。每年年初，各个项目官员会根据自己的计划做年度的预算，报经理事会审批通过后，在自己的项目范围内，可以根据项目实际需求和情况灵活自主地调配资金，自主决定要做什么项目，要跟谁合作，怎么做项目，不需要凡事都经过层层审批。这无疑提高了资助的灵活性和项目审批的及时性。

（二）发挥区域性平台型公益组织的力量

无论是"和平台"时期，还是"禾平台"时期，正荣基金会都非常注重对区域性平台型公益组织的资助。一是给平台型公益组织一笔非限定性资金（10 万元以内），可用于机构的项目研发、人力资源建设、机构发展基金等，不限制使用；二是给这些平台机构一些小额资金，由它们去寻找当地的初创期机构进行支持。这一方面充分发挥了区域性平台机构的杠杆作用，通过这一杠杆可以支持到更多的初创期机构，减少了正荣基金会一家机构独自面对多家初创期机构的管理成本；另一方面，充分发挥了区域性平台机构的"在地优势"，它们对当地的初创期机构有更好的了解，更方便对所资助的项目进行监督，也更容易建立起信任和合作关系。

（三）创办品牌项目，探索资助联盟的形式

"资助联盟"的形式有利于整合基金会的资源，更好地为草根组织服

---

① 《正荣、敦和、南都联合发起"禾平台"，推动二三线城市的公益发展》，中国发展简报网站，http://www.chinadevelopmentbrief.org.cn/news-18083.html，最后访问日期：2017 年 7 月 1 日。

务，是国外基金会常用的资助模式之一。正荣基金会通过打造项目品牌，联合其他基金共同进行资助的经验模式值得其他机构借鉴。例如，和平台、禾平台等项目都是正荣基金会与敦和基金会、南都公益基金会、广东省千禾社区公益基金会等机构合作发起的。多方参与可以带入不同的视角和资源，帮助草根机构更好地获得发展所需的专业知识；资助联盟还可以突破单一基金会资助的资金量限制，增加资金储备，撬动更多的社会资源。值得注意的是，在发起或加入资助联盟时，要选择对行业发展有共同目标和理念的机构，方便后续合作的顺利开展。

广东省千禾社区公益基金会

——议题导向、标准化管理的案例

摘　要：　广东省千禾社区公益基金会（简称千禾基金会）立足于珠三角地区，以议题导向、标准化管理为特征。在资助方面，早期实行的是小规模专项基金的资助模式，后期转型为以社会议题为导向、扎根社区的资助模式。经过近十年的发展，千禾基金会的资助项目管理越来越规范化，其管理的特征表现在：专业化和标准化的管理模式，持续化的跟踪管理流程，能力建设为核心的"资助＋"管理思路，以及资源整合为特色、社会网络为依托的资助手段。

关键词：　社区基金会　标准化　能力建设　社会网络

2014 年，国务院出台的《关于促进慈善事业健康发展的指导意见》明确指出倡导"募用分离"，引导资助型基金会的成长与发展。① 随后，民政部下发的《关于鼓励实施慈善款物募用分离　充分发挥不同类型慈善组织积极作用的指导意见》进一步着力推进实施善款物的募用分离②，目的是通过慈善组织间的协作分工，有效提高资源配置效率，惠及更多需要帮扶的人。在这一背景下，未来一些基金会势必会逐步从运作型基金

---

① 国务院《关于促进慈善事业健康发展的指导意见》，2014 年 11 月 24 日，http：//www. gov. cn/gongbao/content/2015/content_2799012. htm。

② 民政部《关于鼓励实施慈善款物募用分离　充分发挥不同类型慈善组织积极作用的指导意见》，2015 年 10 月 15 日，http：//www. mca. gov. cn/article/zwgk/mzyw/201510/20151000875823. shtml。

会向资助型基金会转型。然而，目前，中国大多数基金会还缺乏资助的经验，因此，有必要总结一些先锋型的资助基金会的资助模式与全流程管理。

本案例将介绍以议题导向、标准化管理为特征的广东省千禾社区公益基金会，对其为何要做资助型基金会、成立至今的资助状况、怎样进行项目的全过程管理、经历了何种转型等方面进行分析，在总结经验的同时为其他基金会提供借鉴和参考。

一　广东省千禾社区公益基金会简介

广东省千禾社区公益基金会（以下简称"千禾基金会"）是一家立足于珠三角的社区基金会，于 2009 年 9 月 1 日在广东省民政厅注册成立。千禾基金会致力于与政府、企业、媒体、基金会、慈善团体、学术机构等合作，系统地支持成长中的公益机构与个人，开展扎根社区的公益服务，从而促进珠三角地区的社区与公益发展，进而建设一个公正、关爱和可持续发展的美好社会。

千禾基金会是首批获得认定的慈善组织，中国基金会透明指数一直保持满分，排名全国第一。千禾基金会通过专业化的运作，协助捐款人有效地管理慈善资金，开展战略性社会投资和公益传播。在公益的生态链上，千禾基金会一直十分明晰自身资助型基金会的定位，致力于鼓励并吸引更多企业家关注、支持那些默默耕耘于公益慈善领域的 NGO。2013 年，千禾基金会荣获了首届中国基金会评价榜"金桔奖"的殊荣。

二　千禾基金会开展项目资助的动因与资助情况

千禾基金会自成立至今一直秉承着"支持成长中的公益机构与个人，以合作的态度、问责的方式，推动社区的创新发展与合作"的机构使命。至 2016 年，千禾基金会共筹得善款 9914 万余元，支持了 477 个公益项目，资助和管理公益善款达 7321 万余元。① 千禾基金会现设立"榕禾计划"，促进流动人员融入城市；"地方公益支持"，培育本土公益生态圈；"南中国环境基金"，营造可持续社区，这三大核心议题回应珠三角的社会需求。

目前，千禾基金会的资助范围主要集中在珠三角，资助方向主要涉及流动人口社区服务、环境保护、社区营造与社区参与等领域。其中，"榕禾计划"是珠三角流动人口社区公益服务项目支持计划，致力于支持公益伙伴深入流动人口聚集社区，在生计安全、公共服务和社区融入方面开展多元服务。截至 2016 年 12 月，"榕禾计划"累计共资助 61 个项目，资助金额达1000 万元，服务覆盖了珠三角 20 个流动人口聚集社区。② 该项目于 2016 年获得首届"京港慈善合作典范奖"。"南中国环境基金"围绕零废弃社区建设、流域水体污染防治与水资源保护、工业低碳发展三个方面，支持南中国地区的民间环保组织和相关团体合作伙伴进行创新方案研发和实验，推动社区的可持续发展。在此基础上推出的"千里马计划"，为环保组织提供专业人才资助，提高解决环境问题的科学性和有效性。"广爱社区公益计划"旨在推动居民的社区参与和社区融入，营造气氛融洽的可持续发展社区。此外，还有"佛山公益项目大赛"——打造佛山公益生态体系和多元参与平台，推动佛山公益事业的发展；"益动广东"——通过参加徒步进行筹款，目前已成为羊城最具影响力的公益健行团队赛，2016 年共筹款 483 万余元。③

以 2016 年为例，千禾基金会通过多种形式的筹资渠道共筹得社区发展公益资金 2979 万余元，包括专项基金、互联网筹款、联合劝募等形式。公益项目支出 1389 万余元，占总支出的 93.14%。④ 具体合作伙伴、资助项目及资助金额详见表 1。

---

① 资料来源：《千禾社区基金会年报 2016~2017》。
② 资料来源：《千禾社区基金会年报 2016~2017》。
③ 资料来源：《千禾社区基金会年报 2016~2017》。
④ 资料来源：《千禾社区基金会年报 2016~2017》。

表1 千禾基金会项目资助一览

所属项目	项目名称	执行机构	资助金额（元）	项目用途
榕禾计划（第三期）	芊绘坊–社区儿童服务中心	中山市芊苗公益传播中心	116600.00	整合公益慈善资源，从资源、研究、专业能力建设、政府合作等多个层面，支持珠三角地区民间公益组织在流动人口社区开展服务项目
	三元里城中村外来工参与社区治理的主体性培育项目	广州市法泽城市与公益研究中心	118800	
	流动人口社区学苑实践深化与模式建构项目	东莞市毅行社会工作服务中心	150000	
	芊绘坊—社区儿童服务中心	中山市芊苗公益传播中心	116600	
	"同绘美丽,共享城市"提升康乐片区环卫工人社会认同项目	广州市穗星社会工作服务中心	50500	
	构建流动青少年综合素质发展的微生态	广州市越秀区青草青少年成长服务中心	60000	
	安全总动员—流动儿童社区安全环境营造计划	深圳市龙岗区龙祥社工服务中心	36974.43	
	凌塘新家园"落脚社区"异地务工人员城市融合计划	广州市天河区广天社区服务与研究中心	57000	
	"木棉花开"外来女互助网络与发展项目	广东木棉社会工作服务中心	60000	
	戏剧扎根流动人口服务组织	广州善导社会工作服务中心	59780.86	
合计			709655.29	
南中国环境基金	宜居广州·城市社区垃圾分类推广项目	宜居广州生态环境保护中心	400000	"南中国环境基金",面向南中国地区民间环保组织及相关团体,通过提供非限定性资助,支持合作伙伴有效提升在区域环境议题构建及关键环境问题解决过程中的"组织领导力",共同推进生态文明落地,助力"美丽中国"建设
	CMCN公益魔方——滨海湿地公众参与资源共享平台项目	莆田绿萌滨海湿地研究中心（中国红树林保育联盟）	300000	
	重庆两江志愿服务发展中心环境保护能力建设项目	重庆两江志愿服务发展中心	400000	
	湘江守望者支持计划项目	长沙绿色潇湘环保科普中心	240000	
	CYCAN高校节能和跨境环保关注项目	广州市越秀区科莱美特环境保护交流中心	300000	
	食品安全风险数据库项目	杭州市上城区啄木鸟环境与食品服务中心	100000	

续表

所属项目	项目名称	执行机构	资助金额（元）	项目用途
南中国环境基金	拜客广州项目	广州市海珠区拜客绿色出行宣传活动中心	360000	
	绿点广州项目	广州市绿点公益环保促进会	50000	
	贵州水源守护者网络建设项目	贵阳黔仁生态公益发展中心	400000	
	粤环保艺术基金项目	广州典胜文化发展有限公司	100000	
	创绿中心宜居城市项目	北京创绿前进文化传播有限公司(创绿中心)	200000	
	江南社区居民绿色文化教育课堂	北京乐知多教育咨询有限公司	100000	
	成都根与芽环境文化交流中心项目	成都根与芽环境文化交流中心	400000	
	【美丽珠江】寻乌县东江源农业垃圾现状调查项目	寻乌县东江源生态保护协会	50000	
	【美丽珠江】广州市水环境教育工具包开发:水探长行动项目	广州市绿点公益环保促进会	50000	
	【美丽珠江】绿网组织能力建设项目(广东省珠江流域水环境数据库建设)	广州绿网环境保护服务中心	100000	
	【美丽珠江】民间河长行动计划	珠江水联合行动	98400	
	【美丽珠江】共爱深圳计划:流域污染监测项目	深圳市绿源环保志愿者协会	100000	
	【美丽珠江】清溪行动项目	广州市海珠区流溪生态保护中心	50000	
	【美丽珠江】珠江流域广州市饮用水水源地区域管理研究及公众参与项目	创绿中心	100000	
合计			3898400	

所属项目	项目名称	执行机构	资助金额（元）	项目用途
广爱社区公益计划	新芽计划——流动少年儿童快乐成长项目	广东省绿芽乡村妇女发展基金会	98590	旨在推动居民社区参与和社区融入，提升社区专业化服务，为有需要的社区及弱势人群提供帮助，共同营造气氛融洽且可持续发展的社区
	关注流动儿童可持续发展项目	广州市映诺公益服务促进会	98700	
	粤文化的传播与推广项目	从化市街口街小红豆艺术团	30000	
	广府艺术——粤语说书推广计划	粤岭文化保育协会	98530	
	"我们共成长"性教育师资课堂项目	爱成长综合性教育课堂	96000	
	助励三粒豆社区儿童阅读推广项目	广州市助励社会服务发展社	95730	
	流动人口社区青少年同城成长项目	广州市越秀区青草青少年成长服务中心	29900	
	JIA 社区教育项目——消除麻风歧视项目	家工作营志愿者协会	96640	
合计			644090	
佛山公益项目大赛（2015 年）	耕耘一方土地，仰望一片蓝天——残障人士环保种植"农疗基地"	佛山市三水区弘益社会工作服务中心	150000	围绕大赛这一条主脉，全面调动各方资源，细化本土NGO 专业运作，回应本土社会问题，使佛山公益生态链条逐渐形成
	小麦苗童声合唱团	佛山市麦田社会工作服务中心	150000	
	互联网＋长者配餐	佛山市楠枫社会工作服务中心	150000	
	空巢有爱	佛山市高明区乐善公益队	100000	
	运动快乐——残疾人共融体育发展服务计划	佛山市顺德区星宇社会工作服务中心	200000	
	安全小屋——老友记居家安全改造项目	佛山市千禧乐善敬老协会	100000	
	芯田移动互联网助农计划	高明新公益	150000	
	"守护曦阳计划"（佛山中小学安全普陪公益培训）	广东蓝天救援队	200000	

续表

所属项目	项目名称	执行机构	资助金额（元）	项目用途
佛山公益项目大赛（2015年）	心连心,我们在一起——关爱留守儿童	佛山市三水区弘毅社会工作服务中心	150000	
	城市自然生态体验课堂	佛山市协同世纪社会管理创新服务中心	100000	
	"活化少先队计划"项目（南海区）	佛山市禅城区关爱青少年成长协会	100000	
	青春梦想营	佛山日报"关爱大学生公益行动"项目组	150000	
	DFC 南海孩童创意行动	DFC 南海童心设计师协会	50000	
	南海社会福利中心"倾情伴夕阳"（社工＋义工）双工联动服务项目	南海区社会福利中心	200000	
	"爱亮女人花"——佛山市女性癌症患者跨界服务计划	佛山市福康社会工作服务中心	100000	
	"一碗热饭的距离"——骑行送餐公益计划	佛山市顺德区乐从镇颐乐居家养老服务中心	100000	
	齐做环保新人类	佛山市绿色家园环境保护促进中心	100000	
	靠近我,温暖你——烧烫伤患者及家属支援计划	佛山市红星社会工作服务中心	100000	
合计			2350000	
灾后重建联合基金	爱－回家项目	广东省千禾社区公益基金会	16100	千禾基金会协同其他组织共同发起"爱－回家——助在粤雅安同胞踏上回家之路"行动,为在广东的雅安人提供回家交通补助
	芦山应急救灾与西川村灾后重建项目	重庆民间组织联合救援工作组	20000	
	西川村社区活动中心项目	重庆渝州义工服务中心	500000	
	中国心品质助学项目	羌魂社会工作服务中心	150000	
合计			686100	

所属项目	项目名称	执行机构	资助金额（元）	项目用途
益动广东专项基金（2015 年）	启创·长者居家改善计划	广州市启创社会工作服务中心	112991.01	益动广东专项基金共筹集款项超过 115 万元，为 29 个公益项目提供了资助
	绿芽·流动儿童成长课堂	广东省绿芽乡村妇女发展基金会	107331.52	
	小白关爱同行计划	广州青基会碧心基金	92455.3	
	社区少年音乐社	广州市海珠区哆唻咪青少年音乐发展中心	70024.3	
	医院游戏服务项目	广州市金丝带特殊儿童家长互助中心	68044.2	
	麻风病康复村生活与社会条件改善工作营项目	家工作营	66865.46	
	微辣青年·流动儿童营	广州市越秀区微乐益公益成长中心	39391.81	
	"壮士暮年"抗战老兵关怀行动	广东省游心公益基金会	36449.81	
	蓝信封留守儿童书信项目	广州市海珠区蓝信封留守儿童关爱中心	31031.98	
	留守儿童/流动儿童社区可持续发展项目	映诺社区发展机构	28190.34	
	爱的·小屋	佛山市高明区友爱历奇辅导中心	20252.48	
	一杯干净水	一杯干净水专项基金（北京自然之友公益基金会）	19930.18	
	雷励中国 2016 年贵州远征	雷励青年公益发展中心	47899.04	
	麦田计划健康包项目	广州麦田教育基金会	45580.5	
	合木·残障群体推动者成长计划	广州市恭明社会组织发展中心	39707.87	
	拜客-关注你的出行安全权益	广州市海珠区拜客绿色出行宣传活动中心	14474.63	
	珠江水联合行动-民间河长行动计划	广州市新生活环保促进会	7818.36	

续表

所属项目	项目名称	执行机构	资助金额（元）	项目用途
益动广东专项基金（2015 年）	"关注女工大姐，尊重劳动价值"——大龄女工社会支持项目	东莞市毅行社会工作服务中心	4259.26	
	东江流域生态导赏员培训	广州市越秀区鸟兽虫木自然保育中心	24562.59	
	圆梦象牙塔	共青团广州市花都区花东镇团委员会	12842.08	
	愿望成真项目	广州市金丝带特殊儿童家长互助中心	10051.96	
合计			900154.68	

资料来源：《千禾社区基金会年报 2016～2017》，以及广东省千禾社区公益基金会官网，http：//www.gdharmonyfoundation.org/projectz/74.html。

千禾基金会在成立之初就带有明确的资助型基金会的定位和方向，这离不开理事长刘小钢女士个人对基金会作用和功能的理解。在以资助社区公益、推动民间社会发展的理念驱动下，刘小钢女士及其志同道合的朋友于广州成立了千禾基金会。据千禾基金会常务副秘书长李妙婷介绍："千禾最早于 2006 年以专项基金会的形式运营。小钢姐认为基金会应该起到支持性的作用。项目资金主要来源于个人资助或是小钢姐的好友，以非限定性资金进行资助。"[1]

直到 2012 年，在"双重管理体制"改革等一系列积极政策的推动下，千禾基金会开始向议题性资助型基金会转型。这一方面缘于广东省政府通过购买服务的方式大范围向社会释放资源，支持和培育社会组织发展。然而政府的钱主要流向成熟的组织，大部分民间草根机构的资源十分匮乏。因此千禾基金会试图收缩资助范围，从原来的南中国缩小至珠三角地区，将扶助扎根社区的草根组织设定为资助重点，更加集中和强化资助力度。另一方面，千禾基金会的转型也是为了更好地回应社会问题和需求，尤其是珠三角一带的环境和流动人口问题。

---

[1] 来自课题组对广东省千禾社区公益基金会团队的访谈记录，访谈日期：2017 年 7 月 24 日。

三 千禾基金会的资助发展历程

千禾基金会的资助之路主要经历了两个发展阶段。一是早期小规模专项基金资助模式；二是转型后以社会议题为导向、扎根社区的资助模式。

（一）早期小规模专项基金资助模式

千禾基金会最早于 2006 年以专项基金会的形式挂靠在中山大学，当时基金的总体规模不大，每年只有 30 万~50 万元的资助额度。[1] 但这种资助模式在当时较为罕见，加之切中了民间公益组织发展的关键需求，在业界也产生了一定的影响，为千禾基金会后续的发展奠定了基础。2009 年，千禾基金会正式成立，这种模式仍持续了 3 年。在该模式下，千禾基金会全年开放接受申请，合作伙伴可以全年投递项目书，且资助范围在整个南中国地区。千禾基金会主要通过自主培训和研究，并以口碑传播的方式扩大千禾基金会的影响力和知名度，支持当地枢纽型组织。此阶段主要资助的项目包括："过桥基金"——用于项目间隔期的资助；"种子基金"——用于支持新生的组织；"千里马基金"——以支持个人为主，从而支持草根公益组织成长，推动公益行业发展。

以种子基金为例。从 2009 年开始，千禾基金会资助广东及周边省区的公益支持中心，通过开展培训、学习交流会，以及提供"种子基金"支持等方式，助力民间公益组织专业化建设。同时，千禾基金会与青年社会组织及大学生志愿者团体合作，搭建青年参与公益的实践平台，推动更多的青年人到贫困和边缘社区开展服务学习，践行他们的公益理想与社会责任。

有别于大量专注于服务或者既做服务又做资助的基金会，千禾基金会从未偏离过它作为"资助型基金会"的定位，在资助之路上积累了不少成功

---

[1] 来自课题组对广东省千禾社区公益基金会团队的访谈记录，访谈日期：2017 年 7 月 24 日。

的经验。千禾基金会所资助的拜客广州、麦田计划、华南和谐社区发展中心、广碧关爱儿童中心等，都成长为公益圈内颇具口碑的 NGO。

（二）转型后以社会议题为导向、扎根社区的资助模式

到了 2012 年，千禾基金会面临着两个棘手的问题。一是项目资金无法得到最有效利用。由于千禾基金会只是一家地方基金会，项目却分散在南中国多地，且主要是几万元的小额资助，收效甚微。二是千禾基金会的主要负责人希望能够更加有效地扶持和陪伴 NGO 的成长，但因为路途遥远导致后期的项目跟进通常处于停滞或无效的状态。因此，千禾基金会开始筹备转型，并产生了三个方面的变化。

第一，地域性、议题性的资助特征更加明显。千禾基金会尝试将资助范围缩小至珠三角地区，向珠三角的企业、企业家、基金会等筹资，并围绕特定的社会议题进行资助，比如"榕禾计划"、"美丽珠江"等。在这个阶段，千禾基金会不断探索更适合自身的发展定位：从全国范围草根组织的资助到确定立足珠三角为服务区域重心，从项目资金资助到强调非捐赠影响力的专业化多元化能力建设支持。

第二，更加重视联合性、社区性的资助方式。千禾基金会开始探索与各方开展多种形式的合作，连接和引导更多本土资源投向本土社区。千禾基金会将自身的定位总结为"关节理论"，即基金会应该像肩关节一样，以最广的覆盖范围，连接肘关节的社区民间组织，再由社区的民间组织与有直接需要的群体接触，达到高精准的服务成效。千禾基金会可以将社会资源、社区、社会组织、社区居民联动起来，在参与中彼此赋能，让社区美好而有力量。总的来说，千禾基金会的任务是扎根社区，扮演草根支持中心和研究型中心相结合的角色，并在每一个关节点发挥重要作用，做"NGO 背后的支持者"。

第三，开始探索和发展"资助＋"模式。千禾基金会运用自媒体和行业媒体平台，不仅为社会组织提供资金支持，还通过项目资助帮助 NGO 实现社会价值的转化，更加注重培养 NGO 的领导力、组织动员能力等方面。"千禾不只是从议题出发，而是将资助者的钱转换成机构的社会价值，培养

具有领导力的个人和组织，使其能够动员一方。从社会层面来看，社会价值才是'资助+'的内容核心。千禾是一个小强，虽然钱不是很多，但是社会价值很大。这种模式并不是一种严苛的管理方式，我们还是比较宽容的。很多社会组织说，'在最困难的时候是千禾资助我们，在我们拿不准要不要做这件事情时也是千禾资助我们'，千禾的价值观是愿意承担创新的风险"①。

以"榕禾计划"为例。广东省流动人口规模位居全国首位，但由于户籍限制，流动人口无法平等享有城市基础服务，面临医疗保障、生计安全、子女教育等方面的困难。基于流动人员服务缺口，珠三角地区许多社会组织应需求而生，它们在贴近基层、灵活创新等方面具有天然的职能优势，但同时面临资源缺乏、工作专业性偏低、社会支持网络建设滞后、与基层政府合作能力不足等诸多问题。基于此，千禾基金会从成立之初便关注本土流动人口社区的需求状况，最终于2013年围绕"流动人口议题"发起"榕禾计划"，广泛连接资源，在项目资助、能力建设和研究倡导层面开展工作，支持公益伙伴在流动人口聚集的社区（如工业园区、城中村）开展多元服务，帮助流动人员融入当地。截至2016年8月，"榕禾计划"已开展了三期项目资助，以及多场能力建设、培训和研讨会，从而支持广东异地务工人员服务组织及珠三角流动儿童服务组织调研等专项研究。此外，千禾基金会共支持23位公益行动者及其团队扎根流动人口社区，实施32个流动人口社区公益服务项目，累计资助项目金额267万元，服务涉及流动人口生计改善、子女教育、社区融入等方面，覆盖广州、深圳、东莞、中山等城市共20个流动人口聚集社区。除此之外，千禾基金会还通过连接"广爱社区公益同行计划""益动广东"等平台资源，直接支持了21个流动儿童服务项目，通过"佛山公益慈善项目大赛"支持流动儿童服务项目3个。② 千禾基金会在为珠三角流动人口服务组织提供资金支持之余，还在组织服务专业能力和人

---

① 来自课题组对广东省千禾社区公益基金会团队的访谈记录，访谈日期：2017年7月24日。
② 资料来源：《珠三角流动儿童服务类社会组织发展状况案例集》（2016）。

员成长上给予它们支持，推动了珠三角地区流动人口服务组织的发展和项目落地，回应了社区流动人口群体本身及其家庭的现实需求。

"榕禾计划"资助项目在执行过程中，千禾基金会特别鼓励合作伙伴基于社区需求设计项目，基于服务对象需求开展服务，在围绕流动儿童服务方面，不仅进行了综合性的项目支持，也支持那些聚焦于回应流动儿童青少年在成长过程中产生某些特定需求的项目。例如，千禾基金会支持项目伙伴开展面向流动儿童社区教育的项目——"芊绘坊－社区儿童服务中心"，在中山市外来人口集中的东区，吸引社区内游荡的流动儿童到芊绘坊参与活动，为他们提供一个安全的校外游乐点，还通过新趣课堂、绘本阅读等多元的方式提高孩子们的学习兴趣和积极性，发现书本的乐趣。在丰富课余生活的同时，通过同龄人之间的陪伴、志愿者对其行为进行习惯的引导，孩子们的身心都得以健康成长。

千禾基金会的"社区资助＋"模式不仅包括项目资金资助，还包括人才培养、资源链接、组织建设、能力提升等一系列立体支持。对于珠三角地区流动儿童服务组织，千禾基金会不仅在"榕禾计划"中给予专项项目资金支持，还积极连接"广爱社区公益同行计划""益动广东"等平台资源。在与《广州日报》广爱慈善基金共同发起的"广爱社区公益同行计划"中设置专门的"流动人口社区妇女儿童发展"资助领域，以广州为重点，最终支持了4个流动人口社区儿童发展项目，项目资金32.3万元；"益动广东"是由千禾基金会发起的公益徒步系列活动，面向公众筹集项目资源。2013～2016年，千禾基金会通过益动创新项目计划和联合劝募平台，共支持了17个流动儿童服务项目，累计提供项目资金58.2万元。[1] 在能力建设和人才培养上，2014年12月，千禾基金会与云南连心社区服务照顾中心举办了"流动儿童工作专题工作坊"，邀请了来自珠三角地区的15个流动儿童服务机构负责人或核心工作人员与西南地区相关机构工作人员，围绕流动儿童活动中心运作、民办学校社会工作、社区参与儿童支持网络建设等内容

---

① 资料来源：《珠三角流动儿童服务类社会组织发展状况案例集》(2016)。

进行交流和学习，促进了组织之间的互动交流，提升工作人员的专业服务能力。2015年底，千禾基金会与中山大学中国公益慈善研究院共同开展"珠三角流动儿童服务类社会组织发展状况"的专项调研，得到了广东省麦田教育基金会和乐施会的支持，期望通过此次调研可以探索性地了解珠三角地区在流动儿童服务领域开展工作的社会组织发展状况与关键需求，并梳理和总结典型案例或服务模式，促进政府、公众、企业等社会各界对流动儿童服务组织的认知与理解，同时也为千禾基金会后续在流动人口服务领域制定资助规划提供参考。此外，千禾基金会还注重面向政府进行政策倡导，并通过研究报告、政策建议来推动流动儿童社会政策以及社会组织管理政策的持续发展。

四　千禾基金会的资助管理模式

千禾基金会在早期资助阶段，资助管理流程并不复杂，项目官员主要通过参与不同网络的会议和活动主动寻找合作伙伴，发现优秀的可资助组织。2012年后，千禾基金会每年定期发布征集项目信息，进行周期性的项目管理。

经过近十年的发展，千禾基金会资助管理变得更加严格和规范化。一方面，千禾基金会旨在寻找志同道合的社会组织作为合作伙伴，并以它们的发展壮大为己任，资助管理的严格和规范有利于帮助这些社会组织成长；另一方面，虽然千禾基金会在项目流程管理方面十分严格，但在项目变更上又给予社会组织较大的宽容，同时还通过线下的分享活动为社会组织提供能力提升工作坊、资源链接和其他方面的支持。资助管理按照实际操作流程排列，主要包括以下几个部分：网络拓建、秘书处初审、项目评审、签订协议、拨付款项、项目跟进、汇报制度、项目运作期间调整、项目结束、项目续期、项目存档。总的来说，千禾基金会的管理模式非常规范，且取得了较好的效果。

1. 寻找合作伙伴与项目申请

寻找合作伙伴是开展项目资助的前提和基础。千禾基金会通过"主动拓建网络＋口碑相传"的形式发展合作对象，进一步扩大组织的名声。具体做法包括：每天阅读本地报纸的社区版新闻，随时了解政策走向、社区环境及民间公益组织的动向；督促实习生每月更新"珠三角民间公益组织数据库"；每月参加其他机构活动不少于三次，并在团队内反馈活动思考与收获。千禾基金会通过"资助+"的模式，在项目资助的同时举办一系列线下活动，例如举办行业论坛和不同类型的分享会、工作坊等，让更多组织关注服务群体。千禾基金会的特色是引导议题方向，并做大量的宣传、培训和倡导，引起 NGO 对该议题的关注，"通过举办活动来推动议题发展，希望能真正找到关注该议题的组织"①。

项目申请包含两部分：项目申请意向书初筛和填写项目申请书。首先，所有申请资助的组织均须提交申请意向书，并由项目官员对申请进行核实和初筛，判断其是否符合千禾基金会的资助方向，收到项目意向书后即表示申请成立。意向书的反馈由项目官员撰写，须经秘书长审批。在初审过程中，所有负责项目的成员与秘书长要达成共识。其次，在确定了基本的资助意向后，项目官员须协助合作伙伴填写项目申请材料（主要是项目申请书），并到社区现场走访交流，对实际情况进行详细的了解。

项目申请意向书和项目申请书分别采用统一模板。其中，项目申请意向书更侧重于对社会组织本身的介绍，主要包括机构基本信息和其他组织推荐两部分（模板见图1）；项目申请书更强调对项目的介绍，具体包含项目信息、项目管理、项目团队组成与分工、财务管理、项目检测与评估等内容（模板见图2）

2. 项目审批与签订协议

由于资助金额是一定的，千禾基金会通过严格和规范的审批流程选择最优质或最具有潜力的 NGO 进行资助。通常来说，在项目评审环节，淘汰率为 50% 左右，即参与评审的 20 多个项目中，最终获得资助的机构为一半左右。项目审批与签订协议主要包括以下几个步骤。

第一，项目审批。按照不同的申请金额，项目评审包括秘书处审批、项

---

① 来自课题组对广东省千禾社区公益基金会团队的访谈记录，访谈日期：2017 年 7 月 24 日。

项目申报意向书

1. 申请机构信息		
机构名称		
机构所在地		
机构成立日期		
机构类别	□ 社会团体 □ 民办非企业 □ 非公募基金会 □ 工商注册的民间公益组织 □ 暂未注册的民间公益组织 □ 其他 _____	
联系方式	机构	地址
		电话
		邮箱
	负责人	姓名
		电话
		邮箱
	其他	网站/微博/博客/微信（可选）
机构简介	（包括机构使命、架构、核心团队组成、业务范围、活动覆盖区域等方面，不超过300字）	
过往工作案例	（请列举1个案例，简要介绍项目名称、实施地点、起止时间、合作方、项目成效等，不超过300字）	
机构负责人简介	（不超过200字）	
2. 申请项目信息		
项目名称	（不超过20字）	
项目实施起止日期	年 月 日至 年 月 日	
项目实施金		
拟申请资金		
立项原因	（针对的问题？问题产生的原因？为什么有必要解决？不超过300字）	
主要活动	（不超过200字）	
预期成果	（不超过300字）	
3. 申请机构财务状况		
过往获得资助情况	（请列举现在/过往获得的资助情况，包括项目名称、起始时间、资助机构、批准金额、到位情况以及资助方的联系人）	
去年实际支出情况	总支出 ___元，行政支出 ___元。	
4. 公益机构/项目推荐		
· 需提交至少2份来自不同机构或熟悉申请人的公益机构/项目推荐信； · 请推荐人直接将推荐信发送至 harmonyfoundation0909@gmail.com · 公益机构/项目推荐模板请见附件或下载区		

附件：公益机构/项目推荐信

项目名称：_____

项目负责人：_____　申请资助金额：_____

推荐人姓名：_____　推荐人联系方式：_____

推荐人所在机构/职务：_____

推荐原因（请写推荐的理由以及对项目的建议）：

图1　项目申报意向书模板

项目申报书

项目信息			
项目名称			
项目实施地点			
项目周期			
拟申请资金总额			
项目负责人	姓名		电话
	地址		电子邮箱
项目描述	（不超过500字）		
申请项目的理由和背景			
项目受益人群			
项目总体目标			
项目具体目标	目标1		
	目标2		
	目标3		
	目标4		
项目的主要内容和活动	时间	具体活动	
项目管理			
（请介绍团队的项目管理经验）			
项目团队组成及具体分工			
姓名	性别	职务	项目分工	备注
财务管理			
（请说明项目的财务管理制度）			
项目监测与评估			

（请简要介绍将如何对项目进行监测与评估）
项目风险管理与控制
（请简要介绍项目可能面临的风险及应对方案）
项目/机构可持续发展的思路
（请简要介绍项目/机构可持续发展的思路，不超过500字）

图2　项目申请书模板

目评审小组审批和理事会审批三部分。秘书处有权审批项目资金在5万元及以下的申请。项目评审小组有权审批项目资金为5万~15万元的申请。项目评审小组通常由理事、顾问、秘书长至少5人组成，包括专家学者、与该议题相关的企业家等，以合议的形式遵循多数人同意原则进行评审。项目负责人需做项目PPT陈述，主要涉及立项原因，项目需要解决问题或期望目标，项目团队及服务对象，项目实施时间、地点，项目主要活动内容，活动预算等，并由项目评委进行现场打分。该阶段有十分严格的评审流程和标准，例如创新类的流动人口服务项目，评审标准就是创新性和动员能力等，评委会根据自身的经验以及对组织的了解进行判断，有时还会有媒体的加入。理事会审批需要对15万元及以上资助金额的项目进行讨论和表决，实行多数票通过制度。通常来说，项目评审由理事会主席发起，秘书长务必参加，还需有3~4名理事出席。

第二，签订协议。千禾基金会须与合作伙伴商榷协议书细节以示尊重。双方在完成上述细节后，须于双方完成签署当日将协议扫描并存档。

第三，发放款项。拨付款项包括以下几个环节：确认拨款所需资料—账户信息核对（整理受资助项目账户信息，更新资助项目通信录）—确认拨款时间、额度及周期—拨款—对方确认拨款等。其中，拨款额度依据项目所申报的周期而定，可分为一次拨款、分期拨款（通常情况第一期占总额的60%，具体需和受资助方商榷）。除划拨款项以外，千禾基金会对项目的支持还体现在后期的服务上，为组织提供一定的资源链接和软件支持。

3. 项目跟进与监测

项目跟进与监测是千禾基金会对合作机构运行情况的及时掌握和有效监督。一方面，受资助机构需要对项目进行自我监测与评估，并在项目申报时详细列出监测步骤和计划，于实施阶段付诸实践，保证项目质量；另一方面，千禾基金会在合作机构自我监测的基础上对其进行定期跟进和再监测。前者是受资助机构的自我管理，后者是千禾基金会对机构的外部监督。具体而言，自我管理是外部监督的依据和基础，因此两者既相互联系又有所区别。项目跟进主要通过现场检查和二手资料收集两种方式进行。现场监测要求项目官员至少以一年一次的频率参加各个受资助方的活动，项目现场考察至少每年一次，并形成访点报告进行分享，其中包括参与活动、了解当地外部环境和机构运行状况、抽查财务票据及真实性，访谈受益人等。项目官员需要依据项目书的内容判断组织是否按照原定计划执行。但对于广东省外的项目而言，更多是以资料管理和电话沟通为主。二手资料收集要求项目负责人每季度至少与项目负责人做一次交流，收集季度报告，并形成文件存档。

千禾基金会采取严格的汇报制度，要求项目官员每周在秘书处通报项目进度；每两个月与中山大学公民与社会发展研究中心（ICS）互通合作伙伴信息；每季度协助编制千禾基金会工作简报，向理事会汇报；对于委托人指定捐赠项目，需要随时向捐赠人汇报。

4. 项目结项与总结

当满足以下条件时，项目方才正式结束：所有计划的活动已经完成（或经双方协商决定不再实施）；所有项目拨款或退款都已经处理完毕；千禾基金会收到并接受所有工作报告和财务报告；审计报告已经完成；所有跟进行动已经完成。项目结束后，项目官员需要以项目报告形式向项目资助人/理事会汇报，将总结报告、财务报告、评估报告、审计报告和活动照片或视频进行归档和整理。项目负责人需要召集专家进行评估，本地的项目需要专家前往现场考察。项目结项时会给每个项目后续发展建议，注重项目的可持续性和学习性。

对于未能如期完成的项目，可以延期或申请续期。项目延长期限不得超过原先项目期限的一半。项目续期是指，项目在结束前提出申请下一年度的资助，原则上不超过 3 年。合作伙伴须在项目正式结束前两个月提交下一年度资助申请。项目官员必须到项目现场进行考察和评估，并形成报告。此外，必须在上期项目被秘书处认可的情况下才可申请续期。在申请续期的情况下，不需要交还上期项目的余款，但余款必须作为下一年度预算结转的一部分。

五　总结

千禾基金会经过近十年的发展，在项目资助管理方面体现出如下特征。

（一）专业化和标准化的管理模式

千禾基金会重视专业化发展和标准化管理。一方面，"专业化"体现在千禾基金会较为聚焦的议题导向。具体而言，作为一家社区基金会，千禾基金会把珠三角视为资助区域，对当地社区发展现状及面临的区域性社会问题进行了前期的调查。根据他们的研究，珠三角地区有三大问题需要重点解决：一是大量流动人口给社区融合带来的挑战；二是"先污染，后治理"的工业化模式带来的环境污染问题；三是贫富差距带来的针对社区弱势群体的社区公益发展问题。千禾基金会瞄准这些亟须解决的社会问题，现有业务主要围绕这三大领域开展。目前，千禾基金会每年的公益支出大约为 1500 万元。[①]

另一方面，"标准化"体现在管理流程的规范与严谨上。科学的项目设计和甄选过程，为项目的有效实施奠定了基础。千禾基金会选择合作伙伴的要求十分严格，且每一步都有据可循，受资助方需要提供详细准确的信息和计划，例如项目资金预算表、项目工作进度表等，供项目管理和理事会判断选择。此外，千禾基金会还注重挑选"志同道合"的伙伴共同成长，"理念契合非常重要……我们的期望是能够帮助合作伙伴发展壮大，并且让他们越做越规范"[②]。这些都有利于保证千禾基金会资助项目的顺利开展，以及千禾基金会自身的持续性运作。在内部工作流程方面，千禾基金会对所有工作进程建立了标准化的流程控制系统，制定了时间计划表系统（action plan）等用以监督项目的实际运行进度。

（二）持续化的跟踪管理流程

千禾基金会致力于保证整个业务流程可跟踪、可复制、可把控，注重且善于进行持续性的管理思路，对于项目实施过程进行及时的纠偏，实现全过程控制。首先，从项目管理上看，千禾基金会强调项目官员对合作伙伴的现

---

① 资料来源：《千禾社区基金会年报 2016~2017》。
② 来自课题组对广东省千禾社区公益基金会团队的访谈记录，访谈日期：2017 年 7 月 24 日。

场考察与实时了解。在项目申请初期，项目官员要对机构和社区进行走访，掌握真实情况；项目实施过程中，项目官员还要前往现场 1~2 次，跟踪项目执行的落实进度以及出现的问题。千禾基金会之所以能做到这一点主要缘于较为集中的议题设定以及较小规模的资助额度。此外，千禾基金会采取严格的汇报制度，受资助机构需向不同的合作方报告项目进展和结项情况，包括理事会、项目官员、中山大学公民与社会发展研究中心等。其次，从结果导向上看，若项目最后未能如期完成，千禾基金会会采取相应措施控制款项的拨放，例如延缓拨款或者终止资助等。

（三）能力建设为核心的"资助＋"管理思路

千禾基金会是中国资助型社区基金会的一个缩影。千禾基金会自身的思考和转型与整个基金会行业的发展趋势紧密相连。这些趋势可以归纳为：一些传统的运作型基金会开始逐步尝试资助；项目资助仍占据主导，但战略型资助开始出现；从单向度的组织资助到行业推动与跨部门合作；从资金资助到资金、能力、人才培养的全方位立体支持；从关注短期的需求到注重长期的社会影响力。总而言之，"资助＋"所强调的不仅仅是资金支持，更关注软实力的提升，包括建立学习型组织、树立行动逻辑框架、提升组织能力建设和实现组织的可持续发展。

（四）资源整合为特色、社会网络为依托的资助手段

基于珠三角地区社会需求与民间公益组织发展实际，在流动人口社区服务、民间环保组织资助、灾后社区重建等诸多领域，千禾基金会与有着相似理念的基金会共同实施了多项联合资助计划，实现资源整合与共享。联合资助的价值不仅在于资助资金总量与规模的扩大，而且在多家基金会建立有效合作机制的基础上，合作资助也使每家基金会的优势、资源与影响得到充分的发挥与展现，有利于提升资助绩效，产生更大的社会影响与社会价值。例如，为了推动社区公益理念的传播、支持扎根在社区的公益组织成长，千禾基金会与《广州日报》"广爱慈善基金"、广州市慈善会共同发起"广爱同

行社区公益计划"，并借助传媒的资源和优势举办"社区公益节"，推广社区公益模式。

以社会网络为依托是指通过创造和搭建平台等新型手段，进行公益传播、提升筹款能力、实现项目资助。例如，千禾基金会与中国扶贫基金会合作，共同发起"益动广州：公益健行团队赛"，希望通过"益动广州"这一平台，推动广州及其他珠三角地区实现社会公众资源、民间公益组织与弱势社区需求之间的连接。从2013年开始，"益动广州"借鉴联合劝募的模式，向珠三角地区的民间公益组织开放，千禾基金会通过提供专业服务，支持更多的社会组织借助这一平台进行募款，全面提升组织传播与筹资能力。此外，2012年至今，千禾基金会作为第三方执行机构连续三年参与推动"佛山公益慈善项目大赛"，通过征集在佛山本地能有效回应社区需求的公益慈善创新项目，连接在地企业及社会团体等多方资源与优秀项目对接。通过这一社会网络平台，一个公益跨界合作与协同创新的网络和机制正在生成。各种力量的聚合，正构建着佛山公益慈善的新格局。

与此同时，"非限定性资助"也正在兴起。千禾基金会将决策权交给合作伙伴，以提高组织应对变化环境的适应力，更富灵活性地开展相关工作。千禾基金会及国内一些具有战略思维的基金会都已采用这种资助模式。这些项目对公益行业产生了巨大影响，正在构建着面向未来的公益模式。

附　录
Appendix

G.9
基金会榜单

表1　2015年中国基金会净资产 Top 50

排序	名称	注册地	所在地区	净资产（亿元）
1	清华大学教育基金会	民政部	北京市	51.73
2	北京大学教育基金会	民政部	北京市	40.25
3	河仁慈善基金会	民政部	北京市	28.28
4	陕西省神木县民生慈善基金会	陕西省	陕西省	27.68
5	上海市慈善基金会	上海市	上海市	25.28
6	老牛基金会	内蒙古自治区	内蒙古自治区	19.74
7	浙江大学教育基金会	民政部	浙江省	17.60
8	上海市大学生科技创业基金会	上海市	上海市	12.37
9	中国青少年发展基金会	民政部	北京市	12.00
10	中国扶贫基金会	民政部	北京市	10.57
11	江苏陶欣伯助学基金会	江苏省	江苏省	10.47
12	南京金陵文化保护发展基金会	江苏省	江苏省	10.47
13	中华全国体育基金会	民政部	北京市	10.28
14	上海交通大学教育发展基金会	上海市	上海市	9.85

排序	名称	注册地	所在地区	净资产（亿元）
15	中国癌症基金会	民政部	北京市	9.74
16	南京大学教育发展基金会	江苏省	江苏省	9.48
17	中国残疾人福利基金会	民政部	北京市	8.32
18	上海民生艺术基金会	上海市	上海市	7.98
19	上海市拥军优属基金会	上海市	上海市	7.63
20	腾讯公益慈善基金会	民政部	广东省	7.23
21	厦门大学教育发展基金会	福建省	福建省	6.98
22	中国光华科技基金会	民政部	北京市	6.40
23	上海宋庆龄基金会	上海市	上海市	5.75
24	北京市中国人民大学教育基金会	北京市	北京市	5.75
25	中国海油公益基金会	民政部	北京市	5.61
26	北京师范大学教育基金会	北京市	北京市	5.28
27	中国儿童少年基金会	民政部	北京市	5.20
28	北京航空航天大学教育基金会	民政部	北京市	5.16
29	中国红十字基金会	民政部	北京市	5.08
30	上海复旦大学教育发展基金会	上海市	上海市	4.88
31	神华公益基金会	民政部	北京市	4.76
32	四川省青少年发展基金会	四川省	四川省	4.61
33	中国教育发展基金会	民政部	北京市	4.40
34	东南大学教育基金会	江苏省	江苏省	4.25
35	上海市体育发展基金会	上海市	上海市	4.22
36	中国妇女发展基金会	民政部	北京市	4.12
37	江苏元林慈善基金会	江苏省	江苏省	4.08
38	中远海运慈善基金会	民政部	北京市	4.00
39	慈济慈善事业基金会	民政部	江苏省	3.80
40	上海市老年基金会	上海市	上海市	3.80
41	爱德基金会	江苏省	江苏省	3.74
42	深圳壹基金公益基金会	深圳市	广东省	3.71
43	中国宋庆龄基金会	民政部	北京市	3.71
44	福建省发树慈善基金会	福建省	福建省	3.34
45	广东省雁洋公益基金会	广东省	广东省	3.33
46	上海汽车工业科技发展基金会	上海市	上海市	3.27
47	中国博士后科学基金会	民政部	北京市	3.25
48	深圳市警察基金会	广东省	广东省	3.22
49	中国和平发展基金会	民政部	北京市	3.21
50	西北工业大学教育基金会	民政部	陕西省	3.11

表2　2015年中国基金会总收入Top 50

排序	名称	注册地	所在地区	总收入(亿元)
1	中国癌症基金会	民政部	北京市	30.43
2	清华大学教育基金会	民政部	北京市	22.75
3	老牛基金会	内蒙古自治区	内蒙古自治区	15.72
4	中国博士后科学基金会	民政部	北京市	12.76
5	中国教育发展基金会	民政部	北京市	10.85
6	上海市慈善基金会	上海市	上海市	9.44
7	北京大学教育基金会	民政部	北京市	8.51
8	中国光华科技基金会	民政部	北京市	6.62
9	中国初级卫生保健基金会	民政部	北京市	6.01
10	中国青少年发展基金会	民政部	北京市	5.96
11	浙江大学教育基金会	民政部	浙江省	5.47
12	中国扶贫基金会	民政部	北京市	5.45
13	中国妇女发展基金会	民政部	北京市	5.44
14	中国残疾人福利基金会	民政部	北京市	5.40
15	腾讯公益慈善基金会	民政部	广东省	4.97
16	中国儿童少年基金会	民政部	北京市	4.43
17	上海交通大学教育发展基金会	上海市	上海市	4.35
18	厦门大学教育发展基金会	福建省	福建省	3.87
19	福建省发树慈善基金会	福建省	福建省	3.04
20	上海复旦大学教育发展基金会	上海市	上海市	2.83
21	中国社会福利基金会	民政部	北京市	2.81
22	爱佑慈善基金会	民政部	北京市	2.76
23	中国红十字基金会	民政部	北京市	2.68
24	广东省扶贫基金会	广东省	广东省	2.61
25	南京大学教育发展基金会	江苏省	江苏省	2.32
26	河仁慈善基金会	民政部	北京市	2.23
27	中国人口福利基金会	民政部	北京市	2.22
28	浙江敦和慈善基金会	浙江省	浙江省	2.08
29	北京师范大学教育基金会	北京市	北京市	2.03
30	中华少年儿童慈善救助基金会	民政部	北京市	1.94
31	北京华彬文化基金会	北京市	北京市	1.91
32	广东省和的慈善基金会	广东省	广东省	1.87
33	中国出生缺陷干预救助基金会	民政部	北京市	1.87
34	中国下一代教育基金会	民政部	北京市	1.83

续表

排序	名称	注册地	所在地区	总收入（亿元）
35	中华思源工程扶贫基金会	民政部	北京市	1.81
36	宁夏回族自治区燕宝慈善基金会	宁夏回族自治区	宁夏回族自治区	1.77
37	北京市中国人民大学教育基金会	北京市	北京市	1.74
38	天津大学北洋教育发展基金会	天津市	天津市	1.70
39	北京市红十字基金会	北京市	北京市	1.66
40	中国文学艺术基金会	民政部	北京市	1.66
41	陕西省神木县民生慈善基金会	陕西省	陕西省	1.66
42	中国健康促进基金会	民政部	北京市	1.63
43	深圳壹基金公益基金会	深圳市	广东省	1.62
44	上海市大学生科技创业基金会	上海市	上海市	1.62
45	民生人寿保险公益基金会	民政部	上海市	1.62
46	广东省中山大学教育发展基金会	广东省	广东省	1.60
47	厦门仁爱医疗基金会	厦门市	福建省	1.59
48	中华社会救助基金会	民政部	北京市	1.57
49	爱德基金会	江苏省	江苏省	1.56
50	重庆市扶贫基金会	重庆市	重庆市	1.54

表3　2015年中国基金会捐赠收入 Top 50

排序	基金会名称	注册地	所在地	总收入（亿元）
1	中国癌症基金会	民政部	北京市朝阳区	30.28
2	老牛基金会	内蒙古自治区	内蒙古自治区呼和浩特市	15.34
3	清华大学教育基金会	民政部	北京市海淀区	11.82
4	上海市慈善基金会	上海市	上海市静安区	8.18
5	北京大学教育基金会	民政部	北京市海淀区	6.66
6	中国光华科技基金会	民政部	北京市东城区	6.17
7	中国初级卫生保健基金会	民政部	北京市东城区	5.97
8	中国妇女发展基金会	民政部	北京市东城区	5.35
9	中国青少年发展基金会	民政部	北京市朝阳区	5.01
10	中国残疾人福利基金会	民政部	北京市东城区	4.90
11	中国扶贫基金会	民政部	北京市海淀区	4.90
12	腾讯公益慈善基金会	民政部	广东省深圳市南山区	4.80
13	浙江大学教育基金会	民政部	浙江省杭州市西湖区	4.52
14	徐州市金盾阳光优抚基金会	江苏省徐州市	江苏省徐州市泉山区	4.41
15	中国儿童少年基金会	民政部	北京市东城区	3.81

续表

排序	基金会名称	注册地	所在地	总收入（亿元）
16	厦门大学教育发展基金会	福建省	福建省厦门市思明区	3.71
17	上海复旦大学教育发展基金会	上海市	上海市杨浦区	3.57
18	福建省发树慈善基金会	福建省	福建省福州市鼓楼区	3.00
19	中国教育发展基金会	民政部	北京市西城区	2.84
20	中国社会福利基金会	民政部	北京市西城区	2.71
21	爱佑慈善基金会	民政部	北京市朝阳区	2.67
22	广东省扶贫基金会	广东省	广东省广州市越秀区	2.49
23	上海交通大学教育发展基金会	上海市	上海市闵行区	2.26
24	浙江敦和慈善基金会	浙江省	浙江省杭州市滨江区	2.02
25	中国人口福利基金会	民政部	北京市海淀区	1.96
26	中华少年儿童慈善救助基金会	民政部	北京市西城区	1.91
27	北京华彬文化基金会	北京市	北京市朝阳区	1.87
28	北京师范大学教育基金会	北京市	北京市海淀区	1.85
29	广东省和的慈善基金会	广东省	广东省佛山市顺德区	1.84
30	中国下一代教育基金会	民政部	北京市东城区	1.79
31	宁夏回族自治区燕宝慈善基金会	宁夏回族自治区	宁夏回族自治区银川市兴庆区	1.77
32	中华思源工程扶贫基金会	民政部	北京市朝阳区	1.76
33	北京市红十字基金会	北京市	北京市丰台区	1.66
34	民生人寿保险公益基金会	民政部	上海市浦东新区	1.62
35	天津大学北洋教育发展基金会	天津市	天津市南开区	1.61
36	中国红十字基金会	民政部	北京市东城区	1.59
37	厦门仁爱医疗基金会	福建省厦门市	福建省厦门市思明区	1.59
38	中华社会救助基金会	民政部	北京市朝阳区	1.53
39	重庆市扶贫基金会	重庆市	重庆市江北区	1.52
40	广东省中山大学教育发展基金会	广东省	广东省广州市海珠区	1.49
41	深圳壹基金公益基金会	广东省深圳市	广东省深圳市盐田区	1.48
42	中国健康促进基金会	民政部	北京市丰台区	1.47
43	绍兴市柯桥区人民教育基金会	浙江省	浙江省绍兴市柯桥区	1.47
44	贵州省青少年发展基金会	贵州省	贵州省贵阳市南明区	1.46
45	广东省国强公益基金会	广东省	广东省佛山市顺德区	1.40
46	爱德基金会	江苏省	江苏省南京市鼓楼区	1.35
47	慈济慈善事业基金会	民政部	江苏省苏州市姑苏区	1.31
48	河南省宋庆龄基金会	河南省	河南省郑州市金水区	1.29
49	吉林大学教育基金会	吉林省	吉林省长春市朝阳区	1.29
50	阿里巴巴公益基金会	民政部	浙江省杭州市余杭区	1.22

表 4 2015 年中国基金会政府补助收入 Top 50

排序	基金会名称	注册地	所在地	总收入（亿元）
1	中国博士后科学基金会	民政部	北京市海淀区	12.69
2	中国教育发展基金会	民政部	北京市西城区	7.78
3	中国出生缺陷干预救助基金会	民政部	北京市朝阳区	1.79
4	上海市大学生科技创业基金会	上海市	上海市杨浦区	1.19
5	中国文学艺术基金会	民政部	北京市朝阳区	0.98
6	中国红十字基金会	民政部	北京市东城区	0.86
7	上海文化发展基金会	上海市	上海市黄浦区	0.79
8	宁波市巨灾保险基金会	浙江省宁波市	浙江省宁波市江北区	0.69
9	四川省青年创业就业基金会	四川省	四川省成都市青羊区	0.66
10	上海市老年基金会	上海市	上海市长宁区	0.56
11	中国儿童少年基金会	民政部	北京市东城区	0.50
12	上海社会科学院智库建设基金会	上海市	上海市黄浦区	0.50
13	上海市拥军优属基金会	上海市	上海市徐汇区	0.43
14	四川省宜宾市教育基金会	四川省	四川省宜宾市翠屏区	0.33
15	吉林省人才开发基金会	吉林省	吉林省长春市朝阳区	0.33
16	上海市职工帮困基金会	上海市	上海市黄浦区	0.29
17	上海市慈善基金会	上海市	上海市静安区	0.28
18	徐州市金盾阳光优抚基金会	江苏省徐州市	江苏省徐州市泉山区	0.21
19	北京国际音乐节艺术基金会	北京市	北京市朝阳区	0.20
20	中国人口福利基金会	民政部	北京市海淀区	0.19
21	新疆维吾尔自治区送温暖工程基金会	新疆维吾尔自治区	新疆维吾尔自治区乌鲁木齐市	0.18
22	深圳市拥军优属基金会	广东省	广东省深圳市福田区	0.16
23	无锡环境保护基金会	江苏省无锡市	江苏省无锡市	0.16
24	湖南省九嶷山舜帝陵基金会	湖南省	湖南省永州市冷水滩区	0.15
25	陕西省西安残疾人福利基金会	陕西省	陕西省西安市新城区	0.15
26	青海省青年创业就业基金会	青海省	青海省西宁市城中区	0.14
27	重庆市民泰社区公益事业发展基金会	重庆市	重庆市南岸区	0.13
28	重庆社会救助基金会	重庆市	重庆市渝北区	0.12
29	广东省博物馆事业发展基金会	广东省	广东省广州市天河区	0.11
30	吉林省志愿服务发展基金会	吉林省	吉林省长春市朝阳区	0.10
31	中国孔子基金会	民政部	山东省济南市	0.10

续表

排序	基金会名称	注册地	所在地	总收入（亿元）
32	北京志愿服务基金会	北京市	北京市海淀区	0.10
33	张家港市见义勇为基金会	江苏省	江苏省苏州市张家港市	0.09
34	宁夏银川大学教育发展基金会	宁夏回族自治区	宁夏回族自治区银川市永宁县	0.09
35	广州市羊城志愿服务基金会	广东省	广东省广州市越秀区	0.08
36	湖北省扶贫基金会	湖北省	湖北省武汉市武昌区	0.07
37	重庆市青年创新创业基金会	重庆市	重庆市渝中区	0.06
38	南京市见义勇为基金会	江苏省	江苏省南京市白下区	0.06
39	广州市花都区教育基金会	广东省	广东省广州市花都区	0.06
40	天津市华夏未来文化艺术基金会	天津市	天津市河西区	0.06
41	中国电影基金会	民政部	北京市海淀区	0.06
42	常德市教育基金会	湖南省	湖南省常德市鼎城区	0.06
43	四川省志愿服务基金会	四川省	四川省成都市青羊区	0.05
44	中国绿化基金会	民政部	北京市东城区	0.05
45	杭州市农业技术推广基金会	浙江省	浙江省杭州市上城区	0.05
46	江苏省法律援助基金会	江苏省	江苏省南京市鼓楼区	0.05
47	成都市见义勇为基金会	四川省	四川省成都市青羊区	0.05
48	内蒙古体育发展基金会	内蒙古自治区	内蒙古自治区呼和浩特市新城区	0.05
49	厦门市翔安区教育基金会	福建省	福建省厦门市翔安区	0.05
50	嘉兴市农业技术推广基金会	浙江省	浙江省嘉兴市南湖区	0.05

表5　2015年中国基金会投资收入 Top 50

排序	基金会名称	注册地	所在地	总收入（万元）
1	清华大学教育基金会	民政部	北京市海淀区	35709
2	河仁慈善基金会	民政部	北京市西城区	21750
3	上海交通大学教育发展基金会	上海市	上海市闵行区	20791
4	北京大学教育基金会	民政部	北京市海淀区	18216
5	南京大学教育发展基金会	江苏省	江苏省南京市	14046
6	北京市中国人民大学教育基金会	北京市	北京市海淀区	10591
7	中国青少年发展基金会	民政部	北京市朝阳区	9427
8	浙江大学教育基金会	民政部	浙江省杭州市西湖区	9276

排序	基金会名称	注册地	所在地	总收入（万元）
9	上海市慈善基金会	上海市	上海市静安区	7228
10	上海市拥军优属基金会	上海市	上海市徐汇区	6732
11	上海科技发展基金会	上海市	上海市黄浦区	5211
12	中国传媒大学南广学院教育发展基金会	江苏省	江苏省南京市江宁区	4870
13	中国光华科技基金会	民政部	北京市东城区	4472
14	中国扶贫基金会	民政部	北京市海淀区	4426
15	江苏陶欣伯助学基金会	江苏省	江苏省南京市秦淮区	3814
16	中国海油公益基金会	民政部	北京市东城区	3609
17	上海宋庆龄基金会	上海市	上海市静安区	3110
18	上海市大学生科技创业基金会	上海市	上海市杨浦区	2957
19	上海唐君远教育基金会	上海市	上海市徐汇区	2904
20	中远海运慈善基金会	民政部	北京市西城区	2785
21	中国和平发展基金会	民政部	北京市海淀区	2609
22	中国宋庆龄基金会	民政部	北京市西城区	2450
23	上海市教育发展基金会	上海市	上海市静安区	2405
24	深圳市警察基金会	广东省	广东省深圳市罗湖区	2191
25	中国科学院大学教育基金会	民政部	北京市石景山区	2177
26	爱德基金会	江苏省	江苏省南京市鼓楼区	2063
27	天津市振兴文化艺术基金会	天津市	天津市河北区	2036
28	无锡公安大病特困救助基金会	江苏省	江苏省无锡市梁溪区	1917
29	中国红十字基金会	民政部	北京市东城区	1870
30	广东省易方达教育基金会	广东省	广东省广州市天河区	1805
31	中国经济改革研究基金会	民政部	北京市海淀区	1726
32	上海复旦大学教育发展基金会	上海市	上海市杨浦区	1702
33	厦门大学教育发展基金会	福建省	福建省厦门市思明区	1567
34	北京航空航天大学教育基金会	民政部	北京市海淀区	1563
35	北京邮电大学教育基金会	北京市	北京市海淀区	1542
36	紫金矿业慈善基金会	民政部	福建省龙岩市上杭县	1500
37	广东省汕头大学教育基金会	广东省	广东省汕头市金平区	1436
38	深圳壹基金公益基金会	广东省深圳市	广东省深圳市盐田区	1413
39	中华农业科教基金会	民政部	北京市朝阳区	1358
40	湖南省教育基金会	湖南省	湖南省长沙市岳麓区	1299
41	江苏元林慈善基金会	江苏省	江苏省无锡市江阴市	1265
42	苏州市党员关爱暨帮扶困难群众基金会	江苏省	江苏省苏州市平江区	1259

续表

排序	基金会名称	注册地	所在地	总收入 （万元）
43	上海市老年基金会	上海市	上海市长宁区	1249
44	常州市见义勇为基金会	江苏省	江苏省常州市武进区	1228
45	上海市中小学幼儿教师奖励基金会	上海市	上海市静安区	1217
46	智善公益基金会	民政部	北京市海淀区	1086
47	爱慕公益基金会	民政部	北京市朝阳区	1072
48	浙江省农业技术推广基金会	浙江省	浙江省杭州市下城区	1064
49	中华艺文基金会	民政部	北京市东城区	1050
50	中国航天基金会	民政部	北京市朝阳区	1043

表6　2015年中国基金会公益事业支出Top 50

排序	基金会名称	注册地	所在地	总支出 （亿元）
1	中国癌症基金会	民政部	北京市朝阳区	26.45
2	中国博士后科学基金会	民政部	北京市海淀区	12.25
3	中国教育发展基金会	民政部	北京市西城区	10.71
4	清华大学教育基金会	民政部	北京市海淀区	7.27
5	上海市慈善基金会	上海市	上海市静安区	6.52
6	中国光华科技基金会	民政部	北京市东城区	5.65
7	中国初级卫生保健基金会	民政部	北京市东城区	4.84
8	中国妇女发展基金会	民政部	北京市东城区	4.80
9	中国残疾人福利基金会	民政部	北京市东城区	4.68
10	中国青少年发展基金会	民政部	北京市朝阳区	4.15
11	中国扶贫基金会	民政部	北京市海淀区	3.94
12	广东省扶贫基金会	广东省	广东省广州市越秀区	3.18
13	北京大学教育基金会	民政部	北京市海淀区	2.89
14	中国儿童少年基金会	民政部	北京市东城区	2.62
15	上海交通大学教育发展基金会	上海市	上海市闵行区	2.56
16	中国社会福利基金会	民政部	北京市西城区	2.45
17	中国红十字基金会	民政部	北京市东城区	2.37
18	腾讯公益慈善基金会	民政部	广东省深圳市南山区	2.28
19	神华公益基金会	民政部	北京市东城区	2.08
20	中国光彩事业基金会	民政部	北京市西城区	1.88

排序	基金会名称	注册地	所在地	总支出（亿元）
21	河仁慈善基金会	民政部	北京市西城区	1.80
22	老牛基金会	内蒙古自治区	内蒙古自治区呼和浩特市	1.79
23	爱佑慈善基金会	民政部	北京市朝阳区	1.78
24	北京市红十字基金会	北京市	北京市丰台区	1.59
25	中国人口福利基金会	民政部	北京市海淀区	1.58
26	中华思源工程扶贫基金会	民政部	北京市朝阳区	1.57
27	浙江大学教育基金会	民政部	浙江省杭州市西湖区	1.53
28	贵州省青少年发展基金会	贵州省	贵州省贵阳市南明区	1.46
29	南京大学教育发展基金会	江苏省	江苏省南京市	1.45
30	上海市老年基金会	上海市	上海市长宁区	1.44
31	河南省宋庆龄基金会	河南省	河南省郑州市金水区	1.35
32	阿里巴巴公益基金会	民政部	浙江省杭州市余杭区	1.35
33	中国健康促进基金会	民政部	北京市丰台区	1.25
34	中国法律援助基金会	民政部	北京市西城区	1.23
35	北京交通大学教育基金会	民政部	北京市海淀区	1.20
36	中国文学艺术基金会	民政部	北京市朝阳区	1.18
37	深圳壹基金公益基金会	广东省深圳市	广东省深圳市盐田区	1.18
38	福建省发树慈善基金会	福建省	福建省福州市鼓楼区	1.14
39	宁夏回族自治区燕宝慈善基金会	宁夏回族自治区	宁夏回族自治区银川市兴庆区	1.13
40	慈济慈善事业基金会	民政部	江苏省苏州市姑苏区	1.10
41	中国海油公益基金会	民政部	北京市东城区	1.10
42	广东省中山大学教育发展基金会	广东省	广东省广州市海珠区	1.07
43	中华少年儿童慈善救助基金会	民政部	北京市西城区	1.05
44	中国青年创业就业基金会	民政部	北京市东城区	1.02
45	北京师范大学教育基金会	北京市	北京市海淀区	1.01
46	上海复旦大学教育发展基金会	上海市	上海市杨浦区	0.99
47	浙江敦和慈善基金会	浙江省	浙江省杭州市滨江区	0.99
48	姜堰市教育发展基金会	江苏省	江苏省泰州市姜堰区	0.98
49	云南省医疗扶贫基金会	云南省	云南省昆明市西山区	0.96
50	华润慈善基金会	民政部	广东省深圳市罗湖区	0.94

表 7　2015 年中国基金会行政支出 Top 50

排序	基金会名称	注册地	所在地	总支出（万元）
1	中国光华科技基金会	民政部	北京市东城区	1997
2	上海市慈善基金会	上海市	上海市静安区	1162
3	中国青少年发展基金会	民政部	北京市朝阳区	1115
4	中国残疾人福利基金会	民政部	北京市东城区	854
5	清华大学教育基金会	民政部	北京市海淀区	594
6	中国妇女发展基金会	民政部	北京市东城区	503
7	中国红十字基金会	民政部	北京市东城区	473
8	四会市教育基金会	广东省	广东省肇庆市四会市	469
9	中国儿童少年基金会	民政部	北京市东城区	448
10	爱佑慈善基金会	民政部	北京市朝阳区	394
11	北京大学教育基金会	民政部	北京市海淀区	369
12	中国健康促进基金会	民政部	北京市丰台区	368
13	老牛基金会	内蒙古自治区	内蒙古自治区呼和浩特市	337
14	中国社会福利基金会	民政部	北京市西城区	324
15	福建省发树慈善基金会	福建省	福建省福州市鼓楼区	312
16	浙江敦和慈善基金会	浙江省	浙江省杭州市滨江区	305
17	河仁慈善基金会	民政部	北京市西城区	305
18	中国法律援助基金会	民政部	北京市西城区	292
19	上海市教育发展基金会	上海市	上海市静安区	268
20	上海文化发展基金会	上海市	上海市黄浦区	255
21	中国下一代教育基金会	民政部	北京市东城区	255
22	爱德基金会	江苏省	江苏省南京市鼓楼区	239
23	深圳壹基金公益基金会	广东省深圳市	广东省深圳市盐田区	234
24	中国初级卫生保健基金会	民政部	北京市东城区	220
25	中国航天基金会	民政部	北京市朝阳区	212
26	上海宋庆龄基金会	上海市	上海市静安区	212
27	中国扶贫基金会	民政部	北京市海淀区	212
28	江苏陶欣伯助学基金会	江苏省	江苏省南京市秦淮区	211
29	苏州五博公益基金会	江苏省苏州市	江苏省苏州市吴中区	190
30	中华思源工程扶贫基金会	民政部	北京市朝阳区	188
31	中国光彩事业基金会	民政部	北京市西城区	179
32	中国发展研究基金会	民政部	北京市东城区	175

排序	基金会名称	注册地	所在地	总支出（万元）
33	中国老龄事业发展基金会	民政部	北京市朝阳区	173
34	上海市老年基金会	上海市	上海市长宁区	168
35	吴阶平医学基金会	民政部	北京市朝阳区	167
36	中国癌症基金会	民政部	北京市朝阳区	161
37	上海市拥军优属基金会	上海市	上海市徐汇区	157
38	河南省宋庆龄基金会	河南省	河南省郑州市金水区	150
39	中国绿色碳汇基金会	民政部	北京市东城区	150
40	中华全国体育基金会	民政部	北京市东城区	141
41	中国人权发展基金会	民政部	北京市东城区	140
42	北京航空航天大学教育基金会	民政部	北京市海淀区	140
43	南京外国语学校教育基金会	江苏省	江苏省南京市玄武区	132
44	中华艺文基金会	民政部	北京市东城区	132
45	广东省扶贫基金会	广东省	广东省广州市越秀区	129
46	安徽省人口基金会	安徽省	安徽省合肥市瑶海区	126
47	中华社会文化发展基金会	民政部	北京市东城区	125
48	中华环境保护基金会	民政部	北京市东城区	124
49	深圳市现代创新发展基金会	广东省深圳市	广东省深圳市福田区	122
50	南京大学教育发展基金会	江苏省	江苏省南京市	120

表8　2015年中国基金会项目支出 Top 50

排序	基金会名称	注册地	所在地	项目名称	项目支出（万元）
1	中国癌症基金会	民政部	北京市朝阳区	赫赛汀患者援助项目	129198
2	中国教育发展基金会	民政部	北京市西城区	中央专项彩票公益金资助项目	75645
3	中国癌症基金会	民政部	北京市朝阳区	索坦患者援助项目	74773
4	中国博士后科学基金会	民政部	北京市海淀区	博士后日常经费	68980
5	中国博士后科学基金会	民政部	北京市海淀区	博士后基金	52112
6	江苏协鑫阳光慈善基金会	江苏省	江苏省南京市建邺区	关爱孤残儿童志愿行动	43164
7	上海市慈善基金会	上海市	上海市静安区	助困支出	36156
8	中国癌症基金会	民政部	北京市朝阳区	赛可瑞患者援助项目	29897

续表

排序	基金会名称	注册地	所在地	项目名称	项目支出（万元）
9	清华大学教育基金会	民政部	北京市海淀区	教育基金	29608
10	中国光华科技基金会	民政部	北京市东城区	书海工程	25162
11	中国妇女发展基金会	民政部	北京市东城区	其他	23884
12	清华大学教育基金会	民政部	北京市海淀区	苏世民学者项目	19896
13	中国初级卫生保健基金会	民政部	北京市东城区	生命绿洲	18763
14	中国青少年发展基金会	民政部	北京市朝阳区	学生资助项目	18010
15	中国光华科技基金会	民政部	北京市东城区	物华工程	15969
16	中国癌症基金会	民政部	北京市朝阳区	瑞复美患者援助项目	15489
17	山西省代县雁门济困助学教育基金会	山西省	山西省忻州市代县	济困助学	13661
18	北京市红十字基金会	北京市	北京市丰台区	携手希望，畅想生命（原防治肿瘤基金）	13424
19	中国红十字基金会	民政部	北京市东城区	红十字天使计划	11909
20	中国青少年发展基金会	民政部	北京市朝阳区	学校资助项目	11472
21	福建省发树慈善基金会	福建省	福建省福州市鼓楼区	资助办学	11249
22	河南省宋庆龄基金会	河南省	河南省郑州市金水区	青少年活动中心公益设施建设	10989
23	中国儿童少年基金会	民政部	北京市东城区	安康计划	10844
24	爱佑慈善基金会	民政部	北京市朝阳区	爱佑童心	10683
25	宁夏回族自治区燕宝慈善基金会	宁夏回族自治区	宁夏回族自治区银川市兴庆区	二期捐资助学项目	10437
26	广东省扶贫基金会	广东省	广东省广州市越秀区	2015 年扶贫济困日活动	10403
27	中国法律援助基金会	民政部	北京市西城区	中央彩票公益金法律援助项目	10368
28	南京大学教育发展基金会	江苏省	江苏省南京市	校园建设	10085
29	北京交通大学教育基金会	民政部	北京市海淀区	学校基础设施建设	10000
30	阿里巴巴公益基金会	民政部	浙江省杭州市余杭区	浙江马云公益基金会项目	10000
31	中国妇女发展基金会	民政部	北京市东城区	中央专项彩票公益金	9922

续表

排序	基金会名称	注册地	所在地	项目名称	项目支出（万元）
32	厦门仁爱医疗基金会	福建省厦门市	福建省厦门市思明区	五缘湾综合医院建设项目	9880
33	清华大学教育基金会	民政部	北京市海淀区	研究基金	9795
34	中国文学艺术基金会	民政部	北京市朝阳区	中国文学艺术发展专项基金	9764
35	云南省医疗扶贫基金会	云南省	云南省昆明市西山区	给予基层单位捐赠救护车等医疗器械	9637
36	上海市慈善基金会	上海市	上海市静安区	助医支出	9632
37	腾讯公益慈善基金会	民政部	广东省深圳市南山区	教育及公益倡导项目	9157
38	中国扶贫基金会	民政部	北京市海淀区	紧急救援项目	9140
39	神华公益基金会	民政部	北京市东城区	神华爱心行动	9055
40	中国癌症基金会	民政部	北京市朝阳区	万珂患者援助项目	8996
41	上海市慈善基金会	上海市	上海市静安区	助学支出	8947
42	中国残疾人福利基金会	民政部	北京市东城区	明门儿童轮椅项目	8900
43	腾讯公益慈善基金会	民政部	广东省深圳市南山区	互动公益平台项目	8861
44	华润慈善基金会	民政部	广东省深圳市罗湖区	华润希望小镇项目	8683
45	中国红十字基金会	民政部	北京市东城区	中央彩票公益金资助大病儿童项目（资助贫困白血病、先心病儿童项目）	8663
46	中国社会福利基金会	民政部	北京市西城区	渝水社区福利基金	8516
47	中国光华科技基金会	民政部	北京市东城区	光华医学发展促进计划	8443
48	四川圣爱特殊儿童援助基金会	四川省	四川省成都市青羊区	麻风村援助项目	8275
49	中国初级卫生保健基金会	民政部	北京市东城区	手握明天	7916
50	上海市慈善基金会	上海市	上海市静安区	抗灾救灾资助支出	7897

表 9　2015 年中国基金会全职员工数量 Top 50

排序	基金会名称	注册地	所在地	数量(人)
1	中国扶贫基金会	民政部	北京市海淀区	130
2	中国青少年发展基金会	民政部	北京市朝阳区	104
3	爱德基金会	江苏省	江苏省南京市鼓楼区	75
4	深圳壹基金公益基金会	广东省深圳市	广东省深圳市盐田区	72
5	中国光华科技基金会	民政部	北京市东城区	72
6	上海市慈善基金会	上海市	上海市静安区	64
7	中国妇女发展基金会	民政部	北京市东城区	58
8	中国残疾人福利基金会	民政部	北京市东城区	57
9	四川省扶贫基金会	四川省	四川省成都市锦江区	51
10	中国红十字基金会	民政部	北京市东城区	46
11	中国儿童少年基金会	民政部	北京市东城区	42
12	浙江大学教育基金会	民政部	浙江省杭州市西湖区	40
13	爱佑慈善基金会	民政部	北京市朝阳区	39
14	清华大学教育基金会	民政部	北京市海淀区	38
15	中华思源工程扶贫基金会	民政部	北京市朝阳区	37
16	河南省宋庆龄基金会	河南省	河南省郑州市金水区	37
17	上海真爱梦想公益基金会	上海市	上海市浦东新区	35
18	中国孔子基金会	民政部	山东省济南市	35
19	中国人口福利基金会	民政部	北京市海淀区	33
20	北京大学教育基金会	民政部	北京市海淀区	30
21	苏州弘化社慈善基金会	江苏省	江苏省苏州市沧浪区	29
22	老牛基金会	内蒙古自治区	内蒙古自治区呼和浩特市	29
23	海南省残疾人基金会	海南省	海南省海口市美兰区	28
24	河北省卓达养老基金会	河北省	河北省石家庄市栾城区	27
25	中国健康促进基金会	民政部	北京市丰台区	27
26	中华社会救助基金会	民政部	北京市朝阳区	27
27	上海市拥军优属基金会	上海市	上海市徐汇区	27
28	慈济慈善事业基金会	民政部	江苏省苏州市姑苏区	26
29	中国癌症基金会	民政部	北京市朝阳区	26
30	中国发展研究基金会	民政部	北京市东城区	26
31	南京大学教育发展基金会	江苏省	江苏省南京市	26
32	中国文学艺术基金会	民政部	北京市朝阳区	26
33	中华文学基金会	民政部	北京市朝阳区	26
34	北京市企业家环保基金会	北京市	北京市朝阳区	26

排序	基金会名称	注册地	所在地	数量（人）
35	北京文化发展基金会	北京市	北京市西城区	25
36	河北进德公益基金会	河北省	河北省石家庄市桥东区	24
37	友成企业家扶贫基金会	民政部	北京市朝阳区	24
38	中国和平发展基金会	民政部	北京市海淀区	24
39	无锡灵山慈善基金会	江苏省	江苏省无锡市宜兴市	23
40	河南省学生安全救助基金会	河南省	河南省郑州市金水区	23
41	中华环境保护基金会	民政部	北京市东城区	23
42	南都公益基金会	民政部	北京市朝阳区	23
43	中国人权发展基金会	民政部	北京市东城区	23
44	广东省中山大学教育发展基金会	广东省	广东省广州市海珠区	23
45	中国社会福利基金会	民政部	北京市西城区	22
46	北京师范大学教育基金会	北京市	北京市海淀区	22
47	宁夏法源交通事故救助基金会	宁夏回族自治区	宁夏回族自治区银川市兴庆区	22
48	江苏省扶贫基金会	江苏省	江苏省南京市鼓楼区	21
49	浙江敦和慈善基金会	浙江省	浙江省杭州市滨江区	21
50	中华少年儿童慈善救助基金会	民政部	北京市西城区	20

表 10　2015 年中国基金会志愿者数量 Top 50

排序	基金会名称	注册地	所在地	数量（人）
1	重庆市青年志愿服务基金会	重庆市	重庆市渝中区	3850000
2	沈阳市志愿服务基金会	辽宁省	辽宁省沈阳市沈河区	1020000
3	大连慈善基金会	辽宁省	辽宁省大连市中山区	278633
4	广安市关心下一代基金会	四川省	四川省广安市广安区	60000
5	中华少年儿童慈善救助基金会	民政部	北京市西城区	50000
6	宁波市善园公益基金会	浙江省宁波市	浙江省宁波市鄞州区	47033
7	中国扶贫基金会	民政部	北京市海淀区	44987
8	深圳壹基金公益基金会	广东省深圳市	广东省深圳市盐田区	32283
9	河北省志愿服务基金会	河北省	河北省石家庄市桥东区	29600
10	云南省杨善洲绿化基金会	云南省	云南省昆明市盘龙区	22740
11	香江社会救助基金会	民政部	广东省广州市番禺区	20000
12	天津市佛教慈善功德基金会	天津市	天津市河西区	15000
13	北京市阳光保险爱心基金会	北京市	北京市朝阳区	11000
14	无锡灵山慈善基金会	江苏省	江苏省无锡市宜兴市	10000
15	河北慈善联合基金会	河北省	河北省石家庄市高新区	10000
16	辽源市见义勇为基金会	吉林省	吉林省辽源市龙山区	10000

排序	基金会名称	注册地	所在地	数量（人）
17	广东省唯品会慈善基金会	广东省	广东省广州市荔湾区	10000
18	广东省麦田教育基金会	广东省	广东省广州市白云区	10000
19	河南省学生安全救助基金会	河南省	河南省郑州市金水区	10000
20	湖南省公安民警基金会	湖南省	湖南省长沙市芙蓉区	9000
21	中国人保公益慈善基金会	民政部	北京市海淀区	8138
22	北京市仁爱慈善基金会	北京市	北京市丰台区	8000
23	沈阳市职工爱心慈善基金会	辽宁省	辽宁省沈阳市沈河区	8000
24	中华环境保护基金会	民政部	北京市东城区	7670
25	中国金融教育发展基金会	民政部	北京市西城区	7296
26	湖南省郴州市教育基金会	湖南省	湖南省郴州市	6480
27	中华思源工程扶贫基金会	民政部	北京市朝阳区	6000
28	慈济慈善事业基金会	民政部	江苏省苏州市姑苏区	6000
29	南通开发区慈善基金会	江苏省	江苏省南通市	5789
30	四川共缘教育基金会	四川省	四川省成都市金牛区	5400
31	深圳市龙越慈善基金会	广东省深圳市	广东省深圳市福田区	5000
32	辽源市平安基金会	吉林省	吉林省辽源市龙山区	5000
33	重庆市残疾人福利基金会	重庆市	重庆市渝中区	4060
34	贵州省黔东南州见义勇为基金会	贵州省	贵州省黔东南苗族侗族自治州凯里市	3557
35	陕西省西安城墙保护基金会	陕西省	陕西省西安市莲湖区	3500
36	营口市鲅鱼圈区慈善基金会	辽宁省	辽宁省营口市鲅鱼圈区	3470
37	广东省顺丰慈善基金会	广东省	广东省深圳市南山区	3089
38	顺丰公益基金会	民政部	广东省深圳市福田区	3089
39	安徽博爱公益基金会	安徽省	安徽省合肥市蜀山区	3080
40	广州市时代地产公益基金会	广东省	广东省广州市越秀区	3000
41	无锡市太湖禁毒基金会	江苏省	江苏省无锡市梁溪区	3000
42	长沙市慈善基金会	湖南省	湖南省长沙市岳麓区	3000
43	中天爱心慈善基金会	民政部	浙江省杭州市上城区	2600
44	中国癌症基金会	民政部	北京市朝阳区	2500
45	苏州明基友达公益基金会	江苏省苏州市	江苏省苏州市虎丘区	2449
46	连云港市海州区慈善基金会	江苏省	江苏省连云港市海州区	2445
47	厦门市红十字基金会	福建省	福建省厦门市海沧区	2300
48	四川仁爱医疗基金会	四川省	四川省成都市武侯区	2300
49	万科公益基金会	民政部	广东省深圳市盐田区	2156
50	东风公益基金会	民政部	湖北省武汉市硚口区	2100

表 11　2015 年中国基金会境内捐赠收入 Top 50

排序	基金会名称	注册地	所在地	境内捐赠收入（万元）
1	老牛基金会	内蒙古自治区	内蒙古自治区呼和浩特市	153399
2	上海市慈善基金会	上海市	上海市静安区	80470
3	清华大学教育基金会	民政部	北京市海淀区	68706
4	中国光华科技基金会	民政部	北京市东城区	61658
5	北京大学教育基金会	民政部	北京市海淀区	54003
6	中国妇女发展基金会	民政部	北京市东城区	52867
7	中国青少年发展基金会	民政部	北京市朝阳区	49521
8	腾讯公益慈善基金会	民政部	广东省深圳市南山区	47977
9	中国扶贫基金会	民政部	北京市海淀区	46657
10	徐州市金盾阳光优抚基金会	江苏省	江苏省徐州市泉山区	44147
11	厦门大学教育发展基金会	福建省	福建省厦门市思明区	36086
12	中国儿童少年基金会	民政部	北京市东城区	34001
13	浙江大学教育基金会	民政部	浙江省杭州市西湖区	31808
14	中国残疾人福利基金会	民政部	北京市东城区	31133
15	福建省发树慈善基金会	福建省	福建省福州市鼓楼区	30000
16	中国初级卫生保健基金会	民政部	北京市东城区	26352
17	广东省扶贫基金会	广东省	广东省广州市越秀区	24862
18	中国社会福利基金会	民政部	北京市西城区	24525
19	中国教育发展基金会	民政部	北京市西城区	23534
20	浙江敦和慈善基金会	浙江省	浙江省杭州市滨江区	20206
21	爱佑慈善基金会	民政部	北京市朝阳区	19798
22	中国人口福利基金会	民政部	北京市海淀区	19565
23	上海交通大学教育发展基金会	上海市	上海市闵行区	19506
24	北京华彬文化基金会	北京市	北京市朝阳区	18700
25	中华少年儿童慈善救助基金会	民政部	北京市西城区	18545
26	广东省和的慈善基金会	广东省	广东省佛山市顺德区	18364
27	中国下一代教育基金会	民政部	北京市东城区	17815
28	宁夏回族自治区燕宝慈善基金会	宁夏回族自治区	宁夏回族自治区银川市兴庆区	17652
29	中华思源工程扶贫基金会	民政部	北京市朝阳区	17594
30	北京市红十字基金会	北京市	北京市丰台区	16529
31	民生人寿保险公益基金会	民政部	上海市浦东新区	16180
32	厦门仁爱医疗基金会	福建省	福建省厦门市思明区	15910

排序	基金会名称	注册地	所在地	境内捐赠收入（万元）
33	中国红十字基金会	民政部	北京市东城区	15817
34	中华社会救助基金会	民政部	北京市朝阳区	15257
35	重庆市扶贫基金会	重庆市	重庆市江北区	15184
36	天津大学北洋教育发展基金会	天津市	天津市南开区	14863
37	中国健康促进基金会	民政部	北京市丰台区	14745
38	绍兴市柯桥区人民教育基金会	浙江省	浙江省绍兴市柯桥区	14683
39	北京师范大学教育基金会	北京市	北京市海淀区	14626
40	贵州省青少年发展基金会	贵州省	贵州省贵阳市南明区	14561
41	深圳壹基金公益基金会	广东省	广东省深圳市盐田区	14386
42	广东省国强公益基金会	广东省	广东省佛山市顺德区	14048
43	河南省宋庆龄基金会	河南省	河南省郑州市金水区	12915
44	吉林大学教育基金会	吉林省	吉林省长春市朝阳区	12747
45	广东省中山大学教育发展基金会	广东省	广东省广州市海珠区	12253
46	阿里巴巴公益基金会	民政部	浙江省杭州市余杭区	12215
47	上海复旦大学教育发展基金会	上海市	上海市杨浦区	12159
48	中国光彩事业基金会	民政部	北京市西城区	11579
49	深圳市明德实验教育基金会	广东省	广东省深圳市福田区	10988
50	中华国际医学交流基金会	民政部	北京市东城区	10825

表12　2015年中国基金会境外捐赠收入Top 50

排序	基金会名称	注册地	所在地	境外捐赠收入（万元）
1	中国癌症基金会	民政部	北京市朝阳区	298930
2	清华大学教育基金会	民政部	北京市海淀区	49509
3	中国初级卫生保健基金会	民政部	北京市东城区	33326
4	上海复旦大学教育发展基金会	上海市	上海市杨浦区	23587
5	中国残疾人福利基金会	民政部	北京市东城区	17911
6	浙江大学教育基金会	民政部	浙江省杭州市西湖区	13433
7	北京大学教育基金会	民政部	北京市海淀区	12558
8	华润慈善基金会	民政部	广东省深圳市罗湖区	9505
9	慈济慈善事业基金会	民政部	江苏省苏州市姑苏区	7835

续表

排序	基金会名称	注册地	所在地	境外捐赠收入（万元）
10	爱佑慈善基金会	民政部	北京市朝阳区	6906
11	中国教育发展基金会	民政部	北京市西城区	4855
12	中国儿童少年基金会	民政部	北京市东城区	4101
13	北京师范大学教育基金会	北京市	北京市海淀区	3897
14	爱德基金会	江苏省	江苏省南京市鼓楼区	3420
15	友成企业家扶贫基金会	民政部	北京市朝阳区	3342
16	上海交通大学教育发展基金会	上海市	上海市闵行区	3122
17	广东省中山大学教育发展基金会	广东省	广东省广州市海珠区	2609
18	中国社会福利基金会	民政部	北京市西城区	2543
19	苏州大学教育发展基金会	江苏省	江苏省苏州市沧浪区	2495
20	中国扶贫基金会	民政部	北京市海淀区	2377
21	北京达理公益基金会	北京市	北京市西城区	2274
22	中国发展研究基金会	民政部	北京市东城区	2077
23	深圳市陈一丹公益慈善基金会	广东省	广东省深圳市南山区	2002
24	中国拥军优属基金会	民政部	北京市丰台区	1947
25	浙江省新华爱心教育基金会	浙江省	浙江省嘉兴市南湖区	1812
26	北京永青农村发展基金会	北京市	北京市东城区	1789
27	上海市慈善基金会	上海市	上海市静安区	1345
28	天津大学北洋教育发展基金会	天津市	天津市南开区	1255
29	中远海运慈善基金会	民政部	北京市西城区	1200
30	厦门大学教育发展基金会	福建省	福建省厦门市思明区	976
31	广东省暨南大学教育发展基金会	广东省	广东省广州市天河区	865
32	新疆生产建设兵团青少年发展基金会	新疆生产建设兵团	新疆维吾尔自治区乌鲁木齐市天山区	852
33	西安交通大学教育基金会	陕西省	陕西省西安市碑林区	809
34	中国友好和平发展基金会	民政部	北京市东城区	800
35	中华健康快车基金会	民政部	北京市东城区	704
36	浙江马云公益基金会	浙江省	浙江省杭州市	632
37	成都大熊猫繁育研究基金会	四川省	四川省成都市	628
38	上海广慈转化医学研究发展基金会	上海市	上海市黄浦区	622
39	中国妇女发展基金会	民政部	北京市东城区	620
40	北京航空航天大学教育基金会	民政部	北京市海淀区	611

续表

排序	基金会名称	注册地	所在地	境外捐赠收入（万元）
41	北京理工大学教育基金会	民政部	北京市海淀区	586
42	北京修实公益基金会	北京市	北京市朝阳区	576
43	中国青少年发展基金会	民政部	北京市朝阳区	557
44	四川省教育基金会	四川省	四川省成都市青羊区	555
45	中华少年儿童慈善救助基金会	民政部	北京市西城区	522
46	北京市西部阳光农村发展基金会	北京市	北京市海淀区	501
47	广州市南沙区教育基金会	广东省	广东省广州市南沙区	500
48	宁波市人民教育基金会	浙江省	浙江省宁波市海曙区	496
49	中央财经大学教育基金会	民政部	北京市海淀区	484
50	福建集美大学教育发展基金会	福建省	福建省厦门市集美区	462

表 13　2015 年中国公募基金会捐赠收入 Top 50

排序	基金会名称	注册地	所在地	公募基金会捐赠收入（万元）
1	中国癌症基金会	民政部	北京市朝阳区	302779
2	上海市慈善基金会	上海市	上海市静安区	81815
3	中国光华科技基金会	民政部	北京市东城区	61658
4	中国初级卫生保健基金会	民政部	北京市东城区	59678
5	中国妇女发展基金会	民政部	北京市东城区	53487
6	中国青少年发展基金会	民政部	北京市朝阳区	50078
7	中国残疾人福利基金会	民政部	北京市东城区	49045
8	中国扶贫基金会	民政部	北京市海淀区	49034
9	中国儿童少年基金会	民政部	北京市东城区	38102
10	中国教育发展基金会	民政部	北京市西城区	28390
11	中国社会福利基金会	民政部	北京市西城区	27068
12	广东省扶贫基金会	广东省	广东省广州市越秀区	24862
13	中国人口福利基金会	民政部	北京市海淀区	19619
14	中华少年儿童慈善救助基金会	民政部	北京市西城区	19067
15	中国下一代教育基金会	民政部	北京市东城区	17918
16	中华思源工程扶贫基金会	民政部	北京市朝阳区	17641
17	北京市红十字基金会	北京市	北京市丰台区	16554

续表

排序	基金会名称	注册地	所在地	公募基金会捐赠收入（万元）
18	中国红十字基金会	民政部	北京市东城区	15935
19	中华社会救助基金会	民政部	北京市朝阳区	15259
20	重庆市扶贫基金会	重庆市	重庆市江北区	15249
21	深圳壹基金公益基金会	广东省深圳市	广东省深圳市盐田区	14806
22	中国健康促进基金会	民政部	北京市丰台区	14745
23	绍兴市柯桥区人民教育基金会	浙江省	浙江省绍兴市柯桥区	14683
24	贵州省青少年发展基金会	贵州省	贵州省贵阳市南明区	14561
25	爱德基金会	江苏省	江苏省南京市鼓楼区	13470
26	河南省宋庆龄基金会	河南省	河南省郑州市金水区	12915
27	中国光彩事业基金会	民政部	北京市西城区	11579
28	中华国际医学交流基金会	民政部	北京市东城区	10825
29	姜堰市教育发展基金会	江苏省	江苏省泰州市姜堰区	10811
30	宁夏回族自治区扶贫基金会	宁夏回族自治区	宁夏回族自治区银川市兴庆区	10292
31	云南省医疗扶贫基金会	云南省	云南省昆明市西山区	9802
32	上海真爱梦想公益基金会	上海市	上海市浦东新区	9215
33	中国青年创业就业基金会	民政部	北京市东城区	9141
34	安徽省人口基金会	安徽省	安徽省合肥市瑶海区	8807
35	云南省青少年发展基金会	云南省	云南省昆明市	8597
36	山东省教育基金会	山东省	山东省济南市历下区	8302
37	中华全国体育基金会	民政部	北京市东城区	8294
38	上海市老年基金会	上海市	上海市长宁区	7757
39	中国华侨公益基金会	民政部	北京市东城区	7598
40	中国发展研究基金会	民政部	北京市东城区	7418
41	四川省扶贫基金会	四川省	四川省成都市锦江区	7339
42	中国老龄事业发展基金会	民政部	北京市朝阳区	7293
43	深圳市警察基金会	广东省	广东省深圳市罗湖区	7185
44	北京市企业家环保基金会	北京市	北京市朝阳区	7093
45	中国互联网发展基金会	民政部	北京市东城区	7000
46	广东省青少年发展基金会	广东省	广东省广州市越秀区	6831
47	苏州市吴江区慈善基金会	江苏省	江苏省苏州市吴江区	6687
48	河南省光彩事业基金会	河南省	河南省郑州市金水区	6521
49	中国文学艺术基金会	民政部	北京市朝阳区	6412
50	湖北省青少年发展基金会	湖北省	湖北省武汉市武昌区	6227

表14　2015年中国非公募基金会捐赠收入 Top 50

排序	基金会名称	注册地	所在地	捐赠收入 （万元）
1	老牛基金会	内蒙古自治区	内蒙古自治区呼和浩特市	153399
2	清华大学教育基金会	民政部	北京市海淀区	118215
3	北京大学教育基金会	民政部	北京市海淀区	66562
4	腾讯公益慈善基金会	民政部	广东省深圳市南山区	47977
5	浙江大学教育基金会	民政部	浙江省杭州市西湖区	45241
6	徐州市金盾阳光优抚基金会	江苏省徐州市	江苏省徐州市泉山区	44147
7	厦门大学教育发展基金会	福建省	福建省厦门市思明区	37062
8	上海复旦大学教育发展基金会	上海市	上海市杨浦区	35747
9	福建省发树慈善基金会	福建省	福建省福州市鼓楼区	30000
10	爱佑慈善基金会	民政部	北京市朝阳区	26704
11	上海交通大学教育发展基金会	上海市	上海市闵行区	22628
12	浙江敦和慈善基金会	浙江省	浙江省杭州市滨江区	20206
13	北京华彬文化基金会	北京市	北京市朝阳区	18700
14	北京师范大学教育基金会	北京市	北京市海淀区	18523
15	广东省和的慈善基金会	广东省	广东省佛山市顺德区	18364
16	宁夏回族自治区燕宝慈善基金会	宁夏回族自治区	宁夏回族自治区银川市兴庆区	17652
17	民生人寿保险公益基金会	民政部	上海市浦东新区	16180
18	天津大学北洋教育发展基金会	天津市	天津市南开区	16119
19	厦门仁爱医疗基金会	福建省厦门市	福建省厦门市思明区	15910
20	广东省中山大学教育发展基金会	广东省	广东省广州市海珠区	14862
21	广东省国强公益基金会	广东省	广东省佛山市顺德区	14048
22	慈济慈善事业基金会	民政部	江苏省苏州市姑苏区	13059
23	吉林大学教育基金会	吉林省	吉林省长春市朝阳区	12896
24	阿里巴巴公益基金会	民政部	浙江省杭州市余杭区	12215
25	深圳市明德实验教育基金会	广东省深圳市	广东省深圳市福田区	10988
26	浙江马云公益基金会	浙江省	浙江省杭州市	10632
27	华润慈善基金会	民政部	广东省深圳市罗湖区	10087
28	上海荷福慈善基金会	上海市	上海市黄浦区	10000
29	万科公益基金会	民政部	广东省深圳市盐田区	9622
30	上海同济大学教育发展基金会	上海市	上海市杨浦区	9384
31	中国海油公益基金会	民政部	北京市东城区	9100

排序	基金会名称	注册地	所在地	捐赠收入（万元）
32	南京公安大病特困救助基金会	江苏省南京市	江苏省南京市秦淮区	9027
33	南京大学教育发展基金会	江苏省	江苏省南京市	8467
34	吴阶平医学基金会	民政部	北京市朝阳区	8289
35	北京医学奖励基金会	北京市	北京市西城区	8159
36	威海南海爱心基金会	山东省威海市	山东省威海市	8150
37	武汉大学教育发展基金会	湖北省	湖北省武汉市武昌区	7735
38	紫金矿业慈善基金会	民政部	福建省龙岩市上杭县	7715
39	神华公益基金会	民政部	北京市东城区	7282
40	天津南开大学教育基金会	天津市	天津市南开区	6883
41	西北工业大学教育基金会	民政部	陕西省西安市碑林区	6309
42	北京理工大学教育基金会	民政部	北京市海淀区	6167
43	北京市中国人民大学教育基金会	北京市	北京市海淀区	5911
44	涟水县教育发展基金会	江苏省	江苏省淮安市涟水县	5895
45	北京中央美术学院教育发展基金会	北京市	北京市朝阳区	5890
46	哈尔滨工业大学教育发展基金会	黑龙江省	黑龙江省哈尔滨市南岗区	5832
47	包商银行公益基金会	民政部	北京市朝阳区	5778
48	广东省暨南大学教育发展基金会	广东省	广东省广州市天河区	5598
49	上海市华东师范大学教育发展基金会	上海市	上海市普陀区	5410
50	北京航空航天大学教育基金会	民政部	北京市海淀区	5307

表 15　2015 年中国公募基金会公益总支出 Top 50

排序	基金会名称	注册地	所在地	公益总支出（万元）
1	中国癌症基金会	民政部	北京市朝阳区	264548
2	中国博士后科学基金会	民政部	北京市海淀区	122459
3	中国教育发展基金会	民政部	北京市西城区	107144
4	上海市慈善基金会	上海市	上海市静安区	65235
5	中国光华科技基金会	民政部	北京市东城区	56451
6	中国初级卫生保健基金会	民政部	北京市东城区	48447
7	中国妇女发展基金会	民政部	北京市东城区	47987

排序	基金会名称	注册地	所在地	公益总支出（万元）
8	中国残疾人福利基金会	民政部	北京市东城区	46771
9	中国青少年发展基金会	民政部	北京市朝阳区	41492
10	中国扶贫基金会	民政部	北京市海淀区	39406
11	广东省扶贫基金会	广东省	广东省广州市越秀区	31759
12	中国儿童少年基金会	民政部	北京市东城区	26182
13	中国社会福利基金会	民政部	北京市西城区	24458
14	中国红十字基金会	民政部	北京市东城区	23729
15	中国光彩事业基金会	民政部	北京市西城区	18837
16	北京市红十字基金会	北京市	北京市丰台区	15852
17	中国人口福利基金会	民政部	北京市海淀区	15758
18	中华思源工程扶贫基金会	民政部	北京市朝阳区	15739
19	贵州省青少年发展基金会	贵州省	贵州省贵阳市南明区	14598
20	上海市老年基金会	上海市	上海市长宁区	14386
21	河南省宋庆龄基金会	河南省	河南省郑州市金水区	13542
22	中国健康促进基金会	民政部	北京市丰台区	12454
23	中国法律援助基金会	民政部	北京市西城区	12311
24	中国文学艺术基金会	民政部	北京市朝阳区	11843
25	深圳壹基金公益基金会	广东省深圳市	广东省深圳市盐田区	11834
26	中华少年儿童慈善救助基金会	民政部	北京市西城区	10522
27	中国青年创业就业基金会	民政部	北京市东城区	10247
28	姜堰市教育发展基金会	江苏省	江苏省泰州市姜堰区	9820
29	云南省医疗扶贫基金会	云南省	云南省昆明市西山区	9637
30	中华社会救助基金会	民政部	北京市朝阳区	9371
31	上海文化发展基金会	上海市	上海市黄浦区	8683
32	爱德基金会	江苏省	江苏省南京市鼓楼区	8567
33	中国绿色碳汇基金会	民政部	北京市东城区	8322
34	中华国际医学交流基金会	民政部	北京市东城区	8227
35	绍兴市柯桥区人民教育基金会	浙江省	浙江省绍兴市柯桥区	8016
36	中国下一代教育基金会	民政部	北京市东城区	7837
37	山东省教育基金会	山东省	山东省济南市历下区	7819
38	北京市企业家环保基金会	北京市	北京市朝阳区	7163
39	云南省青少年发展基金会	云南省	云南省昆明市	7115
40	安徽省人口基金会	安徽省	安徽省合肥市瑶海区	7100
41	中国发展研究基金会	民政部	北京市东城区	6978

续表

排序	基金会名称	注册地	所在地	公益总支出（万元）
42	重庆市红十字基金会	重庆市	重庆市渝北区	6881
43	四川省宜宾市教育基金会	四川省	四川省宜宾市翠屏区	6732
44	中国老龄事业发展基金会	民政部	北京市朝阳区	6442
45	湖北省青少年发展基金会	湖北省	湖北省武汉市武昌区	6323
46	中国华侨公益基金会	民政部	北京市东城区	6179
47	苏州市吴江区慈善基金会	江苏省	江苏省苏州市吴江区	6169
48	上海市大学生科技创业基金会	上海市	上海市杨浦区	6064
49	浙江省新华爱心教育基金会	浙江省	浙江省嘉兴市南湖区	5826
50	上海真爱梦想公益基金会	上海市	上海市浦东新区	5757

表16 2015年中国非公募基金会公益总支出Top 50

排序	基金会名称	注册地	所在地	公益总支出（万元）
1	清华大学教育基金会	民政部	北京市海淀区	72736
2	北京大学教育基金会	民政部	北京市海淀区	28885
3	上海交通大学教育发展基金会	上海市	上海市闵行区	25591
4	腾讯公益慈善基金会	民政部	广东省深圳市南山区	22764
5	神华公益基金会	民政部	北京市东城区	20840
6	河仁慈善基金会	民政部	北京市西城区	17965
7	老牛基金会	内蒙古自治区	内蒙古自治区呼和浩特市	17946
8	爱佑慈善基金会	民政部	北京市朝阳区	17839
9	浙江大学教育基金会	民政部	浙江省杭州市西湖区	15255
10	南京大学教育发展基金会	江苏省	江苏省南京市	14546
11	阿里巴巴公益基金会	民政部	浙江省杭州市余杭区	13524
12	北京交通大学教育基金会	民政部	北京市海淀区	11989
13	福建省发树慈善基金会	福建省	福建省福州市鼓楼区	11382
14	宁夏回族自治区燕宝慈善基金会	宁夏回族自治区	宁夏回族自治区银川市兴庆区	11293
15	慈济慈善事业基金会	民政部	江苏省苏州市姑苏区	11033
16	中国海油公益基金会	民政部	北京市东城区	11009
17	广东省中山大学教育发展基金会	广东省	广东省广州市海珠区	10726

排序	基金会名称	注册地	所在地	公益总支出（万元）
18	北京师范大学教育基金会	北京市	北京市海淀区	10090
19	上海复旦大学教育发展基金会	上海市	上海市杨浦区	9925
20	浙江敦和慈善基金会	浙江省	浙江省杭州市滨江区	9875
21	华润慈善基金会	民政部	广东省深圳市罗湖区	9423
22	东南大学教育基金会	江苏省	江苏省南京市玄武区	8819
23	北京医学奖励基金会	北京市	北京市西城区	8158
24	紫金矿业慈善基金会	民政部	福建省龙岩市上杭县	7819
25	贵州省信合公益基金会	贵州省	贵州省贵阳市	7742
26	北京市中国人民大学教育基金会	北京市	北京市海淀区	7502
27	吴阶平医学基金会	民政部	北京市朝阳区	6987
28	四川西南交通大学教育基金会	四川省	四川省成都市	6767
29	陕西省神木县民生慈善基金会	陕西省	陕西省榆林市神木县	6046
30	天津大学北洋教育发展基金会	天津市	天津市南开区	6029
31	广东省国强公益基金会	广东省	广东省佛山市顺德区	5927
32	包商银行公益基金会	民政部	北京市朝阳区	5722
33	南京工程学院教育发展基金会	江苏省	江苏省南京市江宁区	5536
34	西北工业大学教育基金会	民政部	陕西省西安市碑林区	5146
35	广东省和的慈善基金会	广东省	广东省佛山市顺德区	5046
36	广东省德耆慈善基金会	广东省	广东省佛山市顺德区	5027
37	厦门仁爱医疗基金会	福建省厦门市	福建省厦门市思明区	4879
38	北京航空航天大学教育基金会	民政部	北京市海淀区	4784
39	南京林业大学教育发展基金会	江苏省	江苏省南京市玄武区	4761
40	武汉大学教育发展基金会	湖北省	湖北省武汉市武昌区	4707
41	深圳市华强公益基金会	广东省深圳市	广东省深圳市福田区	4632
42	江苏元林慈善基金会	江苏省	江苏省无锡市江阴市	4499
43	深圳市陈一丹公益慈善基金会	广东省深圳市	广东省深圳市南山区	4328
44	吉林大学教育基金会	吉林省	吉林省长春市朝阳区	4292
45	山东省南山老龄事业发展基金会	山东省	山东省烟台市龙口市	4248
46	广东省卓如医疗慈善救助基金会	广东省	广东省珠海市香洲区	4229
47	上海同济大学教育发展基金会	上海市	上海市杨浦区	4198
48	哈尔滨工业大学教育发展基金会	黑龙江省	黑龙江省哈尔滨市南岗区	4183
49	重庆大学教育发展基金会	民政部	重庆市沙坪坝区	4143
50	友成企业家扶贫基金会	民政部	北京市朝阳区	4040

社会科学文献出版社

皮书系列

❖ 皮书起源 ❖

"皮书"起源于十七、十八世纪的英国，主要指官方或社会组织正式发表的重要文件或报告，多以"白皮书"命名。在中国，"皮书"这一概念被社会广泛接受，并被成功运作、发展成为一种全新的出版形态，则源于中国社会科学院社会科学文献出版社。

❖ 皮书定义 ❖

皮书是对中国与世界发展状况和热点问题进行年度监测，以专业的角度、专家的视野和实证研究方法，针对某一领域或区域现状与发展态势展开分析和预测，具备原创性、实证性、专业性、连续性、前沿性、时效性等特点的公开出版物，由一系列权威研究报告组成。

❖ 皮书作者 ❖

皮书系列的作者以中国社会科学院、著名高校、地方社会科学院的研究人员为主，多为国内一流研究机构的权威专家学者，他们的看法和观点代表了学界对中国与世界的现实和未来最高水平的解读与分析。

❖ 皮书荣誉 ❖

皮书系列已成为社会科学文献出版社的著名图书品牌和中国社会科学院的知名学术品牌。2016年，皮书系列正式列入"十三五"国家重点出版规划项目；2012~2016年，重点皮书列入中国社会科学院承担的国家哲学社会科学创新工程项目；2017年，55种院外皮书使用"中国社会科学院创新工程学术出版项目"标识。

中国皮书网

发布皮书研创资讯，传播皮书精彩内容
引领皮书出版潮流，打造皮书服务平台

栏目设置

关于皮书：何谓皮书、皮书分类、皮书大事记、皮书荣誉、

皮书出版第一人、皮书编辑部

最新资讯：通知公告、新闻动态、媒体聚焦、网站专题、视频直播、下载专区

皮书研创：皮书规范、皮书选题、皮书出版、皮书研究、研创团队

皮书评奖评价：指标体系、皮书评价、皮书评奖

互动专区：皮书说、皮书智库、皮书微博、数据库微博

所获荣誉

2008 年、2011 年，中国皮书网均在全
国新闻出版业网站荣誉评选中获得"最具商
业价值网站"称号；

2012 年，获得"出版业网站百强"称号。

网库合一

2014 年，中国皮书网与皮书数据库端
口合一，实现资源共享。更多详情请登录
www.pishu.cn。

社会政法类

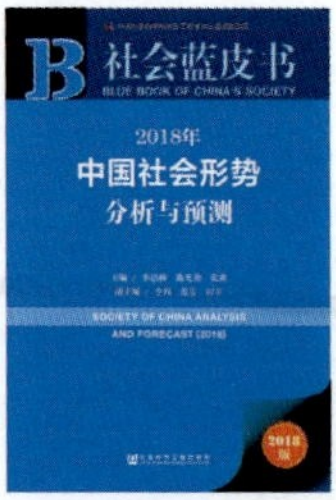

社会蓝皮书

2018 年中国社会形势分析与预测

李培林　陈光金　张翼 / 主编　2017 年 12 月出版　定价：89.00 元

◆　本书由中国社会科学院社会学研究所组织研究机构专家、高校学者和政府研究人员撰写，聚焦当下社会热点，对 2017 年中国社会发展的各个方面内容进行了权威解读，同时对 2018 年社会形势发展趋势进行了预测。

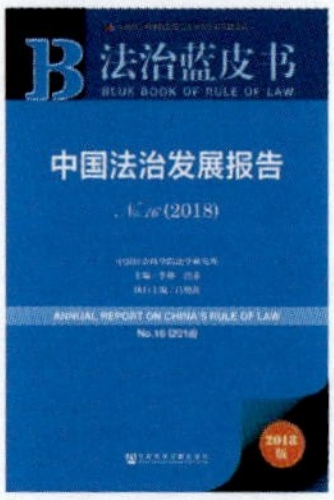

法治蓝皮书

中国法治发展报告 No.16（2018）

李林　田禾 / 主编　2018 年 3 月出版　估价：118.00 元

◆　本年度法治蓝皮书回顾总结了 2017 年度中国法治发展取得的成就和存在的不足，对中国政府、司法、检务透明度进行了跟踪调研，并对 2018 年中国法治发展形势进行了预测和展望。

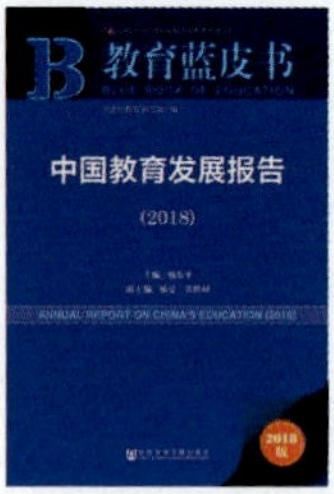

教育蓝皮书

中国教育发展报告（2018）

杨东平 / 主编　2018 年 4 月出版　估价：99.00 元

◆　本书重点关注了 2017 年教育领域的热点，资料翔实，分析有据，既有专题研究，又有实践案例，从多角度对 2017 年教育改革和实践进行了分析和研究。

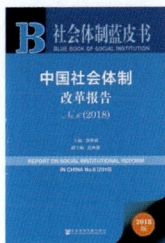

社会体制蓝皮书
中国社会体制改革报告 No.6（2018）

龚维斌 / 主编　2018 年 3 月出版　估价：99.00 元

◆　本书由国家行政学院社会治理研究中心和北京师范大学中国社会管理研究院共同组织编写，主要对 2017 年社会体制改革情况进行回顾和总结，对 2018 年的改革走向进行分析，提出相关政策建议。

社会心态蓝皮书
中国社会心态研究报告（2018）

王俊秀　杨宜音 / 主编　2018 年 12 月出版　估价：99.00 元

◆　本书是中国社会科学院社会学研究所社会心理研究中心"社会心态蓝皮书课题组"的年度研究成果，运用社会心理学、社会学、经济学、传播学等多种学科的方法进行了调查和研究，对于目前中国社会心态状况有较广泛和深入的揭示。

华侨华人蓝皮书
华侨华人研究报告（2018）

贾益民 / 主编　2018 年 1 月出版　估价：139.00 元

◆　本书关注华侨华人生产与生活的方方面面。华侨华人是中国建设 21 世纪海上丝绸之路的重要中介者、推动者和参与者。本书旨在全面调研华侨华人，提供最新涉侨动态、理论研究成果和政策建议。

民族发展蓝皮书
中国民族发展报告（2018）

王延中 / 主编　2018 年 10 月出版　估价：188.00 元

◆　本书从民族学人类学视角，研究近年来少数民族和民族地区的发展情况，展示民族地区经济、政治、文化、社会和生态文明"五位一体"建设取得的辉煌成就和面临的困难挑战，为深刻理解中央民族工作会议精神、加快民族地区全面建成小康社会进程提供了实证材料。

产业经济类

房地产蓝皮书

中国房地产发展报告 No.15（2018）

李春华　王业强 / 主编　2018 年 5 月出版　估价：99.00 元

◆　2018 年《房地产蓝皮书》持续追踪中国房地产市场最新动态，深度剖析市场热点，展望 2018 年发展趋势，积极谋划应对策略。对 2017 年房地产市场的发展态势进行全面、综合的分析。

新能源汽车蓝皮书

中国新能源汽车产业发展报告（2018）

中国汽车技术研究中心　日产（中国）投资有限公司

东风汽车有限公司 / 编著　2018 年 8 月出版　估价：99.00 元

◆　本书对中国 2017 年新能源汽车产业发展进行了全面系统的分析，并介绍了国外的发展经验。有助于相关机构、行业和社会公众等了解中国新能源汽车产业发展的最新动态，为政府部门出台新能源汽车产业相关政策法规、企业制定相关战略规划，提供必要的借鉴和参考。

行业及其他类

旅游绿皮书

2017～2018 年中国旅游发展分析与预测

中国社会科学院旅游研究中心 / 编　2018 年 2 月出版　估价：99.00 元

◆　本书从政策、产业、市场、社会等多个角度勾画出 2017 年中国旅游发展全貌，剖析了其中的热点和核心问题，并就未来发展作出预测。

民营医院蓝皮书

中国民营医院发展报告（2018）

薛晓林 / 主编　2018 年 1 月出版　估价：99.00 元

◆　本书在梳理国家对社会办医的各种利好政策的前提下，对我国民营医疗发展现状、我国民营医院竞争力进行了分析，并结合我国医疗体制改革对民营医院的发展趋势、发展策略、战略规划等方面进行了预估。

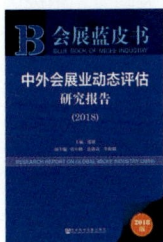

会展蓝皮书

中外会展业动态评估研究报告（2018）

张敏 / 主编　2018 年 12 月出版　估价：99.00 元

◆　本书回顾了 2017 年的会展业发展动态，结合"供给侧改革"、"互联网 +"、"绿色经济"的新形势分析了我国展会的行业现状，并介绍了国外的发展经验，有助于行业和社会了解最新的展会业动态。

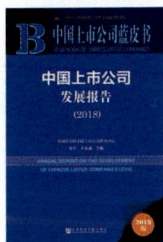

中国上市公司蓝皮书

中国上市公司发展报告（2018）

张平　王宏淼 / 主编　2018 年 9 月出版　估价：99.00 元

◆　本书由中国社会科学院上市公司研究中心组织编写的，着力于全面、真实、客观反映当前中国上市公司财务状况和价值评估的综合性年度报告。本书详尽分析了 2017 年中国上市公司情况，特别是现实中暴露出的制度性、基础性问题，并对资本市场改革进行了探讨。

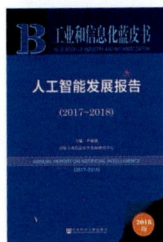

工业和信息化蓝皮书

人工智能发展报告（2017 ~ 2018）

尹丽波 / 主编　2018 年 6 月出版　估价：99.00 元

◆　本书国家工业信息安全发展研究中心在对 2017 年全球人工智能技术和产业进行全面跟踪研究基础上形成的研究报告。该报告内容翔实、视角独特，具有较强的产业发展前瞻性和预测性，可为相关主管部门、行业协会、企业等全面了解人工智能发展形势以及进行科学决策提供参考。

国际问题与全球治理类

世界经济黄皮书

2018年世界经济形势分析与预测

张宇燕 / 主编　2018年1月出版　估价 : 99.00元

◆　本书由中国社会科学院世界经济与政治研究所的研究团队撰写，分总论、国别与地区、专题、热点、世界经济统计与预测等五个部分，对2018年世界经济形势进行了分析。

国际城市蓝皮书

国际城市发展报告（2018）

屠启宇 / 主编　2018年2月出版　估价 : 99.00元

◆　本书作者以上海社会科学院从事国际城市研究的学者团队为核心，汇集同济大学、华东师范大学、复旦大学、上海交通大学、南京大学、浙江大学相关城市研究专业学者。立足动态跟踪介绍国际城市发展时间中，最新出现的重大战略、重大理念、重大项目、重大报告和最佳案例。

非洲黄皮书

非洲发展报告 No.20（2017 ~ 2018）

张宏明 / 主编　2018年7月出版　估价 : 99.00元

◆　本书是由中国社会科学院西亚非洲研究所组织编撰的非洲形势年度报告，比较全面、系统地分析了2017年非洲政治形势和热点问题，探讨了非洲经济形势和市场走向，剖析了大国对非洲关系的新动向；此外，还介绍了国内非洲研究的新成果。

国别类

美国蓝皮书
美国研究报告（2018）

郑秉文　黄平 / 主编　2018 年 5 月出版　估价：99.00 元

◆　本书是由中国社会科学院美国研究所主持完成的研究成果，它回顾了美国 2017 年的经济、政治形势与外交战略，对美国内政外交发生的重大事件及重要政策进行了较为全面的回顾和梳理。

德国蓝皮书
德国发展报告（2018）

郑春荣 / 主编　2018 年 6 月出版　估价：99.00 元

◆　本报告由同济大学德国研究所组织编撰，由该领域的专家学者对德国的政治、经济、社会文化、外交等方面的形势发展情况，进行全面的阐述与分析。

俄罗斯黄皮书
俄罗斯发展报告（2018）

李永全 / 编著　2018 年 6 月出版　估价：99.00 元

◆　本书系统介绍了 2017 年俄罗斯经济政治情况，并对 2016 年该地区发生的焦点、热点问题进行了分析与回顾；在此基础上，对该地区 2018 年的发展前景进行了预测。

文 化 传 媒 类

新媒体蓝皮书

中国新媒体发展报告 No.9（2018）

唐绪军 / 主编　2018 年 6 月出版　估价：99.00 元

◆　本书是由中国社会科学院新闻与传播研究所组织编写的关于新媒体发展的最新年度报告，旨在全面分析中国新媒体的发展现状，解读新媒体的发展趋势，探析新媒体的深刻影响。

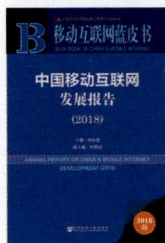

移动互联网蓝皮书

中国移动互联网发展报告（2018）

余清楚 / 主编　　2018 年 6 月出版　估价：99.00 元

◆　本书着眼于对 2017 年度中国移动互联网的发展情况做深入解析，对未来发展趋势进行预测，力求从不同视角、不同层面全面剖析中国移动互联网发展的现状、年度突破及热点趋势等。

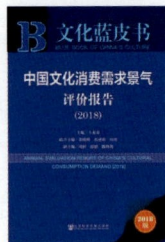

文化蓝皮书

中国文化消费需求景气评价报告（2018）

王亚南 / 主编　2018 年 2 月出版　估价：99.00 元

◆　本书首创全国文化发展量化检测评价体系，也是至今全国唯一的文化民生量化检测评价体系，对于检验全国及各地 " 以人民为中心 " 的文化发展具有首创意义。

地方发展类

北京蓝皮书

北京经济发展报告（2017～2018）

杨松/主编　2018年6月出版　估价：99.00元

◆　本书对2017年北京市经济发展的整体形势进行了系统性的分析与回顾，并对2018年经济形势走势进行了预测与研判，聚焦北京市经济社会发展中的全局性、战略性和关键领域的重点问题，运用定量和定性分析相结合的方法，对北京市经济社会发展的现状、问题、成因进行了深入分析，提出了可操作性的对策建议。

温州蓝皮书

2018年温州经济社会形势分析与预测

蒋儒标　王春光　金浩/主编　2018年4月出版　估价：99.00元

◆　本书是中共温州市委党校和中国社会科学院社会学研究所合作推出的第十一本温州蓝皮书，由来自党校、政府部门、科研机构、高校的专家、学者共同撰写的2017年温州区域发展形势的最新研究成果。

黑龙江蓝皮书

黑龙江社会发展报告（2018）

王爱丽/主编　2018年6月出版　估价：99.00元

◆　本书以千份随机抽样问卷调查和专题研究为依据，运用社会学理论框架和分析方法，从专家和学者的独特视角，对2017年黑龙江省关系民生的问题进行广泛的调研与分析，并对2017年黑龙江省诸多社会热点和焦点问题进行了有益的探索。这些研究不仅可以为政府部门更加全面深入了解省情、科学制定决策提供智力支持，同时也可以为广大读者认识、了解、关注黑龙江社会发展提供理性思考。

宏 观 经 济 类

城市蓝皮书
中国城市发展报告（No.11）
著(编)者：潘家华 单菁菁著
2018年9月出版 / 估价：99.00元
PSN B-2007-091-1/1

城乡一体化蓝皮书
中国城乡一体化发展报告（2018）
著(编)者：付崇兰
2018年9月出版 / 估价：99.00元
PSN B-2011-226-1/2

城镇化蓝皮书
中国新型城镇化健康发展报告（2018）
著(编)者：张占斌
2018年8月出版 / 估价：99.00元
PSN B-2014-396-1/1

创新蓝皮书
创新型国家建设报告（2018~2019）
著(编)者：詹正茂
2018年12月出版 / 估价：99.00元
PSN B-2009-140-1/1

低碳发展蓝皮书
中国低碳发展报告（2018）
著(编)者：张希良 齐晔
2018年6月出版 / 估价：99.00元
PSN B-2011-223-1/1

低碳经济蓝皮书
中国低碳经济发展报告（2018）
著(编)者：薛进军 赵忠秀
2018年11月出版 / 估价：99.00元
PSN B-2011-194-1/1

发展和改革蓝皮书
中国经济发展和体制改革报告No.9
著(编)者：邹东涛 王再文
2018年1月出版 / 估价：99.00元
PSN B-2008-122-1/1

国家创新蓝皮书
中国创新发展报告（2017）
著(编)者：陈劲 2018年3月出版 / 估价：99.00元
PSN B-2014-370-1/1

金融蓝皮书
中国金融发展报告（2018）
著(编)者：王国刚
2018年2月出版 / 估价：99.00元
PSN B-2004-031-1/7

经济蓝皮书
2018年中国经济形势分析与预测
著(编)者：李平 2017年12月出版 / 定价：89.00元
PSN B-1996-001-1/1

经济蓝皮书春季号
2018年中国经济前景分析
著(编)者：李扬 2018年5月出版 / 估价：99.00元
PSN B-1999-008-1/1

经济蓝皮书夏季号
中国经济增长报告（2017~2018）
著(编)者：李扬 2018年9月出版 / 估价：99.00元
PSN B-2010-176-1/1

经济信息绿皮书
中国与世界经济发展报告（2018）
著(编)者：杜平
2017年12月出版 / 估价：99.00元
PSN G-2003-023-1/1

农村绿皮书
中国农村经济形势分析与预测（2017~2018）
著(编)者：魏后凯 黄秉信
2018年4月出版 / 估价：99.00元
PSN G-1998-003-1/1

人口与劳动绿皮书
中国人口与劳动问题报告No.19
著(编)者：张车伟 2018年11月出版 / 估价：99.00元
PSN G-2000-012-1/1

新型城镇化蓝皮书
新型城镇化发展报告（2017）
著(编)者：李伟 宋敏 沈体雁
2018年3月出版 / 估价：99.00元
PSN B-2005-038-1/1

中国省域竞争力蓝皮书
中国省域经济综合竞争力发展报告（2016~2017）
著(编)者：李建平 李闽榕 高燕京
2018年2月出版 / 估价：198.00元
PSN B-2007-088-1/1

中小城市绿皮书
中国中小城市发展报告（2018）
著(编)者：中国城市经济学会中小城市经济发展委员会
中国城镇化促进会中小城市发展委员会
《中国中小城市发展报告》编纂委员会
中小城市发展战略研究院
2018年11月出版 / 估价：128.00元
PSN G-2010-161-1/1

区域经济类

东北蓝皮书
中国东北地区发展报告（2018）
著（编）者：姜晓秋　2018年11月出版 / 估价：99.00元
PSN B-2006-067-1/1

金融蓝皮书
中国金融中心发展报告（2017～2018）
著（编）者：王力 黄育华　2018年11月出版 / 估价：99.00元
PSN B-2011-186-6/7

京津冀蓝皮书
京津冀发展报告（2018）
著（编）者：祝合良 叶堂林 张贵祥
2018年6月出版 / 估价：99.00元
PSN B-2012-262-1/1

西北蓝皮书
中国西北发展报告（2018）
著（编）者：任宗哲 白宽犁 王建康
2018年4月出版 / 估价：99.00元
PSN B-2012-261-1/1

西部蓝皮书
中国西部发展报告（2018）
著（编）者：姚勇 任保平　2018年8月出版 / 估价：99.00元
PSN B-2005-039-1/1

长江经济带产业蓝皮书
长江经济带产业发展报告（2018）
著（编）者：吴传清　2018年11月出版 / 估价：128.00元
PSN B-2017-666-1/1

长江经济带蓝皮书
长江经济带发展报告（2017～2018）
著（编）者：王振　2018年11月出版 / 估价：99.00元
PSN B-2016-575-1/1

长江中游城市群蓝皮书
长江中游城市群新型城镇化与产业协同发展报告（2018）
著（编）者：杨刚强　2018年11月出版 / 估价：99.00元
PSN B-2016-578-1/1

长三角蓝皮书
2017年创新融合发展的长三角
著（编）者：刘飞跃　2018年3月出版 / 估价：99.00元
PSN B-2005-038-1/1

长株潭城市群蓝皮书
长株潭城市群发展报告（2017）
著（编）者：张萍 朱有志　2018年1月出版 / 估价：99.00元
PSN B-2008-109-1/1

中部竞争力蓝皮书
中国中部经济社会竞争力报告（2018）
著（编）者：教育部人文社会科学重点研究基地南昌大学中国
　　　　　中部经济社会发展研究中心
2018年12月出版 / 估价：99.00元
PSN B-2012-276-1/1

中部蓝皮书
中国中部地区发展报告（2018）
著（编）者：宋亚平　2018年12月出版 / 估价：99.00元
PSN B-2007-089-1/1

区域蓝皮书
中国区域经济发展报告（2017～2018）
著（编）者：赵弘　2018年5月出版 / 估价：99.00元
PSN B-2004-034-1/1

中三角蓝皮书
长江中游城市群发展报告（2018）
著（编）者：秦尊文　2018年9月出版 / 估价：99.00元
PSN B-2014-417-1/1

中原蓝皮书
中原经济区发展报告（2018）
著（编）者：李英杰　2018年6月出版 / 估价：99.00元
PSN B-2011-192-1/1

珠三角流通蓝皮书
珠三角商圈发展研究报告（2018）
著（编）者：王先庆 林至颖　2018年7月出版 / 估价：99.00元
PSN B-2012-292-1/1

社会政法类

北京蓝皮书
中国社区发展报告（2017～2018）
著（编）者：于燕燕　2018年9月出版 / 估价：99.00元
PSN B-2007-083-5/8

殡葬绿皮书
中国殡葬事业发展报告（2017～2018）
著（编）者：李伯森　2018年4月出版 / 估价：158.00元
PSN G-2010-180-1/1

城市管理蓝皮书
中国城市管理报告（2017-2018）
著（编）者：刘林 刘承水　2018年5月出版 / 估价：158.00元
PSN B-2013-336-1/1

城市生活质量蓝皮书
中国城市生活质量报告（2017）
著（编）者：张连城 张平 杨春学 郎丽华
2018年2月出版 / 估价：99.00元
PSN B-2013-326-1/1

城市政府能力蓝皮书
中国城市政府公共服务能力评估报告（2018）
著（编）者：何艳玲　　2018年4月出版 / 估价：99.00元
PSN B-2013-338-1/1

创业蓝皮书
中国创业发展研究报告（2017～2018）
著（编）者：黄群慧　赵卫星　钟宏武
2018年11月出版 / 估价：99.00元
PSN B-2016-577-1/1

慈善蓝皮书
中国慈善发展报告（2018）
著（编）者：杨团　　2018年6月出版 / 估价：99.00元
PSN B-2009-142-1/1

党建蓝皮书
党的建设研究报告No.2（2018）
著（编）者：崔建民　陈东平　　2018年1月出版 / 估价：99.00元
PSN B-2016-523-1/1

地方法治蓝皮书
中国地方法治发展报告No.3（2018）
著（编）者：李林　田禾　　2018年3月出版 / 估价：118.00元
PSN B-2015-442-1/1

电子政务蓝皮书
中国电子政务发展报告（2018）
著（编）者：李季　　2018年8月出版 / 估价：99.00元
PSN B-2003-022-1/1

法治蓝皮书
中国法治发展报告No.16（2018）
著（编）者：吕艳滨　　2018年3月出版 / 估价：118.00元
PSN B-2004-027-1/3

法治蓝皮书
中国法院信息化发展报告No.2（2018）
著（编）者：李林　田禾　　2018年2月出版 / 估价：108.00元
PSN B-2017-604-3/3

法治政府蓝皮书
中国法治政府发展报告（2018）
著（编）者：中国政法大学法治政府研究院
2018年4月出版 / 估价：99.00元
PSN B-2015-502-1/2

法治政府蓝皮书
中国法治政府评估报告（2018）
著（编）者：中国政法大学法治政府研究院
2018年9月出版 / 估价：168.00元
PSN B-2016-576-2/2

反腐倡廉蓝皮书
中国反腐倡廉建设报告No.8
著（编）者：张英伟　　2018年12月出版 / 估价：99.00元
PSN B-2012-259-1/1

扶贫蓝皮书
中国扶贫开发报告（2018）
著（编）者：李培林　魏后凯　　2018年12月出版 / 估价：128.00元
PSN B-2016-599-1/1

妇女发展蓝皮书
中国妇女发展报告No.6
著（编）者：王金玲　　2018年9月出版 / 估价：158.00元
PSN B-2006-069-1/1

妇女教育蓝皮书
中国妇女教育发展报告No.3
著（编）者：张李玺　　2018年10月出版 / 估价：99.00元
PSN B-2008-121-1/1

妇女绿皮书
2018年：中国性别平等与妇女发展报告
著（编）者：谭琳　　2018年12月出版 / 估价：99.00元
PSN G-2006-073-1/1

公共安全蓝皮书
中国城市公共安全发展报告（2017～2018）
著（编）者：黄育华　杨文明　赵建辉
2018年6月出版 / 估价：99.00元
PSN B-2017-628-1/1

公共服务蓝皮书
中国城市基本公共服务力评价（2018）
著（编）者：钟君　刘志昌　吴正杲
2018年12月出版 / 估价：99.00元
PSN B-2011-214-1/1

公民科学素质蓝皮书
中国公民科学素质报告（2017～2018）
著（编）者：李群　陈雄　马宗文
2018年1月出版 / 估价：99.00元
PSN B-2014-379-1/1

公益蓝皮书
中国公益慈善发展报告（2016）
著（编）者：朱健刚　胡小军　　2018年2月出版 / 估价：99.00元
PSN B-2012-283-1/1

国际人才蓝皮书
中国国际移民报告（2018）
著（编）者：王辉耀　　2018年2月出版 / 估价：99.00元
PSN B-2012-304-3/4

国际人才蓝皮书
中国留学发展报告（2018）No.7
著（编）者：王辉耀　苗绿　　2018年12月出版 / 估价：99.00元
PSN B-2012-244-2/4

海洋社会蓝皮书
中国海洋社会发展报告（2017）
著（编）者：崔凤　宋宁而　　2018年3月出版 / 估价：99.00元
PSN B-2015-478-1/1

行政改革蓝皮书
中国行政体制改革报告No.7（2018）
著（编）者：魏礼群　　2018年6月出版 / 估价：99.00元
PSN B-2011-231-1/1

华侨华人蓝皮书
华侨华人研究报告（2017）
著（编）者：贾益民　　2018年1月出版 / 估价：139.00元
PSN B-2011-204-1/1

环境竞争力绿皮书
中国省域环境竞争力发展报告（2018）
著(编)者：李建平 李闽榕 王金南
2018年11月出版 / 估价：198.00元
PSN G-2010-165-1/1

环境绿皮书
中国环境发展报告（2017~2018）
著(编)者：李波 2018年4月出版 / 估价：99.00元
PSN G-2006-048-1/1

家庭蓝皮书
中国"创建幸福家庭活动"评估报告（2018）
著(编)者：国务院发展研究中心"创建幸福家庭活动评估"课题组
2018年12月出版 / 估价：99.00元
PSN B-2015-508-1/1

健康城市蓝皮书
中国健康城市建设研究报告（2018）
著(编)者：王鸿春 盛继洪 2018年12月出版 / 估价：99.00元
PSN B-2016-564-2/2

健康中国蓝皮书
社区首诊与健康中国分析报告（2018）
著(编)者：高和荣 杨叔禹 姜杰
2018年4月出版 / 估价：99.00元
PSN B-2017-611-1/1

教师蓝皮书
中国中小学教师发展报告（2017）
著(编)者：曾晓东 鱼霞 2018年6月出版 / 估价：99.00元
PSN B-2012-289-1/1

教育扶贫蓝皮书
中国教育扶贫报告（2018）
著(编)者：司树杰 王文静 李兴洲
2018年12月出版 / 估价：99.00元
PSN B-2016-590-1/1

教育蓝皮书
中国教育发展报告（2018）
著(编)者：杨东平 2018年4月出版 / 估价：99.00元
PSN B-2006-047-1/1

金融法治建设蓝皮书
中国金融法治建设年度报告（2015~2016）
著(编)者：朱小黄 2018年6月出版 / 估价：99.00元
PSN B-2017-633-1/1

京津冀教育蓝皮书
京津冀教育发展研究报告（2017~2018）
著(编)者：方中雄 2018年4月出版 / 估价：99.00元
PSN B-2017-608-1/1

就业蓝皮书
2018年中国本科生就业报告
著(编)者：麦可思研究院 2018年6月出版 / 估价：99.00元
PSN B-2009-146-1/2

就业蓝皮书
2018年中国高职高专生就业报告
著(编)者：麦可思研究院 2018年6月出版 / 估价：99.00元
PSN B-2015-472-2/2

科学教育蓝皮书
中国科学教育发展报告（2018）
著(编)者：王康友 2018年10月出版 / 估价：99.00元
PSN B-2015-487-1/1

劳动保障蓝皮书
中国劳动保障发展报告（2018）
著(编)者：刘燕斌 2018年9月出版 / 估价：158.00元
PSN B-2014-415-1/1

老龄蓝皮书
中国老年宜居环境发展报告（2017）
著(编)者：党俊武 周燕珉 2018年1月出版 / 估价：99.00元
PSN B-2013-320-1/1

连片特困区蓝皮书
中国连片特困区发展报告（2017~2018）
著(编)者：游俊 冷志明 丁建军
2018年4月出版 / 估价：99.00元
PSN B-2013-321-1/1

流动儿童蓝皮书
中国流动儿童教育发展报告（2017）
著(编)者：杨东平 2018年1月出版 / 估价：99.00元
PSN B-2017-600-1/1

民调蓝皮书
中国民生调查报告（2018）
著(编)者：谢耘耕 2018年12月出版 / 估价：99.00元
PSN B-2014-398-1/1

民族发展蓝皮书
中国民族发展报告（2018）
著(编)者：王延中 2018年10月出版 / 估价：188.00元
PSN B-2006-070-1/1

女性生活蓝皮书
中国女性生活状况报告No.12（2018）
著(编)者：韩湘景 2018年7月出版 / 估价：99.00元
PSN B-2006-071-1/1

汽车社会蓝皮书
中国汽车社会发展报告（2017~2018）
著(编)者：王俊秀 2018年1月出版 / 估价：99.00元
PSN B-2011-224-1/1

青年蓝皮书
中国青年发展报告（2018）No.3
著(编)者：廉思 2018年4月出版 / 估价：99.00元
PSN B-2013-333-1/1

青少年蓝皮书
中国未成年人互联网运用报告（2017~2018）
著(编)者：李为民 李文革 沈杰
2018年11月出版 / 估价：99.00元
PSN B-2010-156-1/1

人权蓝皮书
中国人权事业发展报告No.8（2018）
著(编)者：李君如　2018年9月出版 / 估价：99.00元
PSN B-2011-215-1/1

社会保障绿皮书
中国社会保障发展报告No.9（2018）
著(编)者：王延中　2018年1月出版 / 估价：99.00元
PSN G-2001-014-1/1

社会风险评估蓝皮书
风险评估与危机预警报告（2017～2018）
著(编)者：唐钧　2018年8月出版 / 估价：99.00元
PSN B-2012-293-1/1

社会工作蓝皮书
中国社会工作发展报告（2016~2017）
著(编)者：民政部社会工作研究中心
2018年8月出版 / 估价：99.00元
PSN B-2009-141-1/1

社会管理蓝皮书
中国社会管理创新报告No.6
著(编)者：连玉明　2018年11月出版 / 估价：99.00元
PSN B-2012-300-1/1

社会蓝皮书
2018年中国社会形势分析与预测
著(编)者：李培林 陈光金 张翼
2017年12月出版 / 定价：89.00元
PSN B-1998-002-1/1

社会体制蓝皮书
中国社会体制改革报告No.6（2018）
著(编)者：龚维斌　2018年3月出版 / 估价：99.00元
PSN B-2013-330-1/1

社会心态蓝皮书
中国社会心态研究报告（2018）
著(编)者：王俊秀　2018年12月出版 / 估价：99.00元
PSN B-2011-199-1/1

社会组织蓝皮书
中国社会组织报告（2017-2018）
著(编)者：黄晓勇　2018年1月出版 / 估价：99.00元
PSN B-2008-118-1/2

社会组织蓝皮书
中国社会组织评估发展报告（2018）
著(编)者：徐家良　2018年12月出版 / 估价：99.00元
PSN B-2013-366-2/2

生态城市绿皮书
中国生态城市建设发展报告（2018）
著(编)者：刘举科 孙伟平 胡文臻
2018年9月出版 / 估价：158.00元
PSN G-2012-269-1/1

生态文明绿皮书
中国省域生态文明建设评价报告（ECI 2018）
著(编)者：严耕　2018年12月出版 / 估价：99.00元
PSN G-2010-170-1/1

退休生活蓝皮书
中国城市居民退休生活质量指数报告（2017）
著(编)者：杨一帆　2018年5月出版 / 估价：99.00元
PSN B-2017-618-1/1

危机管理蓝皮书
中国危机管理报告（2018）
著(编)者：文学国 范正青
2018年8月出版 / 估价：99.00元
PSN B-2010-171-1/1

学会蓝皮书
2018年中国学会发展报告
著(编)者：麦可思研究院
2018年12月出版 / 估价：99.00元
PSN B-2016-597-1/1

医改蓝皮书
中国医药卫生体制改革报告（2017～2018）
著(编)者：文学国 房志武
2018年11月出版 / 估价：99.00元
PSN B-2014-432-1/1

应急管理蓝皮书
中国应急管理报告（2018）
著(编)者：宋英华　2018年9月出版 / 估价：99.00元
PSN B-2016-562-1/1

政府绩效评估蓝皮书
中国地方政府绩效评估报告 No.2
著(编)者：贠杰　2018年12月出版 / 估价：99.00元
PSN B-2017-672-1/1

政治参与蓝皮书
中国政治参与报告（2018）
著(编)者：房宁　2018年8月出版 / 估价：128.00元
PSN B-2011-200-1/1

政治文化蓝皮书
中国政治文化报告（2018）
著(编)者：邢元敏 魏大鹏 龚克
2018年8月出版 / 估价：128.00元
PSN B-2017-615-1/1

中国传统村落蓝皮书
中国传统村落保护现状报告（2018）
著(编)者：胡彬彬 李向军 王晓波
2018年12月出版 / 估价：99.00元
PSN B-2017-663-1/1

中国农村妇女发展蓝皮书
农村流动女性城市生活发展报告（2018）
著(编)者：谢丽华　2018年12月出版 / 估价：99.00元
PSN B-2014-434-1/1

宗教蓝皮书
中国宗教报告（2017）
著(编)者：邱永辉　2018年8月出版 / 估价：99.00元
PSN B-2008-117-1/1

产业经济类

保健蓝皮书
中国保健服务产业发展报告 No.2
著(编)者：中国保健协会　　中共中央党校
2018年7月出版 / 估价：198.00元
PSN B-2012-272-3/3

保健蓝皮书
中国保健食品产业发展报告 No.2
著(编)者：中国保健协会
　　　　　中国社会科学院食品药品产业发展与监管研究中心
2018年8月出版 / 估价：198.00元
PSN B-2012-271-2/3

保健蓝皮书
中国保健用品产业发展报告 No.2
著(编)者：中国保健协会
　　　　　国务院国有资产监督管理委员会研究中心
2018年3月出版 / 估价：198.00元
PSN B-2012-270-1/3

保险蓝皮书
中国保险业竞争力报告（2018）
著(编)者：保监会　　2018年12月出版 / 估价：99.00元
PSN B-2013-311-1/1

冰雪蓝皮书
中国冰上运动产业发展报告（2018）
著(编)者：孙承华 杨占武 刘戈 张鸿俊
2018年9月出版 / 估价：99.00元
PSN B-2017-648-3/3

冰雪蓝皮书
中国滑雪产业发展报告（2018）
著(编)者：孙承华 伍斌 魏庆华 张鸿俊
2018年9月出版 / 估价：99.00元
PSN B-2016-559-1/3

餐饮产业蓝皮书
中国餐饮产业发展报告（2018）
著(编)者：邢颖
2018年6月出版 / 估价：99.00元
PSN B-2009-151-1/1

茶业蓝皮书
中国茶产业发展报告（2018）
著(编)者：杨江帆 李闽榕
2018年10月出版 / 估价：99.00元
PSN B-2010-164-1/1

产业安全蓝皮书
中国文化产业安全报告（2018）
著(编)者：北京印刷学院文化产业安全研究院
2018年12月出版 / 估价：99.00元
PSN B-2014-378-12/14

产业安全蓝皮书
中国新媒体产业安全报告（2016～2017）
著(编)者：肖丽　　2018年6月出版 / 估价：99.00元
PSN B-2015-500-14/14

产业安全蓝皮书
中国出版传媒产业安全报告（2017～2018）
著(编)者：北京印刷学院文化产业安全研究院
2018年3月出版 / 估价：99.00元
PSN B-2014-384-13/14

产业蓝皮书
中国产业竞争力报告 （2018）No.8
著(编)者：张其仔　　2018年12月出版 / 估价：168.00元
PSN B-2010-175-1/1

动力电池蓝皮书
中国新能源汽车动力电池产业发展报告（2018）
著(编)者：中国汽车技术研究中心
2018年8月出版 / 估价：99.00元
PSN B-2017-639-1/1

杜仲产业绿皮书
中国杜仲橡胶资源与产业发展报告（2017～2018）
著(编)者：杜红岩 胡文臻 俞锐
2018年1月出版 / 估价：99.00元
PSN G-2013-350-1/1

房地产蓝皮书
中国房地产发展报告No.15（2018）
著(编)者：李春华 王业强
2018年5月出版 / 估价：99.00元
PSN B-2004-028-1/1

服务外包蓝皮书
中国服务外包产业发展报告（2017～2018）
著(编)者：王晓红 刘德军
2018年6月出版 / 估价：99.00元
PSN B-2013-331-2/2

服务外包蓝皮书
中国服务外包竞争力报告（2017～2018）
著(编)者：刘春生 王力 黄育华
2018年12月出版 / 估价：99.00元
PSN B-2011-216-1/2

工业和信息化蓝皮书
世界信息技术产业发展报告（2017～2018）
著(编)者：尹丽波　　2018年6月出版 / 估价：99.00元
PSN B-2015-449-2/6

工业和信息化蓝皮书
战略性新兴产业发展报告（2017～2018）
著(编)者：尹丽波　　2018年6月出版 / 估价：99.00元
PSN B-2015-450-3/6

客车蓝皮书
中国客车产业发展报告（2017～2018）
著（编）者：姚蔚　2018年10月出版 / 估价：99.00元
PSN B-2013-361-1/1

流通蓝皮书
中国商业发展报告（2018～2019）
著（编）者：王雪峰 林诗慧
2018年7月出版 / 估价：99.00元
PSN B-2009-152-1/2

能源蓝皮书
中国能源发展报告（2018）
著（编）者：崔民选 王军生 陈义和
2018年12月出版 / 估价：99.00元
PSN B-2006-049-1/1

农产品流通蓝皮书
中国农产品流通产业发展报告（2017）
著（编）者：贾敬敦 张东科 张玉玺 张鹏毅 周伟
2018年1月出版 / 估价：99.00元
PSN B-2012-288-1/1

汽车工业蓝皮书
中国汽车工业发展年度报告（2018）
著（编）者：中国汽车工业协会
　　　　　　中国汽车技术研究中心
　　　　　　丰田汽车公司
2018年5月出版 / 估价：168.00元
PSN B-2015-463-1/2

汽车工业蓝皮书
中国汽车零部件产业发展报告（2017～2018）
著（编）者：中国汽车工业协会
　　　　　　中国汽车工程研究院深圳市沃特玛电池有限公司
2018年9月出版 / 估价：99.00元
PSN B-2016-515-2/2

汽车蓝皮书
中国汽车产业发展报告（2018）
著（编）者：中国汽车工程学会
　　　　　　大众汽车集团（中国）
2018年11月出版 / 估价：99.00元
PSN B-2008-124-1/1

世界茶业蓝皮书
世界茶业发展报告（2018）
著（编）者：李闽榕 冯廷佺
2018年5月出版 / 估价：168.00元
PSN B-2017-619-1/1

世界能源蓝皮书
世界能源发展报告（2018）
著（编）者：黄晓勇　2018年6月出版 / 估价：168.00元
PSN B-2013-349-1/1

体育蓝皮书
国家体育产业基地发展报告（2016～2017）
著（编）者：李颖川　2018年4月出版 / 估价：168.00元
PSN B-2017-609-5/5

体育蓝皮书
中国体育产业发展报告（2018）
著（编）者：阮伟 钟秉枢
2018年12月出版 / 估价：99.00元
PSN B-2010-179-1/5

文化金融蓝皮书
中国文化金融发展报告（2018）
著（编）者：杨涛 金巍
2018年5月出版 / 估价：99.00元
PSN B-2017-610-1/1

新能源汽车蓝皮书
中国新能源汽车产业发展报告（2018）
著（编）者：中国汽车技术研究中心
　　　　　　日产（中国）投资有限公司
　　　　　　东风汽车有限公司
2018年8月出版 / 估价：99.00元
PSN B-2013-347-1/1

薏仁米产业蓝皮书
中国薏仁米产业发展报告No.2（2018）
著（编）者：李发耀 石明 秦礼康
2018年8月出版 / 估价：99.00元
PSN B-2017-645-1/1

邮轮绿皮书
中国邮轮产业发展报告（2018）
著（编）者：汪泓　2018年10月出版 / 估价：99.00元
PSN G-2014-419-1/1

智能养老蓝皮书
中国智能养老产业发展报告（2018）
著（编）者：朱勇　2018年10月出版 / 估价：99.00元
PSN B-2015-488-1/1

中国节能汽车蓝皮书
中国节能汽车发展报告（2017～2018）
著（编）者：中国汽车工程研究院股份有限公司
2018年9月出版 / 估价：99.00元
PSN B-2016-565-1/1

中国陶瓷产业蓝皮书
中国陶瓷产业发展报告（2018）
著（编）者：左和平 黄速建
2018年10月出版 / 估价：99.00元
PSN B-2016-573-1/1

装备制造业蓝皮书
中国装备制造业发展报告（2018）
著（编）者：徐东华　2018年12月出版 / 估价：118.00元
PSN B-2015-505-1/1

行业及其他类

"三农"互联网金融蓝皮书
中国"三农"互联网金融发展报告（2018）
著(编)者：李勇坚 王弢
2018年8月出版 / 估价：99.00元
PSN B-2016-560-1/1

SUV蓝皮书
中国SUV市场发展报告（2017～2018）
著(编)者：靳军 2018年9月出版 / 估价：99.00元
PSN B-2016-571-1/1

冰雪蓝皮书
中国冬季奥运会发展报告（2018）
著(编)者：孙承华 伍斌 魏庆华 张鸿俊
2018年9月出版 / 估价：99.00元
PSN B-2017-647-2/3

彩票蓝皮书
中国彩票发展报告（2018）
著(编)者：益彩基金 2018年4月出版 / 估价：99.00元
PSN B-2015-462-1/1

测绘地理信息蓝皮书
测绘地理信息供给侧结构性改革研究报告（2018）
著(编)者：库热西·买合苏提
2018年12月出版 / 估价：168.00元
PSN B-2009-145-1/1

产权市场蓝皮书
中国产权市场发展报告（2017）
著(编)者：曹和平 2018年5月出版 / 估价：99.00元
PSN B-2009-147-1/1

城投蓝皮书
中国城投行业发展报告（2018）
著(编)者：华景斌
2018年11月出版 / 估价：300.00元
PSN B-2016-514-1/1

大数据蓝皮书
中国大数据发展报告（No.2）
著(编)者：连玉明 2018年5月出版 / 估价：99.00元
PSN B-2017-620-1/1

大数据应用蓝皮书
中国大数据应用发展报告No.2（2018）
著(编)者：陈军君 2018年8月出版 / 估价：99.00元
PSN B-2017-644-1/1

对外投资与风险蓝皮书
中国对外直接投资与国家风险报告（2018）
著(编)者：中债资信评估有限责任公司
　　　　　中国社会科学院世界经济与政治研究所
2018年4月出版 / 估价：189.00元
PSN B-2017-606-1/1

工业和信息化蓝皮书
人工智能发展报告（2017～2018）
著(编)者：尹丽波 2018年6月出版 / 估价：99.00元
PSN B-2015-448-1/6

工业和信息化蓝皮书
世界智慧城市发展报告（2017～2018）
著(编)者：尹丽波 2018年6月出版 / 估价：99.00元
PSN B-2017-624-6/6

工业和信息化蓝皮书
世界网络安全发展报告（2017～2018）
著(编)者：尹丽波 2018年6月出版 / 估价：99.00元
PSN B-2015-452-5/6

工业和信息化蓝皮书
世界信息化发展报告（2017～2018）
著(编)者：尹丽波 2018年6月出版 / 估价：99.00元
PSN B-2015-451-4/6

工业设计蓝皮书
中国工业设计发展报告（2018）
著(编)者：王晓红 于炜 张立群 2018年9月出版 / 估价：168.00元
PSN B-2014-420-1/1

公共关系蓝皮书
中国公共关系发展报告（2018）
著(编)者：柳斌杰 2018年11月出版 / 估价：99.00元
PSN B-2016-579-1/1

管理蓝皮书
中国管理发展报告（2018）
著(编)者：张晓东 2018年10月出版 / 估价：99.00元
PSN B-2014-416-1/1

海关发展蓝皮书
中国海关发展前沿报告（2018）
著(编)者：千春晖 2018年6月出版 / 估价：99.00元
PSN B-2017-616-1/1

互联网医疗蓝皮书
中国互联网健康医疗发展报告（2018）
著(编)者：芮晓武 2018年6月出版 / 估价：99.00元
PSN B-2016-567-1/1

黄金市场蓝皮书
中国商业银行黄金业务发展报告（2017～2018）
著(编)者：平安银行 2018年3月出版 / 估价：99.00元
PSN B-2016-524-1/1

会展蓝皮书
中外会展业动态评估研究报告（2018）
著(编)者：张敏 任中峰 聂鑫焱 牛盼强
2018年12月出版 / 估价：99.00元
PSN B-2013-327-1/1

基金会蓝皮书
中国基金会发展报告（2017～2018）
著(编)者：中国基金会发展报告课题组
2018年4月出版 / 估价：99.00元
PSN B-2013-368-1/1

基金会绿皮书
中国基金会发展独立研究报告（2018）
著(编)者：基金会中心网 中央民族大学基金会研究中心
2018年6月出版 / 估价：99.00元
PSN G-2011-213-1/1

基金会透明度蓝皮书
中国基金会透明度发展研究报告（2018）
著（编）者：基金会中心网
　　　　　清华大学廉政与治理研究中心
2018年9月出版 / 估价：99.00元
PSN B－2013－339－1/1

建筑装饰蓝皮书
中国建筑装饰行业发展报告（2018）
著（编）者：葛道顺 刘晓一
2018年10月出版 / 估价：198.00元
PSN B－2016－553－1/1

金融监管蓝皮书
中国金融监管报告（2018）
著（编）者：胡滨　　2018年5月出版 / 估价：99.00元
PSN B－2012－281－1/1

金融蓝皮书
中国互联网金融行业分析与评估（2018～2019）
著（编）者：黄国平 伍旭川　　2018年12月出版 / 估价：99.00元
PSN B－2016－585－7/7

金融科技蓝皮书
中国金融科技发展报告（2018）
著（编）者：李扬 孙国峰　　2018年10月出版 / 估价：99.00元
PSN B－2014－374－1/1

金融信息服务蓝皮书
中国金融信息服务发展报告（2018）
著（编）者：李平　　2018年5月出版 / 估价：99.00元
PSN B－2017－621－1/1

京津冀金融蓝皮书
京津冀金融发展报告（2018）
著（编）者：王爱俭 王璟怡　　2018年10月出版 / 估价：99.00元
PSN B－2016－527－1/1

科普蓝皮书
国家科普能力发展报告（2018）
著（编）者：王康友　　2018年5月出版 / 估价：138.00元
PSN B－2017－632－4/4

科普蓝皮书
中国基层科普发展报告（2017～2018）
著（编）者：赵立新 陈玲　　2018年9月出版 / 估价：99.00元
PSN B－2016－568－3/4

科普蓝皮书
中国科普基础设施发展报告（2017～2018）
著（编）者：任福君　　2018年6月出版 / 估价：99.00元
PSN B－2010－174－1/3

科普蓝皮书
中国科普人才发展报告（2017～2018）
著（编）者：郑念 任嵘嵘　　2018年7月出版 / 估价：99.00元
PSN B－2016－512－2/4

科普能力蓝皮书
中国科普能力评价报告（2018～2019）
著（编）者：李富强 李群　　2018年8月出版 / 估价：99.00元
PSN B－2016－555－1/1

临空经济蓝皮书
中国临空经济发展报告（2018）
著（编）者：连玉明　　2018年9月出版 / 估价：99.00元
PSN B－2014－421－1/1

旅游安全蓝皮书
中国旅游安全报告（2018）
著（编）者：郑向敏 谢朝武　　2018年5月出版 / 估价：158.00元
PSN B－2012－280－1/1

旅游绿皮书
2017～2018年中国旅游发展分析与预测
著（编）者：宋瑞　　2018年2月出版 / 估价：99.00元
PSN G－2002－018－1/1

煤炭蓝皮书
中国煤炭工业发展报告（2018）
著（编）者：岳福斌　　2018年12月出版 / 估价：99.00元
PSN B－2008－123－1/1

民营企业社会责任蓝皮书
中国民营企业社会责任报告（2018）
著（编）者：中华全国工商业联合会
2018年12月出版 / 估价：99.00元
PSN B－2015－510－1/1

民营医院蓝皮书
中国民营医院发展报告（2017）
著（编）者：薛晓林　　2018年1月出版 / 估价：99.00元
PSN B－2012－299－1/1

闽商蓝皮书
闽商发展报告（2018）
著（编）者：李闽榕 王日根 林琛
2018年12月出版 / 估价：99.00元
PSN B－2012－298－1/1

农业应对气候变化蓝皮书
中国农业气象灾害及其灾损评估报告（No.3）
著（编）者：矫梅燕　　2018年1月出版 / 估价：118.00元
PSN B－2014－413－1/1

品牌蓝皮书
中国品牌战略发展报告（2018）
著（编）者：汪同三　　2018年10月出版 / 估价：99.00元
PSN B－2016－580－1/1

企业扶贫蓝皮书
中国企业扶贫研究报告（2018）
著（编）者：钟宏武　　2018年12月出版 / 估价：99.00元
PSN B－2016－593－1/1

企业公益蓝皮书
中国企业公益研究报告（2018）
著（编）者：钟宏武 汪杰 黄晓娟
2018年12月出版 / 估价：99.00元
PSN B－2015－501－1/1

企业国际化蓝皮书
中国企业全球化报告（2018）
著（编）者：王辉耀 苗绿　　2018年11月出版 / 估价：99.00元
PSN B－2014－427－1/1

企业蓝皮书
中国企业绿色发展报告No.2（2018）
著(编)者：李红玉 朱光辉
2018年8月出版 / 估价：99.00元
PSN B-2015-481-2/2

企业社会责任蓝皮书
中资企业海外社会责任研究报告（2017～2018）
著(编)者：钟宏武 叶柳红 张蒽
2018年1月出版 / 估价：99.00元
PSN B-2017-603-2/2

企业社会责任蓝皮书
中国企业社会责任研究报告（2018）
著(编)者：黄群慧 钟宏武 张蒽 汪杰
2018年11月出版 / 估价：99.00元
PSN B-2009-149-1/2

汽车安全蓝皮书
中国汽车安全发展研究报告（2018）
著(编)者：中国汽车技术研究中心
2018年8月出版 / 估价：99.00元
PSN B-2014-385-1/1

汽车电子商务蓝皮书
中国汽车电子商务发展报告（2018）
著(编)者：中华全国工商业联合会汽车经销商商会
　　　　　北方工业大学
　　　　　北京易观智库网络科技有限公司
2018年10月出版 / 估价：158.00元
PSN B-2015-485-1/1

汽车知识产权蓝皮书
中国汽车产业知识产权发展报告（2018）
著(编)者：中国汽车工程研究院股份有限公司
　　　　　中国汽车工程学会
　　　　　重庆长安汽车股份有限公司
2018年12月出版 / 估价：99.00元
PSN B-2016-594-1/1

青少年体育蓝皮书
中国青少年体育发展报告（2017）
著(编)者：刘扶民 杨桦　　2018年1月出版 / 估价：99.00元
PSN B-2015-482-1/1

区块链蓝皮书
中国区块链发展报告（2018）
著(编)者：李伟　　2018年9月出版 / 估价：99.00元
PSN B-2017-649-1/1

群众体育蓝皮书
中国群众体育发展报告（2017）
著(编)者：刘国永 戴健　　2018年5月出版 / 估价：99.00元
PSN B-2014-411-1/3

群众体育蓝皮书
中国社会体育指导员发展报告（2018）
著(编)者：刘国永 王欢　　2018年4月出版 / 估价：99.00元
PSN B-2016-520-3/3

人力资源蓝皮书
中国人力资源发展报告（2018）
著(编)者：余兴安　　2018年11月出版 / 估价：99.00元
PSN B-2012-287-1/1

融资租赁蓝皮书
中国融资租赁业发展报告（2017～2018）
著(编)者：李光荣 王力　　2018年8月出版 / 估价：99.00元
PSN B-2015-443-1/1

商会蓝皮书
中国商会发展报告No.5（2017）
著(编)者：王钦敏　　2018年7月出版 / 估价：99.00元
PSN B-2008-125-1/1

商务中心区蓝皮书
中国商务中心区发展报告No.4（2017～2018）
著(编)者：李国红 单菁菁　　2018年9月出版 / 估价：99.00元
PSN B-2015-444-1/1

设计产业蓝皮书
中国创新设计发展报告（2018）
著(编)者：王晓红 张立群 于炜
2018年11月出版 / 估价：99.00元
PSN B-2016-581-2/2

社会责任管理蓝皮书
中国上市公司社会责任能力成熟度报告No.4（2018）
著(编)者：肖红军 王晓光 李伟阳
2018年12月出版 / 估价：99.00元
PSN B-2015-507-2/2

社会责任管理蓝皮书
中国企业公众透明度报告No.4（2017～2018）
著(编)者：黄速建 熊梦 王晓光 肖红军
2018年4月出版 / 估价：99.00元
PSN B-2015-440-1/2

食品药品蓝皮书
食品药品安全与监管政策研究报告（2016～2017）
著(编)者：唐民皓　　2018年6月出版 / 估价：99.00元
PSN B-2009-129-1/1

输血服务蓝皮书
中国输血行业发展报告（2018）
著(编)者：孙俊　　2018年12月出版 / 估价：99.00元
PSN B-2016-582-1/1

水利风景区蓝皮书
中国水利风景区发展报告（2018）
著(编)者：董建文 兰思仁
2018年10月出版 / 估价：99.00元
PSN B-2015-480-1/1

私募市场蓝皮书
中国私募股权市场发展报告（2017～2018）
著(编)者：曹和平　　2018年12月出版 / 估价：99.00元
PSN B-2010-162-1/1

碳排放权交易蓝皮书
中国碳排放权交易报告（2018）
著(编)者：孙永平　　2018年11月出版 / 估价：99.00元
PSN B-2017-652-1/1

碳市场蓝皮书
中国碳市场报告（2018）
著(编)者：定金彪　　2018年11月出版 / 估价：99.00元
PSN B-2014-430-1/1

体育蓝皮书
中国公共体育服务发展报告（2018）
著(编)者：戴健　　2018年12月出版 / 估价：99.00元
PSN B-2013-367-2/5

土地市场蓝皮书
中国农村土地市场发展报告（2017~2018）
著(编)者：李光荣　　2018年3月出版 / 估价：99.00元
PSN B-2016-526-1/1

土地整治蓝皮书
中国土地整治发展研究报告（No.5）
著(编)者：国土资源部土地整治中心
2018年7月出版 / 估价：99.00元
PSN B-2014-401-1/1

土地政策蓝皮书
中国土地政策研究报告（2018）
著(编)者：高延利 李宪文　　2017年12月出版 / 估价：99.00元
PSN B-2015-506-1/1

网络空间安全蓝皮书
中国网络空间安全发展报告（2018）
著(编)者：惠志斌 覃庆玲
2018年11月出版 / 估价：99.00元
PSN B-2015-466-1/1

文化志愿服务蓝皮书
中国文化志愿服务发展报告（2018）
著(编)者：张永新 良警宇　　2018年11月出版 / 估价：128.00元
PSN B-2016-596-1/1

西部金融蓝皮书
中国西部金融发展报告（2017~2018）
著(编)者：李忠民　　2018年8月出版 / 估价：99.00元
PSN B-2010-160-1/1

协会商会蓝皮书
中国行业协会商会发展报告（2017）
著(编)者：景朝阳 李勇　　2018年4月出版 / 估价：99.00元
PSN B-2015-461-1/1

新三板蓝皮书
中国新三板市场发展报告（2018）
著(编)者：王力　　2018年8月出版 / 估价：99.00元
PSN B-2016-533-1/1

信托市场蓝皮书
中国信托业市场报告（2017~2018）
著(编)者：用益金融信托研究院
2018年1月出版 / 估价：198.00元
PSN B-2014-371-1/1

信息化蓝皮书
中国信息化形势分析与预测（2017~2018）
著(编)者：周宏仁　　2018年8月出版 / 估价：99.00元
PSN B-2010-168-1/1

信用蓝皮书
中国信用发展报告（2017~2018）
著(编)者：章政 田侃　　2018年4月出版 / 估价：99.00元
PSN B-2013-328-1/1

休闲绿皮书
2017~2018年中国休闲发展报告
著(编)者：宋瑞　　2018年7月出版 / 估价：99.00元
PSN G-2010-158-1/1

休闲体育蓝皮书
中国休闲体育发展报告（2017~2018）
著(编)者：李相如 钟秉枢
2018年10月出版 / 估价：99.00元
PSN B-2016-516-1/1

养老金融蓝皮书
中国养老金融发展报告（2018）
著(编)者：董克用 姚余栋
2018年9月出版 / 估价：99.00元
PSN B-2016-583-1/1

遥感监测绿皮书
中国可持续发展遥感监测报告（2017）
著(编)者：顾行发 汪克强 潘教峰 李闽榕 徐东华 王琦安
2018年6月出版 / 估价：298.00元
PSN B-2017-629-1/1

药品流通蓝皮书
中国药品流通行业发展报告（2018）
著(编)者：佘鲁林 温再兴
2018年7月出版 / 估价：198.00元
PSN B-2014-429-1/1

医疗器械蓝皮书
中国医疗器械行业发展报告（2018）
著(编)者：王宝亭 耿鸿武
2018年10月出版 / 估价：99.00元
PSN B-2017-661-1/1

医院蓝皮书
中国医院竞争力报告（2018）
著(编)者：庄一强 曾益新　　2018年3月出版 / 估价：118.00元
PSN B-2016-528-1/1

瑜伽蓝皮书
中国瑜伽业发展报告（2017~2018）
著(编)者：张永建 徐华锋 朱泰余
2018年6月出版 / 估价：198.00元
PSN B-2017-625-1/1

债券市场蓝皮书
中国债券市场发展报告（2017~2018）
著(编)者：杨农　　2018年10月出版 / 估价：99.00元
PSN B-2016-572-1/1

志愿服务蓝皮书
中国志愿服务发展报告（2018）
著(编)者：中国志愿服务联合会
2018年11月出版 / 估价：99.00元
PSN B-2017-664-1/1

中国上市公司蓝皮书
中国上市公司发展报告（2018）
著(编)者：张鹏 张平 黄胤英
2018年9月出版 / 估价：99.00元
PSN B-2014-414-1/1

中国新三板蓝皮书
中国新三板创新与发展报告（2018）
著(编)者：刘平安 闻召林
2018年8月出版 / 估价：158.00元
PSN B-2017-638-1/1

中医文化蓝皮书
北京中医药文化传播发展报告（2018）
著(编)者：毛嘉陵 2018年5月出版 / 估价：99.00元
PSN B-2015-468-1/2

中医文化蓝皮书
中国中医药文化传播发展报告（2018）
著(编)者：毛嘉陵 2018年7月出版 / 估价：99.00元
PSN B-2016-584-2/2

中医药蓝皮书
北京中医药知识产权发展报告No.2
著(编)者：汪洪 屠志涛 2018年4月出版 / 估价：168.00元
PSN B-2017-602-1/1

资本市场蓝皮书
中国场外交易市场发展报告（2016~2017）
著(编)者：高峦 2018年3月出版 / 估价：99.00元
PSN B-2009-153-1/1

资产管理蓝皮书
中国资产管理行业发展报告（2018）
著(编)者：郑智 2018年7月出版 / 估价：99.00元
PSN B-2014-407-2/2

资产证券化蓝皮书
中国资产证券化发展报告（2018）
著(编)者：纪志宏 2018年11月出版 / 估价：99.00元
PSN B-2017-660-1/1

自贸区蓝皮书
中国自贸区发展报告（2018）
著(编)者：王力 黄育华 2018年6月出版 / 估价：99.00元
PSN B-2016-558-1/1

国际问题与全球治理类

"一带一路"跨境通道蓝皮书
"一带一路"跨境通道建设研究报告（2018）
著(编)者：郭业洲 2018年8月出版 / 估价：99.00元
PSN B-2016-557-1/1

"一带一路"蓝皮书
"一带一路"建设发展报告（2018）
著(编)者：王晓泉 2018年6月出版 / 估价：99.00元
PSN B-2016-552-1/1

"一带一路"投资安全蓝皮书
中国"一带一路"投资与安全研究报告（2017~2018）
著(编)者：邹统钎 梁昊光 2018年4月出版 / 估价：99.00元
PSN B-2017-612-1/1

"一带一路"文化交流蓝皮书
中阿文化交流发展报告（2017）
著(编)者：王辉 2018年9月出版 / 估价：99.00元
PSN B-2017-655-1/1

G20国家创新竞争力黄皮书
二十国集团（G20）国家创新竞争力发展报告（2017~2018）
著(编)者：李建平 李闽榕 赵新力 周天勇
2018年7月出版 / 估价：168.00元
PSN Y-2011-229-1/1

阿拉伯黄皮书
阿拉伯发展报告（2016~2017）
著(编)者：罗林 2018年3月出版 / 估价：99.00元
PSN Y-2014-381-1/1

北部湾蓝皮书
泛北部湾合作发展报告（2017~2018）
著(编)者：吕余生 2018年12月出版 / 估价：99.00元
PSN B-2008-114-1/1

北极蓝皮书
北极地区发展报告（2017）
著(编)者：刘惠荣 2018年7月出版 / 估价：99.00元
PSN B-2017-634-1/1

大洋洲蓝皮书
大洋洲发展报告（2017~2018）
著(编)者：喻常森 2018年10月出版 / 估价：99.00元
PSN B-2013-341-1/1

东北亚区域合作蓝皮书
2017年"一带一路"倡议与东北亚区域合作
著(编)者：刘亚政 金美花
2018年5月出版 / 估价：99.00元
PSN B-2017-631-1/1

东盟黄皮书
东盟发展报告（2017）
著(编)者：杨晓强 庄国土
2018年3月出版 / 估价：99.00元
PSN Y-2012-303-1/1

东南亚蓝皮书
东南亚地区发展报告（2017~2018）
著(编)者：王勤 2018年12月出版 / 估价：99.00元
PSN B-2012-240-1/1

非洲黄皮书
非洲发展报告No.20（2017~2018）
著(编)者：张宏明 2018年7月出版 / 估价：99.00元
PSN Y-2012-239-1/1

非传统安全蓝皮书
中国非传统安全研究报告（2017~2018）
著(编)者：潇枫 罗中枢 2018年8月出版 / 估价：99.00元
PSN B-2012-273-1/1

国际安全蓝皮书
中国国际安全研究报告（2018）
著(编)者：刘慧　2018年7月出版 / 估价：99.00元
PSN B-2016-521-1/1

国际城市蓝皮书
国际城市发展报告（2018）
著(编)者：屠启宇　2018年2月出版 / 估价：99.00元
PSN B-2012-260-1/1

国际形势黄皮书
全球政治与安全报告（2018）
著(编)者：张宇燕　2018年1月出版 / 估价：99.00元
PSN Y-2001-016-1/1

公共外交蓝皮书
中国公共外交发展报告（2018）
著(编)者：赵启正 雷蔚真　2018年4月出版 / 估价：99.00元
PSN B-2015-457-1/1

金砖国家黄皮书
金砖国家综合创新竞争力发展报告（2018）
著(编)者：赵新力 李闽榕 黄茂兴
2018年8月出版 / 估价：128.00元
PSN Y-2017-643-1/1

拉美黄皮书
拉丁美洲和加勒比发展报告（2017~2018）
著(编)者：袁东振　2018年6月出版 / 估价：99.00元
PSN Y-1999-007-1/1

澜湄合作蓝皮书
澜沧江-湄公河合作发展报告（2018）
著(编)者：刘稚　2018年9月出版 / 估价：99.00元
PSN B-2011-196-1/1

欧洲蓝皮书
欧洲发展报告（2017~2018）
著(编)者：黄平 周弘 程卫东
2018年6月出版 / 估价：99.00元
PSN B-1999-009-1/1

葡语国家蓝皮书
葡语国家发展报告（2016~2017）
著(编)者：王成安 张敏 刘金兰
2018年4月出版 / 估价：99.00元
PSN B-2015-503-1/2

葡语国家蓝皮书
中国与葡语国家关系发展报告·巴西（2016）
著(编)者：张曙光　2018年8月出版 / 估价：99.00元
PSN B-2016-563-2/2

气候变化绿皮书
应对气候变化报告（2018）
著(编)者：王伟光 郑国光　2018年11月出版 / 估价：99.00元
PSN G-2009-144-1/1

全球环境竞争力绿皮书
全球环境竞争力报告（2018）
著(编)者：李建平 李闽榕 王金南
2018年12月出版 / 估价：198.00元
PSN G-2013-363-1/1

全球信息社会蓝皮书
全球信息社会发展报告（2018）
著(编)者：丁波涛 唐涛　2018年10月出版 / 估价：99.00元
PSN B-2017-665-1/1

日本经济蓝皮书
日本经济与中日经贸关系研究报告（2018）
著(编)者：张季风　2018年6月出版 / 估价：99.00元
PSN B-2008-102-1/1

上海合作组织黄皮书
上海合作组织发展报告（2018）
著(编)者：李进峰　2018年6月出版 / 估价：99.00元
PSN Y-2009-130-1/1

世界创新竞争力黄皮书
世界创新竞争力发展报告（2017）
著(编)者：李建平 李闽榕 赵新力
2018年1月出版 / 估价：168.00元
PSN Y-2013-318-1/1

世界经济黄皮书
2018年世界经济形势分析与预测
著(编)者：张宇燕　2018年1月出版 / 估价：99.00元
PSN Y-1999-006-1/1

丝绸之路蓝皮书
丝绸之路经济带发展报告（2018）
著(编)者：任宗哲 白宽犁 谷孟宾
2018年1月出版 / 估价：99.00元
PSN B-2014-410-1/1

新兴经济体蓝皮书
金砖国家发展报告（2018）
著(编)者：林跃勤 周文　2018年8月出版 / 估价：99.00元
PSN B-2011-195-1/1

亚太蓝皮书
亚太地区发展报告（2018）
著(编)者：李向阳　2018年5月出版 / 估价：99.00元
PSN B-2001-015-1/1

印度洋地区蓝皮书
印度洋地区发展报告（2018）
著(编)者：汪戎　2018年6月出版 / 估价：99.00元
PSN B-2013-334-1/1

渝新欧蓝皮书
渝新欧沿线国家发展报告（2018）
著(编)者：杨柏 黄森　2018年6月出版 / 估价：99.00元
PSN B-2017-626-1/1

中阿蓝皮书
中国-阿拉伯国家经贸发展报告（2018）
著(编)者：张廉 段庆林 王林聪 杨巧红
2018年12月出版 / 估价：99.00元
PSN B-2016-598-1/1

中东黄皮书
中东发展报告No.20（2017~2018）
著(编)者：杨光　2018年10月出版 / 估价：99.00元
PSN Y-1998-004-1/1

中亚黄皮书
中亚国家发展报告（2018）
著(编)者：孙力　2018年6月出版 / 估价：99.00元
PSN Y-2012-238-1/1

国别类

澳大利亚蓝皮书
澳大利亚发展报告（2017-2018）
著（编）者：孙有中 韩锋　　2018年12月出版 / 估价：99.00元
PSN B-2016-587-1/1

巴西黄皮书
巴西发展报告（2017）
著（编）者：刘国枝　　2018年5月出版 / 估价：99.00元
PSN Y-2017-614-1/1

德国蓝皮书
德国发展报告（2018）
著（编）者：郑春荣　　2018年6月出版 / 估价：99.00元
PSN B-2012-278-1/1

俄罗斯黄皮书
俄罗斯发展报告（2018）
著（编）者：李永全　　2018年6月出版 / 估价：99.00元
PSN Y-2006-061-1/1

韩国蓝皮书
韩国发展报告（2017）
著（编）者：牛林杰 刘宝全　　2018年5月出版 / 估价：99.00元
PSN B-2010-155-1/1

加拿大蓝皮书
加拿大发展报告（2018）
著（编）者：唐小松　　2018年9月出版 / 估价：99.00元
PSN B-2014-389-1/1

美国蓝皮书
美国研究报告（2018）
著（编）者：郑秉文 黄平　　2018年5月出版 / 估价：99.00元
PSN B-2011-210-1/1

缅甸蓝皮书
缅甸国情报告（2017）
著（编）者：孔鹏 杨祥章　　2018年1月出版 / 估价：99.00元
PSN B-2013-343-1/1

日本蓝皮书
日本研究报告（2018）
著（编）者：杨伯江　　2018年6月出版 / 估价：99.00元
PSN B-2002-020-1/1

土耳其蓝皮书
土耳其发展报告（2018）
著（编）者：郭长刚 刘义　　2018年9月出版 / 估价：99.00元
PSN B-2014-412-1/1

伊朗蓝皮书
伊朗发展报告（2017～2018）
著（编）者：冀开运　　2018年10月 / 估价：99.00元
PSN B-2016-574-1/1

以色列蓝皮书
以色列发展报告（2018）
著（编）者：张倩红　　2018年8月出版 / 估价：99.00元
PSN B-2015-483-1/1

印度蓝皮书
印度国情报告（2017）
著（编）者：吕昭义　　2018年4月出版 / 估价：99.00元
PSN B-2012-241-1/1

英国蓝皮书
英国发展报告（2017～2018）
著（编）者：王展鹏　　2018年12月出版 / 估价：99.00元
PSN B-2015-486-1/1

越南蓝皮书
越南国情报告（2018）
著（编）者：谢林城　　2018年1月出版 / 估价：99.00元
PSN B-2006-056-1/1

泰国蓝皮书
泰国研究报告（2018）
著（编）者：庄国土 张禹东 刘文正
2018年10月出版 / 估价：99.00元
PSN B-2016-556-1/1

文化传媒类

"三农"舆情蓝皮书
中国"三农"网络舆情报告（2017～2018）
著（编）者：农业部信息中心
2018年6月出版 / 估价：99.00元
PSN B-2017-640-1/1

传媒竞争力蓝皮书
中国传媒国际竞争力研究报告（2018）
著（编）者：李本乾 刘强 王大可
2018年8月出版 / 估价：99.00元
PSN B-2013-356-1/1

传媒蓝皮书
中国传媒产业发展报告（2018）
著（编）者：崔保国　　2018年5月出版 / 估价：99.00元
PSN B-2005-035-1/1

传媒投资蓝皮书
中国传媒投资发展报告（2018）
著（编）者：张向东 谭云明
2018年6月出版 / 估价：148.00元
PSN B-2015-474-1/1

非物质文化遗产蓝皮书
中国非物质文化遗产发展报告（2018）
著(编)者：陈平　2018年5月出版 / 估价：128.00元
PSN B-2015-469-1/2

非物质文化遗产蓝皮书
中国非物质文化遗产保护发展报告（2018）
著(编)者：宋俊华　2018年10月出版 / 估价：128.00元
PSN B-2016-586-2/2

广电蓝皮书
中国广播电影电视发展报告（2018）
著(编)者：国家新闻出版广电总局发展研究中心
2018年7月出版 / 估价：99.00元
PSN B-2006-072-1/1

广告主蓝皮书
中国广告主营销传播趋势报告No.9
著(编)者：黄升民 杜国清 邵华冬 等
2018年10月出版 / 估价：158.00元
PSN B-2005-041-1/1

国际传播蓝皮书
中国国际传播发展报告（2018）
著(编)者：胡正荣 李继东 姬德强
2018年12月出版 / 估价：99.00元
PSN B-2014-408-1/1

国家形象蓝皮书
中国国家形象传播报告（2017）
著(编)者：张昆　2018年3月出版 / 估价：128.00元
PSN B-2017-605-1/1

互联网治理蓝皮书
中国网络社会治理研究报告（2018）
著(编)者：罗昕 支庭荣
2018年9月出版 / 估价：118.00元
PSN B-2017-653-1/1

纪录片蓝皮书
中国纪录片发展报告（2018）
著(编)者：何苏六　2018年10月出版 / 估价：99.00元
PSN B-2011-222-1/1

科学传播蓝皮书
中国科学传播报告（2016~2017）
著(编)者：詹正茂　2018年6月出版 / 估价：99.00元
PSN B-2008-120-1/1

两岸创意经济蓝皮书
两岸创意经济研究报告（2018）
著(编)者：罗昌智 董泽平
2018年10月出版 / 估价：99.00元
PSN B-2014-437-1/1

媒介与女性蓝皮书
中国媒介与女性发展报告（2017~2018）
著(编)者：刘利群　2018年5月出版 / 估价：99.00元
PSN B-2013-345-1/1

媒体融合蓝皮书
中国媒体融合发展报告（2017）
著(编)者：梅宁华 支庭荣　2018年1月出版 / 估价：99.00元
PSN B-2015-479-1/1

全球传媒蓝皮书
全球传媒发展报告（2017~2018）
著(编)者：胡正荣 李继东　2018年6月出版 / 估价：99.00元
PSN B-2012-237-1/1

少数民族非遗蓝皮书
中国少数民族非物质文化遗产发展报告（2018）
著(编)者：肖远平（彝） 柴立（满）
2018年10月出版 / 估价：118.00元
PSN B-2015-467-1/1

视听新媒体蓝皮书
中国视听新媒体发展报告（2018）
著(编)者：国家新闻出版广电总局发展研究中心
2018年7月出版 / 估价：118.00元
PSN B-2011-184-1/1

数字娱乐产业蓝皮书
中国动画产业发展报告（2018）
著(编)者：孙立军 孙平 牛兴侦
2018年10月出版 / 估价：99.00元
PSN B-2011-198-1/2

数字娱乐产业蓝皮书
中国游戏产业发展报告（2018）
著(编)者：孙立军 刘跃军
2018年10月出版 / 估价：99.00元
PSN B-2017-662-2/2

文化创新蓝皮书
中国文化创新报告（2017·No.8）
著(编)者：傅才武　2018年4月出版 / 估价：99.00元
PSN B-2009-143-1/1

文化建设蓝皮书
中国文化发展报告（2018）
著(编)者：江畅 孙伟平 戴茂堂
2018年5月出版 / 估价：99.00元
PSN B-2014-392-1/1

文化科技蓝皮书
文化科技创新发展报告（2018）
著(编)者：于平 李凤亮　2018年10月出版 / 估价：99.00元
PSN B-2013-342-1/1

文化蓝皮书
中国公共文化服务发展报告（2017~2018）
著(编)者：刘新成 张永新 张旭
2018年12月出版 / 估价：99.00元
PSN B-2007-093-2/10

文化蓝皮书
中国少数民族文化发展报告（2017~2018）
著(编)者：武翠英 张晓明 任乌晶
2018年9月出版 / 估价：99.00元
PSN B-2013-369-9/10

文化蓝皮书
中国文化产业供需协调检测报告（2018）
著(编)者：王亚南　2018年2月出版 / 估价：99.00元
PSN B-2013-323-8/10

文化蓝皮书
中国文化消费需求景气评价报告（2018）
著(编)者：王亚南　2018年2月出版 / 估价：99.00元
PSN B-2011-236-4/10

文化蓝皮书
中国公共文化投入增长测评报告（2018）
著(编)者：王亚南　2018年2月出版 / 估价：99.00元
PSN B-2014-435-10/10

文化品牌蓝皮书
中国文化品牌发展报告（2018）
著(编)者：欧阳友权　2018年5月出版 / 估价：99.00元
PSN B-2014-277-1/1

文化遗产蓝皮书
中国文化遗产事业发展报告（2017～2018）
著(编)者：苏杨 张颖岚 卓杰 白海峰 陈晨 陈叙图
2018年8月出版 / 估价：99.00元
PSN B-2008-119-1/1

文学蓝皮书
中国文情报告（2017～2018）
著(编)者：白烨　2018年5月出版 / 估价：99.00元
PSN B-2011-221-1/1

新媒体蓝皮书
中国新媒体发展报告No.9（2018）
著(编)者：唐绪军　2018年7月出版 / 估价：99.00元
PSN B-2010-169-1/1

新媒体社会责任蓝皮书
中国新媒体社会责任研究报告（2018）
著(编)者：钟瑛　2018年12月出版 / 估价：99.00元
PSN B-2014-423-1/1

移动互联网蓝皮书
中国移动互联网发展报告（2018）
著(编)者：余清楚　2018年6月出版 / 估价：99.00元
PSN B-2012-282-1/1

影视蓝皮书
中国影视产业发展报告（2018）
著(编)者：司若 陈鹏 陈锐　2018年4月出版 / 估价：99.00元
PSN B-2016-529-1/1

舆情蓝皮书
中国社会舆情与危机管理报告（2018）
著(编)者：谢耘耕　2018年9月出版 / 估价：138.00元
PSN B-2011-235-1/1

地方发展类-经济

澳门蓝皮书
澳门经济社会发展报告（2017～2018）
著(编)者：吴志良 郝雨凡　2018年7月出版 / 估价：99.00元
PSN B-2009-138-1/1

澳门绿皮书
澳门旅游休闲发展报告（2017～2018）
著(编)者：郝雨凡 林广志　2018年5月出版 / 估价：99.00元
PSN G-2017-617-1/1

北京蓝皮书
北京经济发展报告（2017～2018）
著(编)者：杨松　2018年6月出版 / 估价：99.00元
PSN B-2006-054-2/8

北京旅游绿皮书
北京旅游发展报告（2018）
著(编)者：北京旅游学会
2018年7月出版 / 估价：99.00元
PSN G-2012-301-1/1

北京体育蓝皮书
北京体育产业发展报告（2017～2018）
著(编)者：钟秉枢 陈杰 杨铁黎
2018年9月出版 / 估价：99.00元
PSN B-2015-475-1/1

滨海金融蓝皮书
滨海新区金融发展报告（2017）
著(编)者：王爱俭 李向前　2018年4月出版 / 估价：99.00元
PSN B-2014-424-1/1

城乡一体化蓝皮书
北京城乡一体化发展报告（2017～2018）
著(编)者：吴宝新 张宝秀 黄序
2018年5月出版 / 估价：99.00元
PSN B-2012-258-2/2

非公有制企业社会责任蓝皮书
北京非公有制企业社会责任报告（2018）
著(编)者：宋贵伦 冯培　2018年6月出版 / 估价：99.00元
PSN B-2017-613-1/1

福建旅游蓝皮书
福建省旅游产业发展现状研究（2017～2018）
著(编)者：陈敏华 黄远水
2018年12月出版 / 估价：128.00元
PSN B-2016-591-1/1

福建自贸区蓝皮书
中国(福建)自由贸易试验区发展报告（2017～2018）
著(编)者：黄茂兴　2018年4月出版 / 估价：118.00元
PSN B-2016-531-1/1

甘肃蓝皮书
甘肃经济发展分析与预测（2018）
著(编)者：安文华 罗哲　2018年1月出版 / 估价：99.00元
PSN B-2013-312-1/6

甘肃蓝皮书
甘肃商贸流通发展报告（2018）
著(编)者：张应华 王福生 王晓芳
2018年1月出版 / 估价：99.00元
PSN B-2016-522-6/6

甘肃蓝皮书
甘肃县域和农村发展报告（2018）
著(编)者: 朱智文 包东红 王建兵
2018年1月出版 / 估价: 99.00元
PSN B-2013-316-5/6

甘肃农业科技绿皮书
甘肃农业科技发展研究报告（2018）
著(编)者: 魏胜文 乔德华 张东伟
2018年12月出版 / 估价: 198.00元
PSN B-2016-592-1/1

巩义蓝皮书
巩义经济社会发展报告（2018）
著(编)者: 丁同民 朱军　2018年4月出版 / 估价: 99.00元
PSN B-2016-532-1/1

广东外经贸蓝皮书
广东对外经济贸易发展研究报告（2017～2018）
著(编)者: 陈万灵　2018年6月出版 / 估价: 99.00元
PSN B-2012-286-1/1

广西北部湾经济区蓝皮书
广西北部湾经济区开放开发报告（2017～2018）
著(编)者: 广西壮族自治区北部湾经济区和东盟开放合作办公室
　　　　　广西社会科学院
　　　　　广西北部湾发展研究院
2018年2月出版 / 估价: 99.00元
PSN B-2010-181-1/1

广州蓝皮书
广州城市国际化发展报告（2018）
著(编)者: 张跃国　2018年8月出版 / 估价: 99.00元
PSN B-2012-246-11/14

广州蓝皮书
中国广州城市建设与管理发展报告（2018）
著(编)者: 张其学 陈小钢 王宏伟　2018年8月出版 / 估价: 99.00元
PSN B-2007-087-4/14

广州蓝皮书
广州创新型城市发展报告（2018）
著(编)者: 尹涛　2018年6月出版 / 估价: 99.00元
PSN B-2012-247-12/14

广州蓝皮书
广州经济发展报告（2018）
著(编)者: 张跃国 尹涛　2018年7月出版 / 估价: 99.00元
PSN B-2005-040-1/14

广州蓝皮书
2018年中国广州经济形势分析与预测
著(编)者: 魏明海 谢博能 李华
2018年6月出版 / 估价: 99.00元
PSN B-2011-185-9/14

广州蓝皮书
中国广州科技创新发展报告（2018）
著(编)者: 于欣伟 陈爽 邓佑满　2018年8月出版 / 估价: 99.00元
PSN B-2006-065-2/14

广州蓝皮书
广州农村发展报告（2018）
著(编)者: 朱名宏　2018年7月出版 / 估价: 99.00元
PSN B-2010-167-8/14

广州蓝皮书
广州汽车产业发展报告（2018）
著(编)者: 杨再高 冯兴亚　2018年7月出版 / 估价: 99.00元
PSN B-2006-066-3/14

广州蓝皮书
广州商贸业发展报告（2018）
著(编)者: 张跃国 陈杰 荀振英
2018年7月出版 / 估价: 99.00元
PSN B-2012-245-10/14

贵阳蓝皮书
贵阳城市创新发展报告No.3（白云篇）
著(编)者: 连玉明　2018年5月出版 / 估价: 99.00元
PSN B-2015-491-3/10

贵阳蓝皮书
贵阳城市创新发展报告No.3（观山湖篇）
著(编)者: 连玉明　2018年5月出版 / 估价: 99.00元
PSN B-2015-497-9/10

贵阳蓝皮书
贵阳城市创新发展报告No.3（花溪篇）
著(编)者: 连玉明　2018年5月出版 / 估价: 99.00元
PSN B-2015-490-2/10

贵阳蓝皮书
贵阳城市创新发展报告No.3（开阳篇）
著(编)者: 连玉明　2018年5月出版 / 估价: 99.00元
PSN B-2015-492-4/10

贵阳蓝皮书
贵阳城市创新发展报告No.3（南明篇）
著(编)者: 连玉明　2018年5月出版 / 估价: 99.00元
PSN B-2015-496-8/10

贵阳蓝皮书
贵阳城市创新发展报告No.3（清镇篇）
著(编)者: 连玉明　2018年5月出版 / 估价: 99.00元
PSN B-2015-489-1/10

贵阳蓝皮书
贵阳城市创新发展报告No.3（乌当篇）
著(编)者: 连玉明　2018年5月出版 / 估价: 99.00元
PSN B-2015-495-7/10

贵阳蓝皮书
贵阳城市创新发展报告No.3（息烽篇）
著(编)者: 连玉明　2018年5月出版 / 估价: 99.00元
PSN B-2015-493-5/10

贵阳蓝皮书
贵阳城市创新发展报告No.3（修文篇）
著(编)者: 连玉明　2018年5月出版 / 估价: 99.00元
PSN B-2015-494-6/10

贵阳蓝皮书
贵阳城市创新发展报告No.3（云岩篇）
著(编)者: 连玉明　2018年5月出版 / 估价: 99.00元
PSN B-2015-498-10/10

贵州房地产蓝皮书
贵州房地产发展报告No.5（2018）
著(编)者: 武廷方　2018年7月出版 / 估价: 99.00元
PSN B-2014-426-1/1

贵州蓝皮书
贵州册亨经济社会发展报告（2018）
著(编)者：黄德林　2018年3月出版 / 估价：99.00元
PSN B-2016-525-8/9

贵州蓝皮书
贵州地理标志产业发展报告（2018）
著(编)者：李发耀 黄其松　2018年8月出版 / 估价：99.00元
PSN B-2017-646-10/10

贵州蓝皮书
贵安新区发展报告（2017～2018）
著(编)者：马长青 吴大华　2018年6月出版 / 估价：99.00元
PSN B-2015-459-4/10

贵州蓝皮书
贵州国家级开放创新平台发展报告（2017～2018）
著(编)者：申晓庆 吴大华 季泓
2018年11月出版 / 估价：99.00元
PSN B-2016-518-7/10

贵州蓝皮书
贵州国有企业社会责任发展报告（2017～2018）
著(编)者：郭丽　2018年12月出版 / 估价：99.00元
PSN B-2015-511-6/10

贵州蓝皮书
贵州民航业发展报告（2017）
著(编)者：申振东 吴大华　2018年1月出版 / 估价：99.00元
PSN B-2015-471-5/10

贵州蓝皮书
贵州民营经济发展报告（2017）
著(编)者：杨静 吴大华　2018年3月出版 / 估价：99.00元
PSN B-2016-530-9/9

杭州都市圈蓝皮书
杭州都市圈发展报告（2018）
著(编)者：沈翔 戚建国　2018年5月出版 / 估价：128.00元
PSN B-2012-302-1/1

河北经济蓝皮书
河北省经济发展报告（2018）
著(编)者：马树强 金浩 张贵　2018年4月出版 / 估价：99.00元
PSN B-2014-380-1/1

河北蓝皮书
河北经济社会发展报告（2018）
著(编)者：康振海　2018年1月出版 / 估价：99.00元
PSN B-2014-372-1/3

河北蓝皮书
京津冀协同发展报告（2018）
著(编)者：陈璐　2018年1月出版 / 估价：99.00元
PSN B-2017-601-2/3

河南经济蓝皮书
2018年河南经济形势分析与预测
著(编)者：王世炎　2018年3月出版 / 估价：99.00元
PSN B-2007-086-1/1

河南蓝皮书
河南城市发展报告（2018）
著(编)者：张占仓 王建国　2018年5月出版 / 估价：99.00元
PSN B-2009-131-3/9

河南蓝皮书
河南工业发展报告（2018）
著(编)者：张占仓　2018年5月出版 / 估价：99.00元
PSN B-2013-317-5/9

河南蓝皮书
河南金融发展报告（2018）
著(编)者：喻新安 谷建全
2018年6月出版 / 估价：99.00元
PSN B-2014-390-7/9

河南蓝皮书
河南经济发展报告（2018）
著(编)者：张占仓 完世伟
2018年4月出版 / 估价：99.00元
PSN B-2010-157-4/9

河南蓝皮书
河南能源发展报告（2018）
著(编)者：国网河南省电力公司经济技术研究院
　　　　　河南省社会科学院
2018年3月出版 / 估价：99.00元
PSN B-2017-607-9/9

河南商务蓝皮书
河南商务发展报告（2018）
著(编)者：焦锦淼 穆荣国　2018年5月出版 / 估价：99.00元
PSN B-2014-399-1/1

河南双创蓝皮书
河南创新创业发展报告（2018）
著(编)者：喻新安 杨雪梅　2018年8月出版 / 估价：99.00元
PSN B-2017-641-1/1

黑龙江蓝皮书
黑龙江经济发展报告（2018）
著(编)者：朱宇　2018年1月出版 / 估价：99.00元
PSN B-2011-190-2/2

湖南城市蓝皮书
区域城市群整合
著(编)者：童中贤 韩未名　2018年12月出版 / 估价：99.00元
PSN B-2006-064-1/1

湖南蓝皮书
湖南城乡一体化发展报告（2018）
著(编)者：陈文胜 王文强 陆福兴
2018年8月出版 / 估价：99.00元
PSN B-2015-477-8/8

湖南蓝皮书
2018年湖南电子政务发展报告
著(编)者：梁志峰　2018年5月出版 / 估价：128.00元
PSN B-2014-394-6/8

湖南蓝皮书
2018年湖南经济发展报告
著(编)者：卞鹰　2018年5月出版 / 估价：128.00元
PSN B-2011-207-2/8

湖南蓝皮书
2016年湖南经济展望
著(编)者：梁志峰　2018年5月出版 / 估价：128.00元
PSN B-2011-206-1/8

湖南蓝皮书
2018年湖南县域经济社会发展报告
著(编)者：梁志峰　2018年5月出版 / 估价：128.00元
PSN B-2014-395-7/8

湖南县域绿皮书
湖南县域发展报告（No.5）
著(编)者：袁准　周小毛　黎仁寅
2018年3月出版 / 估价：99.00元
PSN G-2012-274-1/1

沪港蓝皮书
沪港发展报告（2018）
著(编)者：尤安山　2018年9月出版 / 估价：99.00元
PSN B-2013-362-1/1

吉林蓝皮书
2018年吉林经济社会形势分析与预测
著(编)者：邵汉明　2017年12月出版 / 估价：99.00元
PSN B-2013-319-1/1

吉林省城市竞争力蓝皮书
吉林省城市竞争力报告（2018~2019）
著(编)者：崔岳春　张磊　2018年12月出版 / 估价：99.00元
PSN B-2016-513-1/1

济源蓝皮书
济源经济社会发展报告（2018）
著(编)者：喻新安　2018年4月出版 / 估价：99.00元
PSN B-2014-387-1/1

江苏蓝皮书
2018年江苏经济发展分析与展望
著(编)者：王庆五　吴先满　2018年7月出版 / 估价：128.00元
PSN B-2017-635-1/3

江西蓝皮书
江西经济社会发展报告（2018）
著(编)者：陈石俊　龚建文　2018年10月出版 / 估价：128.00元
PSN B-2015-484-1/2

江西蓝皮书
江西设区市发展报告（2018）
著(编)者：姜玮　梁勇　2018年10月出版 / 估价：99.00元
PSN B-2016-517-2/2

经济特区蓝皮书
中国经济特区发展报告（2017）
著(编)者：陶一桃　2018年1月出版 / 估价：99.00元
PSN B-2009-139-1/1

辽宁蓝皮书
2018年辽宁经济社会形势分析与预测
著(编)者：梁启东　魏红江　2018年6月出版 / 估价：99.00元
PSN B-2006-053-1/1

民族经济蓝皮书
中国民族地区经济发展报告（2018）
著(编)者：李曦辉　2018年7月出版 / 估价：99.00元
PSN B-2017-630-1/1

南宁蓝皮书
南宁经济发展报告（2018）
著(编)者：胡建华　2018年9月出版 / 估价：99.00元
PSN B-2016-569-2/3

浦东新区蓝皮书
上海浦东经济发展报告（2018）
著(编)者：沈开艳　周奇　2018年2月出版 / 估价：99.00元
PSN B-2011-225-1/1

青海蓝皮书
2018年青海经济社会形势分析与预测
著(编)者：陈玮　2017年12月出版 / 估价：99.00元
PSN B-2012-275-1/2

山东蓝皮书
山东经济形势分析与预测（2018）
著(编)者：李广杰　2018年7月出版 / 估价：99.00元
PSN B-2014-404-1/5

山东蓝皮书
山东省普惠金融发展报告（2018）
著(编)者：齐鲁财富网
2018年9月出版 / 估价：99.00元
PSN B2017-676-5/5

山西蓝皮书
山西资源型经济转型发展报告（2018）
著(编)者：李志强　2018年7月出版 / 估价：99.00元
PSN B-2011-197-1/1

陕西蓝皮书
陕西经济发展报告（2018）
著(编)者：任宗哲　白宽犁　裴成荣
2018年1月出版 / 估价：99.00元
PSN B-2009-135-1/6

陕西蓝皮书
陕西精准脱贫研究报告（2018）
著(编)者：任宗哲　白宽犁　王建康
2018年6月出版 / 估价：99.00元
PSN B-2017-623-6/6

上海蓝皮书
上海经济发展报告（2018）
著(编)者：沈开艳
2018年2月出版 / 估价：99.00元
PSN B-2006-057-1/7

上海蓝皮书
上海资源环境发展报告（2018）
著(编)者：周冯琦　汤庆合
2018年2月出版 / 估价：99.00元
PSN B-2006-060-4/7

上饶蓝皮书
上饶发展报告（2016~2017）
著(编)者：廖其志　2018年3月出版 / 估价：128.00元
PSN B-2014-377-1/1

深圳蓝皮书
深圳经济发展报告（2018）
著(编)者：张骁儒　2018年6月出版 / 估价：99.00元
PSN B-2008-112-3/7

四川蓝皮书
四川城镇化发展报告（2018）
著(编)者：侯水平　陈炜
2018年4月出版 / 估价：99.00元
PSN B-2015-456-7/7

四川蓝皮书
2018年四川经济形势分析与预测
著(编)者：杨钢 2018年1月出版 / 估价：99.00元
PSN B-2007-098-2/7

四川蓝皮书
四川企业社会责任研究报告（2017～2018）
著(编)者：侯水平 盛毅 2018年5月出版 / 估价：99.00元
PSN B-2014-386-4/7

四川蓝皮书
四川生态建设报告（2018）
著(编)者：李晟之 2018年5月出版 / 估价：99.00元
PSN B-2015-455-6/7

体育蓝皮书
上海体育产业发展报告（2017~2018）
著(编)者：张林 黄海燕 2018年10月出版 / 估价：99.00元
PSN B-2015-454-4/5

体育蓝皮书
长三角地区体育产业发展报告（2017～2018）
著(编)者：张林 2018年4月出版 / 估价：99.00元
PSN B-2015-453-3/5

天津金融蓝皮书
天津金融发展报告（2018）
著(编)者：王爱俭 孔德昌 2018年3月出版 / 估价：99.00元
PSN B-2014-418-1/1

图们江区域合作蓝皮书
图们江区域合作发展报告（2018）
著(编)者：李铁 2018年6月出版 / 估价：99.00元
PSN B-2015-464-1/1

温州蓝皮书
2018年温州经济社会形势分析与预测
著(编)者：蒋儒标 王春光 金浩
2018年4月出版 / 估价：99.00元
PSN B-2008-105-1/1

西咸新区蓝皮书
西咸新区发展报告（2018）
著(编)者：李扬 王军
2018年6月出版 / 估价：99.00元
PSN B-2016-534-1/1

修武蓝皮书
修武经济社会发展报告（2018）
著(编)者：张占仓 袁凯声
2018年10月出版 / 估价：99.00元
PSN B-2017-651-1/1

偃师蓝皮书
偃师经济社会发展报告（2018）
著(编)者：张占仓 袁凯声 何武周
2018年7月出版 / 估价：99.00元
PSN B-2017-627-1/1

扬州蓝皮书
扬州经济社会发展报告（2018）
著(编)者：陈扬
2018年12月出版 / 估价：108.00元
PSN B-2011-191-1/1

长垣蓝皮书
长垣经济社会发展报告（2018）
著(编)者：张占仓 袁凯声 秦保建
2018年10月出版 / 估价：99.00元
PSN B-2017-654-1/1

遵义蓝皮书
遵义发展报告（2018）
著(编)者：邓彦 曾征 龚永育
2018年9月出版 / 估价：99.00元
PSN B-2014-433-1/1

地方发展类-社会

安徽蓝皮书
安徽社会发展报告（2018）
著(编)者：程桦 2018年4月出版 / 估价：99.00元
PSN B-2013-325-1/1

安徽社会建设蓝皮书
安徽社会建设分析报告（2017～2018）
著(编)者：黄家海 蔡宪
2018年11月出版 / 估价：99.00元
PSN B-2013-322-1/1

北京蓝皮书
北京公共服务发展报告（2017～2018）
著(编)者：施昌奎 2018年3月出版 / 估价：99.00元
PSN B-2008-103-7/8

北京蓝皮书
北京社会发展报告（2017～2018）
著(编)者：李伟东
2018年7月出版 / 估价：99.00元
PSN B-2006-055-3/8

北京蓝皮书
北京社会治理发展报告（2017～2018）
著(编)者：殷星辰 2018年7月出版 / 估价：99.00元
PSN B-2014-391-8/8

北京律师蓝皮书
北京律师发展报告 No.3（2018）
著(编)者：王隽 2018年12月出版 / 估价：99.00元
PSN B-2011-217-1/1

北京人才蓝皮书
北京人才发展报告（2018）
著（编）者：敏华　　2018年12月出版 / 估价：128.00元
PSN B-2011-201-1/1

北京社会心态蓝皮书
北京社会心态分析报告（2017～2018）
北京市社会心理服务促进中心
2018年10月出版 / 估价：99.00元
PSN B-2014-422-1/1

北京社会组织管理蓝皮书
北京社会组织发展与管理（2018）
著（编）者：黄江松
2018年4月出版 / 估价：99.00元
PSN B-2015-446-1/1

北京养老产业蓝皮书
北京居家养老发展报告（2018）
著（编）者：陆杰华　周明明
2018年8月出版 / 估价：99.00元
PSN B-2015-465-1/1

法治蓝皮书
四川依法治省年度报告No.4（2018）
著（编）者：李林　杨天宗　田禾
2018年3月出版 / 估价：118.00元
PSN B-2015-447-2/3

福建妇女发展蓝皮书
福建省妇女发展报告（2018）
著（编）者：刘群英　　2018年11月出版 / 估价：99.00元
PSN B-2011-220-1/1

甘肃蓝皮书
甘肃社会发展分析与预测（2018）
著（编）者：安文华　包晓霞　谢增虎
2018年1月出版 / 估价：99.00元
PSN B-2013-313-2/6

广东蓝皮书
广东全面深化改革研究报告（2018）
著（编）者：周林生　涂成林
2018年12月出版 / 估价：99.00元
PSN B-2015-504-3/3

广东蓝皮书
广东社会工作发展报告（2018）
著（编）者：罗观翠　　2018年6月出版 / 估价：99.00元
PSN B-2014-402-2/3

广州蓝皮书
广州青年发展报告（2018）
著（编）者：徐柳　张强
2018年8月出版 / 估价：99.00元
PSN B-2013-352-13/14

广州蓝皮书
广州社会保障发展报告（2018）
著（编）者：张跃国　　2018年8月出版 / 估价：99.00元
PSN B-2014-425-14/14

广州蓝皮书
2018年中国广州社会形势分析与预测
著（编）者：张强　郭志勇　何镜清
2018年6月出版 / 估价：99.00元
PSN B-2008-110-5/14

贵州蓝皮书
贵州法治发展报告（2018）
著（编）者：吴大华　　2018年5月出版 / 估价：99.00元
PSN B-2012-254-2/10

贵州蓝皮书
贵州人才发展报告（2017）
著（编）者：于杰　吴大华
2018年9月出版 / 估价：99.00元
PSN B-2014-382-3/10

贵州蓝皮书
贵州社会发展报告（2018）
著（编）者：王兴骥　　2018年4月出版 / 估价：99.00元
PSN B-2010-166-1/10

杭州蓝皮书
杭州妇女发展报告（2018）
著（编）者：魏颖　　2018年10月出版 / 估价：99.00元
PSN B-2014-403-1/1

河北蓝皮书
河北法治发展报告（2018）
著（编）者：康振海　　2018年6月出版 / 估价：99.00元
PSN B-2017-622-3/3

河北食品药品安全蓝皮书
河北食品药品安全研究报告（2018）
著（编）者：丁锦霞　　2018年10月出版 / 估价：99.00元
PSN B-2015-473-1/1

河南蓝皮书
河南法治发展报告（2018）
著（编）者：张林海　　2018年7月出版 / 估价：99.00元
PSN B-2014-376-6/9

河南蓝皮书
2018年河南社会形势分析与预测
著（编）者：牛苏林　　2018年4月出版 / 估价：99.00元
PSN B-2005-043-1/9

河南民办教育蓝皮书
河南民办教育发展报告（2018）
著（编）者：胡大白　　2018年9月出版 / 估价：99.00元
PSN B-2017-642-1/1

黑龙江蓝皮书
黑龙江社会发展报告（2018）
著（编）者：谢宝禄　　2018年1月出版 / 估价：99.00元
PSN B-2011-189-1/2

湖南蓝皮书
2018年湖南两型社会与生态文明建设报告
著（编）者：卞鹰　　2018年5月出版 / 估价：128.00元
PSN B-2011-208-3/8

湖南蓝皮书
2018年湖南社会发展报告
著（编）者：卞鹰　　2018年5月出版 / 估价：128.00元
PSN B-2014-393-5/8

健康城市蓝皮书
北京健康城市建设研究报告（2018）
著（编）者：王鸿春　盛继洪　　2018年9月出版 / 估价：99.00元
PSN B-2015-460-1/2

33

江苏法治蓝皮书
江苏法治发展报告No.6（2017）
著(编)者：蔡道通 龚廷泰　2018年8月出版 / 估价：99.00元
PSN B-2012-290-1/1

江苏蓝皮书
2018年江苏社会发展分析与展望
著(编)者：王庆五 刘旺洪　2018年8月出版 / 估价：128.00元
PSN B-2017-636-2/3

南宁蓝皮书
南宁法治发展报告（2018）
著(编)者：杨维超　2018年12月出版 / 估价：99.00元
PSN B-2015-509-1/3

南宁蓝皮书
南宁社会发展报告（2018）
著(编)者：胡建华　2018年10月出版 / 估价：99.00元
PSN B-2016-570-3/3

内蒙古蓝皮书
内蒙古反腐倡廉建设报告 No.2
著(编)者：张志华　2018年6月出版 / 估价：99.00元
PSN B-2013-365-1/1

青海蓝皮书
2018年青海人才发展报告
著(编)者：王宇燕　2018年9月出版 / 估价：99.00元
PSN B-2017-650-2/2

青海生态文明建设蓝皮书
青海生态文明建设报告（2018）
著(编)者：张西明 高华　2018年12月出版 / 估价：99.00元
PSN B-2016-595-1/1

人口与健康蓝皮书
深圳人口与健康发展报告（2018）
著(编)者：陆杰华 傅崇辉　2018年11月出版 / 估价：99.00元
PSN B-2011-228-1/1

山东蓝皮书
山东社会形势分析与预测（2018）
著(编)者：李善峰　2018年6月出版 / 估价：99.00元
PSN B-2014-405-2/5

陕西蓝皮书
陕西社会发展报告（2018）
著(编)者：任宗哲 白宽犁 牛昉　2018年1月出版 / 估价：99.00元
PSN B-2009-136-2/6

上海蓝皮书
上海法治发展报告（2018）
著(编)者：叶必丰　2018年9月出版 / 估价：99.00元
PSN B-2012-296-6/7

上海蓝皮书
上海社会发展报告（2018）
著(编)者：杨雄 周海旺
2018年2月出版 / 估价：99.00元
PSN B-2006-058-2/7

社会建设蓝皮书
2018年北京社会建设分析报告
著(编)者：宋贵伦 冯虹　2018年9月出版 / 估价：99.00元
PSN B-2010-173-1/1

深圳蓝皮书
深圳法治发展报告（2018）
著(编)者：张骁儒　2018年6月出版 / 估价：99.00元
PSN B-2015-470-6/7

深圳蓝皮书
深圳劳动关系发展报告（2018）
著(编)者：汤庭芬　2018年8月出版 / 估价：99.00元
PSN B-2007-097-2/7

深圳蓝皮书
深圳社会治理与发展报告（2018）
著(编)者：张骁儒　2018年6月出版 / 估价：99.00元
PSN B-2008-113-4/7

生态安全绿皮书
甘肃国家生态安全屏障建设发展报告（2018）
著(编)者：刘举科 喜文华
2018年10月出版 / 估价：99.00元
PSN G-2017-659-1/1

顺义社会建设蓝皮书
北京市顺义区社会建设发展报告（2018）
著(编)者：王学武　2018年9月出版 / 估价：99.00元
PSN B-2017-658-1/1

四川蓝皮书
四川法治发展报告（2018）
著(编)者：郑泰安　2018年1月出版 / 估价：99.00元
PSN B-2015-441-5/7

四川蓝皮书
四川社会发展报告（2018）
著(编)者：李羚　2018年6月出版 / 估价：99.00元
PSN B-2008-127-3/7

云南社会治理蓝皮书
云南社会治理年度报告（2017）
著(编)者：晏雄 韩全芳
2018年5月出版 / 估价：99.00元
PSN B-2017-667-1/1

地方发展类－文化

北京传媒蓝皮书
北京新闻出版广电发展报告（2017~2018）
著(编)者：王志　2018年11月出版 / 估价：99.00元
PSN B-2016-588-1/1

北京蓝皮书
北京文化发展报告（2017~2018）
著(编)者：李建盛　2018年5月出版 / 估价：99.00元
PSN B-2007-082-4/8

创意城市蓝皮书
北京文化创意产业发展报告（2018）
著(编)者：郭万超 张京成　　2018年12月出版 / 估价：99.00元
PSN B-2012-263-1/7

创意城市蓝皮书
天津文化创意产业发展报告（2017~2018）
著(编)者：谢思全　　2018年6月出版 / 估价：99.00元
PSN B-2016-536-7/7

创意城市蓝皮书
武汉文化创意产业发展报告（2018）
著(编)者：黄永林 陈汉桥　　2018年12月出版 / 估价：99.00元
PSN B-2013-354-4/7

创意上海蓝皮书
上海文化创意产业发展报告（2017~2018）
著(编)者：王慧敏 王兴全　　2018年8月出版 / 估价：99.00元
PSN B-2016-561-1/1

非物质文化遗产蓝皮书
广州市非物质文化遗产保护发展报告（2018）
著(编)者：宋俊华　　2018年12月出版 / 估价：99.00元
PSN B-2016-589-1/1

甘肃蓝皮书
甘肃文化发展分析与预测（2018）
著(编)者：王俊莲 周小华　　2018年1月出版 / 估价：99.00元
PSN B-2013-314-3/6

甘肃蓝皮书
甘肃舆情分析与预测（2018）
著(编)者：陈双梅 张谦元　　2018年1月出版 / 估价：99.00元
PSN B-2013-315-4/6

广州蓝皮书
中国广州文化发展报告（2018）
著(编)者：屈哨兵 陆志强　　2018年6月出版 / 估价：99.00元
PSN B-2009-134-7/14

广州蓝皮书
广州文化创意产业发展报告（2018）
著(编)者：徐咏虹　　2018年7月出版 / 估价：99.00元
PSN B-2008-111-6/14

海淀蓝皮书
海淀区文化和科技融合发展报告（2018）
著(编)者：陈名杰 孟景伟　　2018年5月出版 / 估价：99.00元
PSN B-2013-329-1/1

河南蓝皮书
河南文化发展报告（2018）
著(编)者：卫绍生　　2018年7月出版 / 估价：99.00元
PSN B-2008-106-2/9

湖北文化产业蓝皮书
湖北省文化产业发展报告（2018）
著(编)者：黄晓华　　2018年9月出版 / 估价：99.00元
PSN B-2017-656-1/1

湖北文化蓝皮书
湖北文化发展报告（2017~2018）
著(编)者：湖北大学高等人文研究院
　　　　　中华文化发展湖北省协同创新中心
2018年10月出版 / 估价：99.00元
PSN B-2016-566-1/1

江苏蓝皮书
2018年江苏文化发展分析与展望
著(编)者：王庆五 樊和平　　2018年9月出版 / 估价：128.00元
PSN B-2017-637-3/3

江西文化蓝皮书
江西非物质文化遗产发展报告（2018）
著(编)者：张圣才 傅安平　　2018年12月出版 / 估价：128.00元
PSN B-2015-499-1/1

洛阳蓝皮书
洛阳文化发展报告（2018）
著(编)者：刘福兴 陈启明　　2018年7月出版 / 估价：99.00元
PSN B-2015-476-1/1

南京蓝皮书
南京文化发展报告（2018）
著(编)者：中共南京市委宣传部
2018年12月出版 / 估价：99.00元
PSN B-2014-439-1/1

宁波文化蓝皮书
宁波"一人一艺"全民艺术普及发展报告（2017）
著(编)者：张爱琴　　2018年11月出版 / 估价：128.00元
PSN B-2017-668-1/1

山东蓝皮书
山东文化发展报告（2018）
著(编)者：涂可国　　2018年5月出版 / 估价：99.00元
PSN B-2014-406-3/5

陕西蓝皮书
陕西文化发展报告（2018）
著(编)者：任宗哲 白宽犁 王长寿
2018年1月出版 / 估价：99.00元
PSN B-2009-137-3/6

上海蓝皮书
上海传媒发展报告（2018）
著(编)者：强荧 焦雨虹　　2018年2月出版 / 估价：99.00元
PSN B-2012-295-5/7

上海蓝皮书
上海文学发展报告（2018）
著(编)者：陈圣来　　2018年6月出版 / 估价：99.00元
PSN B-2012-297-7/7

上海蓝皮书
上海文化发展报告（2018）
著(编)者：荣跃明　　2018年2月出版 / 估价：99.00元
PSN B-2006-059-3/7

深圳蓝皮书
深圳文化发展报告（2018）
著(编)者：张晓儒　　2018年7月出版 / 估价：99.00元
PSN B-2016-554-7/7

四川蓝皮书
四川文化产业发展报告（2018）
著(编)者：向宝云 张立伟　　2018年4月出版 / 估价：99.00元
PSN B-2006-074-1/7

郑州蓝皮书
2018年郑州文化发展报告
著(编)者：王哲　　2018年9月出版 / 估价：99.00元
PSN B-2008-107-1/1

❖ 皮书起源 ❖

"皮书"起源于十七、十八世纪的英国，主要指官方或社会组织正式发表的重要文件或报告，多以"白皮书"命名。在中国，"皮书"这一概念被社会广泛接受，并被成功运作、发展成为一种全新的出版形态，则源于中国社会科学院社会科学文献出版社。

❖ 皮书定义 ❖

皮书是对中国与世界发展状况和热点问题进行年度监测，以专业的角度、专家的视野和实证研究方法，针对某一领域或区域现状与发展态势展开分析和预测，具备原创性、实证性、专业性、连续性、前沿性、时效性等特点的公开出版物，由一系列权威研究报告组成。

❖ 皮书作者 ❖

皮书系列的作者以中国社会科学院、著名高校、地方社会科学院的研究人员为主，多为国内一流研究机构的权威专家学者，他们的看法和观点代表了学界对中国与世界的现实和未来最高水平的解读与分析。

❖ 皮书荣誉 ❖

皮书系列已成为社会科学文献出版社的著名图书品牌和中国社会科学院的知名学术品牌。2016 年，皮书系列正式列入"十三五"国家重点出版规划项目；2013~2018 年，重点皮书列入中国社会科学院承担的国家哲学社会科学创新工程项目；2018 年，59 种院外皮书使用"中国社会科学院创新工程学术出版项目"标识。

中国皮书网

（网址：www.pishu.cn）

发布皮书研创资讯，传播皮书精彩内容
引领皮书出版潮流，打造皮书服务平台

栏目设置

关于皮书：何谓皮书、皮书分类、皮书大事记、皮书荣誉、
皮书出版第一人、皮书编辑部

最新资讯：通知公告、新闻动态、媒体聚焦、网站专题、视频直播、下载专区

皮书研创：皮书规范、皮书选题、皮书出版、皮书研究、研创团队

皮书评奖评价：指标体系、皮书评价、皮书评奖

互动专区：皮书说、社科数托邦、皮书微博、留言板

所获荣誉

2008年、2011年，中国皮书网均在全国新闻出版业网站荣誉评选中获得"最具商业价值网站"称号；

2012年，获得"出版业网站百强"称号。

网库合一

2014年，中国皮书网与皮书数据库端口合一，实现资源共享。

社长致辞

蓦然回首，皮书的专业化历程已经走过了二十年。20年来从一个出版社的学术产品名称到媒体热词再到智库成果研创及传播平台，皮书以专业化为主线，进行了系列化、市场化、品牌化、数字化、国际化、平台化的运作，实现了跨越式的发展。特别是在党的十八大以后，以习近平总书记为核心的党中央高度重视新型智库建设，皮书也迎来了长足的发展，总品种达到600余种，经过专业评审机制、淘汰机制遴选，目前，每年稳定出版近400个品种。"皮书"已经成为中国新型智库建设的抓手，成为国际国内社会各界快速、便捷地了解真实中国的最佳窗口。

20年孜孜以求，"皮书"始终将自己的研究视野与经济社会发展中的前沿热点问题紧密相连。600个研究领域，3万多位分布于800余个研究机构的专家学者参与了研创写作。皮书数据库中共收录了15万篇专业报告，50余万张数据图表，合计30亿字，每年报告下载量近80万次。皮书为中国学术与社会发展实践的结合提供了一个激荡智力、传播思想的入口，皮书作者们用学术的话语、客观翔实的数据谱写出了中国故事壮丽的篇章。

20年跬步千里，"皮书"始终将自己的发展与时代赋予的使命与责任紧紧相连。每年百余场新闻发布会，10万余人次中外媒体报道，中、英、俄、日、韩等12个语种共同出版。皮书所具有的凝聚力正在形成一种无形的力量，吸引着社会各界关注中国的发展，参与中国的发展，它是我们向世界传递中国声音、总结中国经验、争取中国国际话语权最主要的平台。

皮书这一系列成就的取得，得益于中国改革开放的伟大时代，离不开来自中国社会科学院、新闻出版广电总局、全国哲学社会科学规划办公室等主管部门的大力支持和帮助，也离不开皮书研创者和出版者的共同努力。他们与皮书的故事创造了皮书的历史，他们对皮书的拳拳之心将继续谱写皮书的未来！

现在，"皮书"品牌已经进入了快速成长的青壮年时期。全方位进行规范化管理，树立中国的学术出版标准；不断提升皮书的内容质量和影响力，搭建起中国智库产品和智库建设的交流服务平台和国际传播平台；发布各类皮书指数，并使之成为中国指数，让中国智库的声音响彻世界舞台，为人类的发展做出中国的贡献——这是皮书未来发展的图景。作为"皮书"这个概念的提出者，"皮书"从一般图书到系列图书和品牌图书，最终成为智库研究和社会科学应用对策研究的知识服务和成果推广平台这整个过程的操盘者，我相信，这也是每一位皮书人执着追求的目标。

"当代中国正经历着我国历史上最为广泛而深刻的社会变革，也正在进行着人类历史上最为宏大而独特的实践创新。这种前无古人的伟大实践，必将给理论创造、学术繁荣提供强大动力和广阔空间。"

在这个需要思想而且一定能够产生思想的时代，皮书的研创出版一定能创造出新的更大的辉煌！

社会科学文献出版社社长

中国社会学会秘书长

2017年11月

社会科学文献出版社简介

社会科学文献出版社（以下简称"社科文献出版社"）成立于1985年，是直属于中国社会科学院的人文社会科学学术出版机构。成立至今，社科文献出版社始终依托中国社会科学院和国内外人文社会科学界丰厚的学术出版和专家学者资源，坚持"创社科经典，出传世文献"的出版理念、"权威、前沿、原创"的产品定位以及学术成果和智库成果出版的专业化、数字化、国际化、市场化的经营道路。

社科文献出版社是中国新闻出版业转型与文化体制改革的先行者。积极探索文化体制改革的先进方向和现代企业经营决策机制，社科文献出版社先后荣获"全国文化体制改革工作先进单位"、中国出版政府奖·先进出版单位奖，中国社会科学院先进集体、全国科普工作先进集体等荣誉称号。多人次荣获"第十届韬奋出版奖""全国新闻出版行业领军人才""数字出版先进人物""北京市新闻出版广电行业领军人才"等称号。

社科文献出版社是中国人文社会科学学术出版的大社名社，也是以皮书为代表的智库成果出版的专业强社。年出版图书2000余种，其中皮书400余种，出版新书字数5.5亿字，承印与发行中国社科院院属期刊72种，先后创立了皮书系列、列国志、中国史话、社科文献学术译库、社科文献学术文库、甲骨文书系等一大批既有学术影响又有市场价值的品牌，确立了在社会学、近代史、苏东问题研究等专业学科及领域出版的领先地位。图书多次荣获中国出版政府奖、"三个一百"原创图书出版工程、"五个'一'工程奖"、"大众喜爱的50种图书"等奖项，在中央国家机关"强素质·做表率"读书活动中，入选图书品种数位居各大出版社之首。

社科文献出版社是中国学术出版规范与标准的倡议者与制定者，代表全国50多家出版社发起实施学术著作出版规范的倡议，承担学术著作规范国家标准的起草工作，率先编撰完成《皮书手册》对皮书品牌进行规范化管理，并在此基础上推出中国版芝加哥手册——《社科文献出版社学术出版手册》。

社科文献出版社是中国数字出版的引领者，拥有皮书数据库、列国志数据库、"一带一路"数据库、减贫数据库、集刊数据库等4大产品线11个数据库产品，机构用户达1300余家，海外用户百余家，荣获"数字出版转型示范单位""新闻出版标准化先进单位""专业数字内容资源知识服务模式试点企业标准化示范单位"等称号。

社科文献出版社是中国学术出版走出去的践行者。社科文献出版社海外图书出版与学术合作业务遍及全球40余个国家和地区，并于2016年成立俄罗斯分社，累计输出图书500余种，涉及近20个语种，累计获得国家社科基金中华学术外译项目资助76种、"丝路书香工程"项目资助60种、中国图书对外推广计划项目资助71种以及经典中国国际出版工程资助28种，被五部委联合认定为"2015—2016年度国家文化出口重点企业"。

如今，社科文献出版社完全靠自身积累拥有固定资产3.6亿元，年收入3亿元，设置了七大出版分社、六大专业部门，成立了皮书研究院和博士后科研工作站，培养了一支近400人的高素质与高效率的编辑、出版、营销和国际推广队伍，为未来成为学术出版的大社、名社、强社，成为文化体制改革与文化企业转型发展的排头兵奠定了坚实的基础。

宏 观 经 济 类

经济蓝皮书

2018 年中国经济形势分析与预测

李平 / 主编　2017 年 12 月出版　定价 : 89.00 元

◆　本书为总理基金项目，由著名经济学家李扬领衔，联合中国社会科学院等数十家科研机构、国家部委和高等院校的专家共同撰写，系统分析了 2017 年的中国经济形势并预测 2018 年中国经济运行情况。

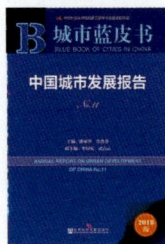

城市蓝皮书

中国城市发展报告 No.11

潘家华　单菁菁 / 主编　2018 年 9 月出版　估价 : 99.00 元

◆　本书是由中国社会科学院城市发展与环境研究中心编著的，多角度、全方位地立体展示了中国城市的发展状况，并对中国城市的未来发展提出了许多建议。该书有强烈的时代感，对中国城市发展实践有重要的参考价值。

人口与劳动绿皮书

中国人口与劳动问题报告 No.19

张车伟 / 主编　2018 年 10 月出版　估价 : 99.00 元

◆　本书为中国社会科学院人口与劳动经济研究所主编的年度报告，对当前中国人口与劳动形势做了比较全面和系统的深入讨论，为研究中国人口与劳动问题提供了一个专业性的视角。

中国省域竞争力蓝皮书

中国省域经济综合竞争力发展报告（2017～2018）

李建平　李闽榕　高燕京/主编　2018年5月出版　估价：198.00元

◆　本书融多学科的理论为一体，深入追踪研究了省域经济发展与中国国家竞争力的内在关系，为提升中国省域经济综合竞争力提供有价值的决策依据。

金融蓝皮书

中国金融发展报告（2018）

王国刚/主编　2018年2月出版　估价：99.00元

◆　本书由中国社会科学院金融研究所组织编写，概括和分析了2017年中国金融发展和运行中的各方面情况，研讨和评论了2017年发生的主要金融事件，有利于读者了解掌握2017年中国的金融状况，把握2018年中国金融的走势。

区 域 经 济 类

京津冀蓝皮书

京津冀发展报告（2018）

祝合良　叶堂林　张贵祥/等著　2018年6月出版　估价：99.00元

◆　本书遵循问题导向与目标导向相结合、统计数据分析与大数据分析相结合、纵向分析和长期监测与结构分析和综合监测相结合等原则，对京津冀协同发展新形势与新进展进行测度与评价。

法律声明

"皮书系列"（含蓝皮书、绿皮书、黄皮书）之品牌由社会科学文献出版社最早使用并持续至今，现已被中国图书市场所熟知。"皮书系列"的LOGO（▣）与"经济蓝皮书""社会蓝皮书"均已在中华人民共和国国家工商行政管理总局商标局登记注册。"皮书系列"图书的注册商标专用权及封面设计、版式设计的著作权均为社会科学文献出版社所有。未经社会科学文献出版社书面授权许可，任何使用与"皮书系列"图书注册商标、封面设计、版式设计相同或者近似的文字、图形或其组合的行为均系侵权行为。

经作者授权，本书的专有出版权及信息网络传播权为社会科学文献出版社享有。未经社会科学文献出版社书面授权许可，任何就本书内容的复制、发行或以数字形式进行网络传播的行为均系侵权行为。

社会科学文献出版社将通过法律途径追究上述侵权行为的法律责任，维护自身合法权益。

欢迎社会各界人士对侵犯社会科学文献出版社上述权利的侵权行为进行举报。电话：010-59367121，电子邮箱：fawubu@ssap.cn。

社会科学文献出版社

S 子库介绍
ub-Database Introduction

中国经济发展数据库

涵盖宏观经济、农业经济、工业经济、产业经济、财政金融、交通旅游、商业贸易、劳动经济、企业经济、房地产经济、城市经济、区域经济等领域，为用户实时了解经济运行态势、把握经济发展规律、洞察经济形势、做出经济决策提供参考和依据。

中国社会发展数据库

全面整合国内外有关中国社会发展的统计数据、深度分析报告、专家解读和热点资讯构建而成的专业学术数据库。涉及宗教、社会、人口、政治、外交、法律、文化、教育、体育、文学艺术、医药卫生、资源环境等多个领域。

中国行业发展数据库

以中国国民经济行业分类为依据，跟踪分析国民经济各行业市场运行状况和政策导向，提供行业发展最前沿的资讯，为用户投资、从业及各种经济决策提供理论基础和实践指导。内容涵盖农业，能源与矿产业，交通运输业，制造业，金融业，房地产业，租赁和商务服务业，科学研究，环境和公共设施管理，居民服务业，教育，卫生和社会保障，文化、体育和娱乐业等 100 余个行业。

中国区域发展数据库

对特定区域内的经济、社会、文化、法治、资源环境等领域的现状与发展情况进行分析和预测。涵盖中部、西部、东北、西北等地区，长三角、珠三角、黄三角、京津冀、环渤海、合肥经济圈、长株潭城市群、关中一天水经济区、海峡经济区等区域经济体和城市圈，北京、上海、浙江、河南、陕西等 34 个省份及中国台湾地区。

中国文化传媒数据库

包括文化事业、文化产业、宗教、群众文化、图书馆事业、博物馆事业、档案事业、语言文字、文学、历史地理、新闻传播、广播电视、出版事业、艺术、电影、娱乐等多个子库。

世界经济与国际关系数据库

以皮书系列中涉及世界经济与国际关系的研究成果为基础，全面整合国内外有关世界经济与国际关系的统计数据、深度分析报告、专家解读和热点资讯构建而成的专业学术数据库。包括世界经济、国际政治、世界文化与科技、全球性问题、国际组织与国际法、区域研究等多个子库。